本专著受到宁波财经学院人文学院专项出版资金资助

十到十七世纪中叶东北地区

女真战事问题研究

姜雅迪 著

长春出版社

全国百佳图书出版单位

图书在版编目（CIP）数据

十到十七世纪中叶东北地区女真战事问题研究 / 姜
雅迪著. -- 长春：长春出版社，2024.9. -- ISBN 978-
7-5445-7492-1

Ⅰ. K289

中国国家版本馆 CIP 数据核字第 2024BZ5545 号

十到十七世纪中叶东北地区女真战事问题研究

著　　者　姜雅迪
责任编辑　孙振波　闫　伟
封面设计　宁荣刚

出版发行　长春出版社
总 编 室　0431-88563443
市场营销　0431-88561180
网络营销　0431-88587345
地　　址　吉林省长春市朝阳区硅谷大街7277号
邮　　编　130103
网　　址　www.cccbs.net

制　　版　荣辉图文
印　　刷　三河市华东印刷有限公司

开　　本　710毫米×1000毫米　1/16
字　　数　237千字
印　　张　13
版　　次　2024年9月第1版
印　　次　2025年3月第1次印刷
定　　价　68.00元

目　　录

绪 论

自古以来，战争就同自然、社会经济、政治、文化等因素有着广泛而多样的联系，而其中最直接且最深刻的是同政治之间的联系。在《论持久战》中有"战争是政治的继续"的论断，也就是说，战争并不等同于纯粹的暴力斗争，而是带有一定政治性质的军事行动。因此，战争不能脱离政治而单独存在，而政治也贯穿于战争始终。在当今世界，经济全球化的趋势决定了各国家、民族之间的联系愈发紧密，各国之间既共同发展，也相互制约。面对错综复杂的政治格局，战争作为解决问题最激烈、最极端的方式，无疑会对人类社会产生深远的影响。

现今中国东北地区包括辽宁、吉林、黑龙江三省及内蒙古东部。因地处边陲，自古以来便是战略要冲、兵家必争之地。其境内的图们江、鸭绿江流域，由于特殊的地理位置，成为东北地区乃至整个中原地区与朝鲜半岛往来的重要孔道，亦是东北平原腹地的天然屏障。"两江"为图们江、鸭绿江简称，在历史上为古代中国疆域范畴，历代王朝均在不同程度上对该地区加以管辖。明宣德、正统时期，鸭绿江、图们江成为中朝界河，该区域地缘政治的重要地位更加凸显。由于两江流域具有得天独厚的地缘优势，所以成为历史上各民族、国家、政治势力博弈的区域。受上述诸多因素影响，两江流域自古以来便战事不断，各种势力此消彼长。发生在两江流域历史上的战事不仅对当时的社会产生了巨大影响，对此后该地区历史发展方向、进程，乃至周边国家的发展均产生深远影响。因古今之东北地区，疆域范围有所不同，因此书中所述及的女真战事之范围，则尽量聚焦在现今中国东北地区内。为方便读者阅读，鸭绿江、图们江流域，书中皆用"两江"所替代。

从学界研究现状看，国内相关研究成果有三个方面对两江流域有所涉及：一是东北史研究方面，在研究中原王朝对东北的经略、东北民族政权间的角逐、东北地区战争史等课题时对两江流域的战事有所涉及；二是女真史研究方面，从中原王朝对两江流域女真部落的经略的角度有所涉及；三是中朝关系史研究方面，在研究历代中朝关系史时对两江流域有所涉及。需要指出的是，上述国内的研究不论是研究视角，还是史料使用均以中原王朝为中心。国外的研究也多从中朝关系史的角度关注两江流域。由此可见，目前学界尚无专论两江流域战事的成果问世，本课题聚焦于研究薄弱环节，有较大的研究空间。

有鉴于此，本书在国内外相关研究的基础上，拓展研究视角，挖掘域外文献，拟以发生在两江流域的战事为载体，以 10—17 世纪中叶女真向民族统一的演进过程为主线，围绕宗主国辽、金、元、明与女真族二者之间的关系而展开。对于双方而言，中央王朝为东亚共主，视女真为臣属，加以册封，要求其以时朝贡；而女真则隶属于中央王朝，接受册封，按时朝觐。但由于受"华夷之防"观念影响，中央王朝在处理女真与朝鲜冲突上，常常对"同文之属"的朝鲜偏爱有加，而对被视为"犬羊之性"的"女真野人"则国君临御，必"灭讨"而后快。女真长时期生活在两强之间，在经济上受其控制，文化上受其歧视，无力与之抗衡。虽受中央政府封官授职，但僻居边地，远离中心。因此，为求生计，女真不得不游离于两强之间。

因此，本书以女真民族的统一演进过程为主线，梳理发生在这一时段中的辽、金、元、明王朝与女真在两江流域的战事。揭示了双方势力在博弈的过程中，女真经过辽金元时期的曲折发展，明代时逐渐向统一迈进，至明末清初努尔哈赤将这一历史机缘变成现实，最终完成女真民族统一的历史过程。

鸭绿江、图们江流域，历来是东亚重要交通孔道，也是战事多发之地，女真等民族聚居在此并不断发展壮大。现将国内外对该领域研究的相关成果，分别梳理如下：

一、国内研究成果

（一）关于东北地区战事史的研究

在以往研究成果中，学界多从中央政府经略东北地方、东北地方民族政权间的博弈等角度，来关注东北地区战争史的相关问题。

1. 专论东北地区战事史的成果

10 至 18 世纪，即辽金元明清时期，东北地区战事频繁，相关研究亦结实累累。

辽朝时期：主要成果有王晓波的《宋辽战争论考》，该书重点论述了北宋与辽的数次大规模战争，尤其对宋太宗数次对辽用兵及此后北宋百余年间的御辽方略论述尤详。关于辽与周边势力的战事，学界也有论文予以探讨。其中，刘肃勇的《渤海遗民大延琳的反辽斗争》一文，对大延琳的起义过程及失败原因做了详细介绍。杨雨舒的《东丹南迁刍议》，从民族迁徙角度对东丹国渤海遗民的反辽斗争做了探讨，作者认为东丹南迁实质是一次强制性的民族大迁徙，对于该地区所造成的破坏，充分暴露了契丹统治者的残暴。郑毅在《略论辽朝边疆统驭方略的演变》中论述了辽朝各时期对周边势力的不同策略，其中辽景宗与圣宗时期，通过一系列的战争，压制了女真和高丽的崛起，并为分化瓦解女真各部力量和确立其在东北的统治打下了坚实基础。

金朝时期：金与周边势力的战事，主要集中在契丹人反金、金末契丹人投蒙等军事活动上。赖家度的《耶律斡罕领导的抗金斗争》是较早的研究成果，对契丹人窝斡的反金斗争做了详细的论述。陈述的《大辽瓦解以后的契丹人》，对金统治下的契丹人起义，以及契丹人投靠蒙古等相关军事活动做了深入探讨，之后学界多在其论述的基础上做进一步研究。素云的《金代东北契丹人民的反抗斗争》就正隆、大定年间契丹人在东北的反金斗争做了论述。周峰的《论金末的东北边政》，集中论述了金对耶律留哥起义的镇压，以及在金蒙争夺东北的战争中契丹人在鸭绿江的军事活动。此外，学界还对金朝建立前女真各部落之间的战争进行了考察。蒋秀松的《女真与高丽间的"曷懒甸之战"》《"东女真"与"西女真"》、魏志江等《女真与高丽曷懒甸之战考略》，就金建国前女真与高丽曷懒甸之战的背景、过程及结果做了较详细的考证，并一致认同发生在图们江地区的曷懒甸之战不仅维护了女真联盟的统一，还阻止了高丽向北扩张。

明清鼎革时期：此时战事频繁，学界关注颇多。学界最早关注的问题是萨尔浒之战，20 世纪 40 年代，王崇武《论万历东岛山之战及明清萨尔浒之战——读〈明史·杨镐传〉》就萨尔浒之战进行了专门考察，提出此战是明朝由攻转守的转折点。在 20 世纪 60 年代，学界开始对其进行整体研究，孙文良发表的《萨尔浒之战》，分析了战争的性质和历史背景，认为明朝中后期的腐败加剧了民族压迫，因此战争不可避免。嗣后，萨尔浒之战一直为学界所关注。后续之作中，以李鸿彬的《论萨尔浒之战》、李广廉与李世愉的《萨尔浒战役双方兵力考实》、张德玉的《萨尔浒之役后金参战兵力再探》、白新良的《萨尔浒之战与朝鲜出兵》、李金涛的《萨尔浒之战研究》为代表。其中李鸿彬归纳了明军战败的原因，并认为萨尔浒之战是一次以少胜多、以弱胜强的著名战役。在进行整体研究的同时，学界还对这场战争进行了专门探讨。首先是对双方的战术进行了研究。陈婉的《萨尔浒之战双方兵力考辨》从战术角度进行了分析，认为萨尔浒之战并不存在以少胜多、以弱胜强的情况，明军之所以战败，是由于兵力分散，而后金兵力集中，所以可以各个击破。其次，有学者对战争性质提出了不同观点。关克笑的《萨尔浒之战性质商榷》，从后金的角度来论述战争的成因，并依据史料，对学界以往提出的努尔哈赤发兵的理由逐一进行驳斥，最终得出结论：萨尔浒之战并非民族压迫与反压迫的战争，而是明力图维护国家统一与安宁的战争。此后，学界开始对明清之间（包括后金）战争中的若干战事做深入研究，对明清之间爆发的三场战事逐一加以考察。如学者阎崇年就通过《论宁远争局》《论觉华岛之役》《论大凌河之战》等文，阐述了自己的观点。

除直接关注重大战役外，还有学者从宏观视角，对明与后金（清）之间的军事博弈进行剖析。如孙文良的《论明与后金的辽沈之战》，从宏观视角审视了辽沈之战；陈涴的《袁崇焕与辽东战局》，通过对比袁崇焕守辽前后辽东战局的变化，分析明朝衰亡的历史原因；李尚英的《明与后金对辽沈地区的争夺述评——兼论毛文龙与毛家军》，阐述了袁崇焕对辽东战事的作用，并依据史料，对明与后金争夺辽沈地区的情况进行考察，陈生玺的《毛文龙与皮岛》亦与之相似。随着对战争研究的深入，学界开始关注在战争中体现出的政治格局。肖瑶的《李成梁与晚明辽东政局研究》，以明将李成梁为切入点，对影响明末辽东政局走向的政治、军事、民族关系等因素进行详细解读；赵亮的《浅析明末东北亚政治格局中的东江因素》从整个东亚的政治格局出发，论述了驻扎在鸭绿江口东江的毛文龙率军袭扰后金的史实，作者认为毛文龙的行动极大牵制了后金的军事活动。在具体的战争研究中，学界也开始关注战事中的后勤保障，如张士尊的《明末辽东军食问题述论》从明廷经略辽东的角度，论述了辽东地区粮饷供给问题及其影响，揭示了明末辽东边军的生存状态。

在关注明朝与后金战争的同时，明末东北女真各部间的征战与统一问题也是学界关注的重点。张云樵的《叶赫研究（上）——叶赫的崛起及其为争夺女真最高统治权的战争》及《叶赫研究（下）——叶赫在争夺统一女真诸部斗争中的失败及灭亡》，叙述了叶赫部的兴起与衰亡的历史，并讨论了导致叶赫部灭亡的古勒山之战等重要战役。刁书仁的《试论努尔哈赤征乌拉之战》，将努尔哈赤征乌拉之战分为政治怀柔、武力征服两个阶段，作者分析了战争持久的原因，并指出努尔哈赤对乌拉战争的胜利，为统一东海、黑龙江女真奠定了基础，是稳定后方鸭绿江流域的重要条件，同时为征讨明朝做了充分准备。此后，学者继续深入研究，对战争中的相关问题分别进行探讨。邱广军的《哈达、叶赫"构兵"不息原因浅析》认为明后期扈伦四部中的哈达、叶赫部在内战中互相削弱，是最终走向灭亡的重要原因。蒋秀松的《"庚寅之变"与猛哥帖木儿西迁》，认为图们江一带女真部落与朝鲜的矛盾激化，导致了猛哥帖木儿率部西迁。赵文的《明镇北关之战和叶赫城之战考》，就万历年间明朝与海西女真叶赫部之间爆发的两次战争进行了论述，内容涉及战争起因、过程及性质三个方面。另外，陈涴的《试论努尔哈赤对女真各部的统一》、林乾的《关于清入关前统一东北策略的再探讨》、李婧的《浅析建州女真统一战争下的叶赫部族》等文章从战争角度讨论了明末东北女真各部的兴亡与相互关系。

女真各部与朝鲜之间的战事，是学界关注的又一热点问题。在该领域，学者刁书仁用力尤勤，成果亦最丰硕。《成化年间明与朝鲜两次征讨建州女真》《论萨尔浒之战前后后金与朝鲜的关系》《论明前期斡朵里女真与明、朝鲜的关系——兼论女真对朝鲜向图们江流域拓展疆域的抵制与斗争》《明成化初年对建州三卫用兵考述》等论文，基本厘清了明朝前中期女真在两江与朝鲜间的战事情况，是学界的代表性研究。在整体研究之外，学界还对战争本身进行了分别探讨。李善洪的《后金、朝鲜"丁卯之役"原因浅析》与李鸿彬的《试论"丁卯之役"》分别阐述了 17 世纪中后期，"丁卯之役"

爆发的原因、经过，并对女真与朝鲜强弱转化的原因进行了分析。王兆兰的《15世纪30年代朝鲜两次入侵建州》对明宣宗和明英宗两朝朝鲜入侵建州卫的原因和影响进行了探讨，认为朝鲜的入侵促成了建州女真的凝聚，以及女真在鸭绿江流域的崛起，因而这两次战争是发生在鸭绿江流域的重要战事。徐凯在《论"丁卯虏乱"与"丙子胡乱"——兼评皇太极两次用兵朝鲜的策略》中，通过对皇太极的两次入朝战争策略进行分析，认为丁卯之役后，皇太极为缓和后金社会经济匮乏的状况，加快了进攻朝鲜的步伐，最后摧毁了明朝的军事防线。另外，王臻的《"丁卯之役"的交涉及战后后金、朝鲜的矛盾冲突探析》《"丙子之役"及战后清、朝鲜交涉的几个问题》，对女真各部与朝鲜政权之间的战争有较为清晰的论述。

2. 兼论东北地区战事的成果

有些研究成果在考察东北地区诸领域问题时，也兼及东北地区的战事。此类成果中，专著方面，如金毓黻所著《东北通史》一书，对隋、唐两朝征伐并灭亡高句丽问题进行了考察。《渤海国志长编》对史书记载进行了系统地整理，其中涉及辽灭渤海国等多次战争。1949年迄今的70多年间，东北地方史领域涌现出一批通史类专著，如张博泉的《东北地方史稿》、董万仑的《东北史纲要》、薛虹与李澍田合编的《中国东北通史》、佟冬主编的《中国东北史》、李治亭主编的《东北通史》等，内容多涉及两江流域的战事。魏国忠的《渤海国史》记录了大量关于渤海国与周边地区关系的历史内容，同时也论及了渤海国与契丹关系的演变，并结合考古材料，对定安国、燕颇、兀惹部及大延琳等势力在鸭绿江流域的反辽斗争进行论述。李殿福、孙玉良的《渤海国》，李云铎、顾铭学编译的《关于渤海南京南海府的遗址和遗物》，宋玉彬等的《渤海中京显德府故址——西古城城址研究简史》也涉及了渤海遗民在两江流域的反辽斗争问题，此后学界在他们的研究基础上又做了专门探讨。孙玉良的《大武艺在渤海历史上的作用》，分析了大武艺即位后的对外扩张政策，及此后引发的与唐朝的战争。马一虹在《8世纪中期以后黑水靺鞨与渤海关系考》一文中指出，随着渤海国国力日渐强大，许多处于渤海国与黑水靺鞨中间地带的弱小部落，或被蚕食，或迫于压力主动归附，成为渤海国的组成部分。之后，他又在《渤海与后东突厥汗国的关系——兼及渤海建国初期的周边环境》中对渤海建国初期的周边民族环境予以详述。朱国忱的《兀惹部、兀惹城研究》对渤海国及辽代的兀惹部进行了系统的考察，认为兀惹部活动范围较大，辽对兀惹部的战争可能波及鸭绿江流域地区。苗威的《定安国考论》对定安国进行了研究，认为定安国是渤海遗民势力中最有代表性的一个。虽然国小势微，但由于地缘关系，地处鸭绿江一隅的定安国在当时宋、辽、女真、高丽诸势力的角逐与交往中仍然引人关注。之后，她又在《兀惹考辨》中，对定安国之外的鸭绿江又一渤海国残余势力兀惹部进行了考察，认为兀惹实则由拂涅靺鞨发展而来，兀惹与燕颇所在的兀惹城并非同指，更不等同于定安国，即兀惹部是在辽灭亡渤海国之后，迁居鸭绿江流域的重要反辽势力。黄为放的博士论文《10—12世纪渤海移民问题研究》将学界以往的研究进行总结和升华，考察辽代不同时期渤海移民迁徙的原因、分布、人数、安置及所在州城的发展沿革，并总结他们的贡献与作用。姜维公等的《辽与高丽边界视域下的渤海移民》是在前者的基础上，对辽与高丽边界的渤海移民进行的单独探讨，文章选取辽与高丽边界视域下的渤海移民作为研究对象，探讨三支渤海移民迁徙后鸭绿江流域地区形势的变化，并分析其对辽、高丽边界纠纷形成的影响，以及在辽在鸭绿江对高丽的战争中发挥了什么作用。

　　论述辽金时期东北地区战争史的著作中，以蒋非非等的《中韩关系史·古代卷》、朴真奭的《朝鲜简史》、杨昭全的《中国——朝鲜韩国关系史》、李春虎等著的《朝鲜通史》等为代表。这些著作中都涉及了辽和高丽战争的历史情况，但大多是以通史的形式论述古代中朝关系，因此对于战争的论述相对简略。朴真奭的《朝鲜简史》认为辽和高丽之间的几次战争，都是由契丹发动的侵略战争，并梳理了几次规模较大的战争过程，总结了高丽取得胜利的几点因素；林威的《蒙元时期契丹人研究》，概述了蒙古—元朝时期契丹人在鸭绿江地区的军事活动，分析了契丹人在蒙古灭金过程中所起的作用。此外，在一些研究辽代头下州及边境军事机构的文章中，涉及了边界防御设施，如陈述的《头下考（上）》、张国庆的《辽朝边铺探微》等文章，其中后者较为详尽地探讨了鸭绿江流域的辽与高丽边界的防御设施问题。

　　明清时期是两江地区战事高发期，学界对该时期该地区若干历史问题进行考察时，不可避免地涉及两江战事问题。此类专著，以孙文良、李治亭等的《明清战争史略》、毛佩琦的《中国明代军事史》、顾诚的《明末农民战争史》为代表。这些著作从不同视角探讨了明廷对东北女真各部征战的相关问题，以及后金（清）与明廷间的战争等问题。孟森的《满洲开国史》对满洲名称、满族的来源、清初在鸭绿江流域的战争等问题分别做了叙述，是学界的代表性著作，为之后的研究奠定了基础。董万仑的《清肇祖传》对清太祖努尔哈赤的六世祖猛哥帖木儿进行系统考察，猛哥帖木儿奠定了建州女真与明朝的密切关系，因此作者探讨了他对后金开国初期的战事的特殊的贡献和影响。李洵等的《清朝全史》在前人研究的基础上，对清朝历史进行了详尽的整理，其中也涉及对清初战争的叙述。王臻的《朝鲜前期与明建州女真关系研究》，围绕明朝与后金之间的战争问题进行研究，并阐述了朝鲜的外交政策。作者认为由于这一时期明朝与后金的实力发生变化，为保全自身，朝鲜不得已在丁卯之役和丙子之役后，逐渐与后金确立君臣关系，这也是清与朝鲜之间宗藩关系的前身。

除专著外，学界还以专文形式对此一时期的战争进行了考察。首先是对明末东北女真各部间战争的相关研究，其中一些发生在两江地区。高庆仁等的《努尔哈赤与东哥格格——兼述建州女真统一海西女真的历程》针对努尔哈赤的"婚姻外交"进行了探讨，作者认为由此引发了女真各部之间错综复杂的斗争，为海西女真四部由盛转衰，以及建州女真统一女真各部提供了条件。邱广军在《扈伦四部之间关系论略》中论述了扈伦四部的由来及四部之间的相互关系，认为扈伦四部既依赖又冲突、既联合又斗争的关系在削弱了四部力量的同时，为建州女真的统一创造了条件，并打破了明政府在东北地区推行的"借女直制北虏"的基本国策。其次，是有关明朝与后金之间战事的相关研究。魏刚的《明朝设镇皮岛的战略得失》论述了皮岛的由来及其战略价值，皮岛地处鸭绿江口地区，作者认为其战略价值在于联络朝鲜，牵制后金，因此，皮岛成为明朝与后金的争夺对象。黄一农在《红夷大炮与皇太极创立的八旗汉军》中论述了红夷大炮在明朝与后金之间的宁远战役、大凌河之战等重要战役中所发挥的作用。陈捷先的《努尔哈齐写真》结合历史背景与史书记载，对努尔哈赤的崛起过程及后金的建立进行了系统的考察，为读者展现了生动的历史人物和事件。最后，是有关明朝与女真各部以及朝鲜政权之间战事的相关研究，这些战事多发生于鸭绿江地区。刘家驹的《清初朝鲜助兵攻陷皮岛始末》对明末清初清朝在皮岛对明朝发动的战争进行了详细叙述，认为皮岛之战为明清之间战争发展的走向奠定了基础。那炎等的《海西女真与朝鲜的关系》根据中朝两国史料记载，对海西女真与朝鲜的关系进行了论述，并讨论了朝鲜对"城底野人"的政策和乌拉部与朝鲜的边界纠纷，以及乌碣岩之战的影响等问题。苗威在《建州、毛怜二卫设置后同李氏朝鲜的关系》中认为明朝时期，由女真族所建立的建州、毛怜二卫与朝鲜皆有过密切的交往和联系，尤其是建卫之后，朝鲜和女真双方矛盾冲突不断，时战时和，从鸭绿江地区建置的角度反映了明代中朝之间的关系。孙卫国的《试论入关前清与朝鲜关系的演变历程》，重点梳理了清入关前后与朝鲜之间的复杂关系的发展变化，以及在两江地区的战事。

（二）关于中朝封贡关系问题的研究

中原王朝对两江地区的经略除了战争手段外，还利用封贡体系维持两江的稳定。由于两江地邻朝鲜，封贡关系多和朝鲜有关，因此中原王朝与朝鲜的封贡关系也是学界关注的重要内容。

其中通论性著作主要有以下几部，李云泉的《朝贡制度史论——中国古代对外关系体制研究》对中国历代对外关系进行了比较系统的阐述，其中对明清两代中朝封贡关系用了较大的篇幅来讨论，是整体性的研究著作。付百臣的《中朝历代朝贡制度研究》也是国内目前比较完整系统讨论古代中朝朝贡制度的著作。学者黄枝连《东亚的礼义世界——中国封建王朝与朝鲜半岛形态论》论述了在"天朝礼治体系"之下曲折发展的中国与朝鲜王朝的关系，对礼治体系下的中朝封贡关系进行了较为深刻的剖析。在有关辽金元时期中朝封贡关系研究中，学界多侧重探讨此时期朝鲜与辽金元建立的封贡体系。如，赵永春的《奉使辽金行程录》对宋朝出使辽金的记载予以汇总，一些内容与鸭绿江地区的地点有关，是研究当时辽金交通及社会民情的基础史料。在著作之外，探讨封贡体系的学术文章有，赵永春等《辽金与高丽的"保州"交涉》通过对位于鸭绿江口的保州的归属的考察，体现出辽金两朝与高丽建立封贡体系的过程，以及鸭绿江在双方边界形成中的地位。此后，作者又在《辽代女真与高丽朝贡关系考论》对辽代女真与高丽的朝贡关系做了考察，结合史书记载，认为女真与高丽的朝贡关系是在女真与辽朝朝贡关系的基础上建立的，具有既向辽朝朝贡又向高丽朝贡的性质。魏志江的《中韩关系史研究》以及《论辽与高丽关系的分期及其发展》对辽和高丽的封贡关系进行了整体考察，将该时期的辽和高丽朝贡关系分为前期、中期、后期三个阶段，并对封贡体系建立的过程予以梳理。此后学者也多对辽金元与高丽的封贡关系进行分期考察。林国亮的《高丽与宋辽金关系比较研究》将辽和高丽关系置于古代东亚国际关系的大背景之下，并将其划分为四个阶段，即辽和高丽关系展开阶段（922—992）、辽和高丽封贡关系确定阶段（992—1022）、封贡关系成熟与发展阶段（1022—1115）、朝贡关系终结阶段（1115—1125）。张国庆通过《辽与高丽关系演变中的使职差遣》将辽和高丽之间的交聘活动进行分期，进而对辽和高丽之间不同时期双方的遣使活动以及使者的职能及变化进行梳理。陈俊达在《辽丽"关系分期""朝贡分期"与"遣使分期"辨析》，认为辽和高丽关系在1038年后实现了制度化，因此将朝贡关系划分为欠完善时期（994—1038）与制度化后期（1039—1116）两个阶段。

关于金与高丽封贡关系的研究。黄宽重的《高丽与宋、金的关系》，认为高丽虽被迫向金进纳誓表，但并未诚心事金，期间高丽民间仍有使用宋年号的现象，直至1142年，金正式册封高丽王，金和高丽朝贡关系才正式确立。魏志江的《试论金末蒙古、东夏与高丽的关系》，对13世纪初，蒙古在东北地区与东夏和高丽的关系进行了梳理，指出三股势力在鸭绿江流域呈现错综复杂的关系。此后，他在《辽金与高丽关系考》中提出了"二元"朝贡的观点，认为在东亚局势变动之时，高丽方面也不断调整政策，特别是在两江流域战事不断的背景下，最终与中原王朝采用了"二元"朝贡的政策来应对当时的东亚政治格局。杨军在《东亚封贡体系确立的时间——以辽金与高丽的关系为中心》中，从封贡关系的视角，对金和高丽之间的使节往来进行了量化分析后，认为该时期辽金与高丽的关系已逐渐趋于制度化，双方已确立起封贡体系内的册封朝贡关系，这标志着东亚封贡体系的确立。随着对封贡体系研究的深入，学界也开始从贸易角度探讨封贡体系。如，吕士平在《金丽使节贸易研究》对金与高丽之间的贸易深入研究后，将金和高丽使节贸易划分为萌芽、发展、繁荣三个阶段，并指出金和高丽间贸易类型为贡赐贸易、私觌贸易、自由贸易和走私贸易。关于元与高丽的封贡关系，特木勒的《北元与高丽的外交1368—1369》对北元、高丽及明三者关系进行论述，并分析了元明鼎革之际高丽之向背及其"两端外交"的原因。此外，张建松的《元代高丽使团研究》对高丽后期的遣蒙使团进行系统研究，考察了遣使路线、相关人物的职务概况、主要事迹等问题，并详细论述了使团在双方交流中所产生的作用。栾凡在《元代的中朝朝贡关系》中认为，元朝与高丽的朝贡关系在中国历代朝贡关系史上别具特色，其主要特征就是以确认君臣主从关系为核心，对经济利益的重视程度前所未有，朝贡的礼仪象征性则大为降低。最后指出元朝与高丽的朝贡制度对中朝文化产生了诸多影响。

关于明清与朝鲜间封贡关系研究。学界首先对明清与朝鲜间的封贡关系进行整体考察，张士尊在《纽带——明清两代中朝交通考》中详细论述了明清时期与朝鲜间的交通路线变迁以及交通情况，并对其中的部分地理概念进行纠正，同时提到了正统至成化年间朝鲜多次奏请更改贡道的问题，可见当时双方已经开始对鸭绿江流域的地理进行考察。姜龙范等《明代中朝关系史》系统论述了明太祖时期明与朝鲜的关系，作者认为恭愍王死后，朝鲜半岛的政治格局发生了变化，明太祖以"却贡""停封"等方式试探朝鲜方面，朝方以"事大"态度应对，因此维护了明朝初期双方的良好关系。叶泉宏的《明代前期中韩国交之研究 1368—1488》，从明代外交机构以及朝贡的贡品、回赐等各个方面论述了明朝的朝贡制度，并对明朝与朝鲜之间封贡关系的建立过程进行了考察，同时重点论述了明与朝鲜之间在鸭绿江口地区的海防与辽东边防等相关问题。庄吉发的《建州三卫的设置及其与朝鲜的关系》对明朝在鸭绿江流域设置的建州三卫与朝鲜的交流，以及明朝与朝鲜建立封贡体系中的作用予以考察。吴一焕的《十七世纪初明朝与朝鲜海路交通的启用》通过史书记载，结合历史背景，对明末中国与朝鲜之间的水陆交通路线进行了详细的考察，并对路线体现出的明朝与朝鲜的宗藩关系进行了叙述。陈潮在《明清之季中韩宗藩关系探索》中，重点对明清时期中朝宗藩关系的形成与发展进行考察，并提出经贸活动中羁縻朝鲜的方式，也是宗藩关系在经济上的表现。随着对封贡关系整体研究的深入，学界开始对封贡关系中双方的贸易情况进行探讨。王薇等的《论中朝两国间最早的谈判贸易——兼及明惠帝的对朝政策》以战马交易为视角，论述了建文帝时期明朝与朝鲜之间的战马贸易情况。认为明廷内部战争导致明朝弱化了宗藩关系对两国贸易的约束，因此只能放弃了部分传统的贸易垄断，使得朝鲜得到了贸易的机会。高艳林的《明代中朝使臣往来研究》对明代与朝鲜双方使臣的接待、次数进行了比较分析，并对使节团成员构成、遣使路线进行了相应论述，从中可以看出中朝朝贡关系的密切与双方交往的意义。栾凡的《明代中朝朝贡刍议》指出明代中朝朝贡下的双方贸易往来，更多的是宗主国出于政治目的来笼络他国的一种方式，其本身没有太多经济价值。此后，在《明代中朝朝贡礼仪的制度化》对中朝朝贡礼仪的具体内容与形式予以进一步考察。通过研究明与朝鲜之间的朝贡礼仪，认为明代是中朝封贡制度的完善阶段，明将朝贡礼仪制度确定下来，为中朝朝贡礼仪方面做出了贡献。

可见，对中朝封贡体系的研究，学界多从不同时期与视角且予以总体或分别叙述，从中体现出中国在封贡体系建立过程中的地位及与朝鲜的关系。总体来看，学界研究成果虽多，但将鸭绿江和图们江置于封贡体系的视域下进行的考察则不够深入，此是亟待加强研究的课题。

（三）关于女真问题的研究

学界对女真的研究，多对不同朝代进行专门考察，其中关于女真在鸭绿江和图们江流域的分布、与中原王朝的关系、与朝鲜半岛高丽等政权的关系及女真在两江的发展等方面也多有涉及，现整理如下：

学界研究的代表性著作，多侧重对女真分布、崛起和朝贡等问题的探讨。关于女真的研究至19世纪末在国内的一些著述中开始关注女真名物考述。20世纪40年代，金毓黻的《东北通史》上编虽只到元代，但书中专设"女真之兴""女真之经略东北""蒲鲜万奴之东夏国"等专题研究女真，实为研究女真开山之作。此后，学界多在其基础上进行深入研究。20世纪80年代，女真史的研究开始受到重视，逐渐发展起来。张博泉等《东北历代疆域史》在叙述辽金元明时期的东北疆域时，对辽金元明女真有所论述。此后，作者又在《金史论稿》（第1卷）、《女真新论》中详细论述了女真部族的形成、分布与社会结构、女真民族共同体的形成发展，并对金朝的建立、金代猛安谋克制度的形成发展及在女真社会中的作用进行了探讨。孙进己等著《女真史》时间跨度从肃慎至明末努尔哈赤统一女真诸部，是国内最早一部关于女真民族的通论著作。作者的另一著作《女真民族史》则重点突出女真民族的形成、扩大、分化、发展、消亡过程。王慎荣、赵鸣岐的《东夏史》是对金末由蒲鲜万奴建立的东夏国进行的系统考察著作，对东夏国的历史进行了系统的梳理，为后来的继续研究奠定了基础。朴真奭的《东夏史研究》在前者的基础上，继续进行深入研究。此外，贾敬颜的《东北古代民族地理丛考》中就女真某些史地问题进行了考证。王可宾的《女真国俗》对女真的社会组织进行了考察，认为女真大家族包括许多具有血缘关系的个体家庭，史书中的"族帐"即为大家族，几个大家族共同组成的公社即为谋克。李德山、栾凡的《中国东北古民族发展史》在梳理肃慎族系古民族发展的同时，对辽金元明女真进行了较为详细的论述。张杰的《满族要论》对满族的源流、历史发展等主要问题做了详细的叙述。王臻的《朝鲜前期与明建州女真关系研究》以朝鲜史为主线，从"换位思考"的角度分析了朝鲜的外交政策，探讨其与明朝及边疆民族的关系。台湾学者王民信的《高丽史研究论文集》收录了 12 篇文章，其中《高丽女真与曷懒甸事件》《高丽史女真三十姓部落考》对女真与高丽的和战关系进行了详细的论证，内容涉及对两江流域战事的论述。程妮娜的《古代中国东北民族地区建置史》，在梳理东北民族在辽金元明时期的建置时，对女真民族多有论述。此后她在《古代东北民族朝贡制度史》中论述东北民族朝贡制度时，也论及辽金元明女真的朝贡制度。孙昊的《辽代女真族群与社会研究》重点论述了辽代熟女真的形成与分化过程；在重新梳理与考析女真三十部的文献与史实的基础上，论证该族群并非源于黑水靺鞨，更有可能是由朝鲜半岛西北迁徙而来，即鸭绿江流域的女真部族是熟女真的主体。刁书仁的《中朝疆界与民族——以十四世纪中叶至十五世纪末为中心》在讨论这 150 年中朝疆界与民族变迁时，对明代两江流域的女真部落有较为详细的论述。干志耿、孙秀仁的《黑龙江古代民族史纲》是对黑龙江地区的民族自原始社会至清代进行的系统叙述著作，其中对女真进行了专门的论述，作者认为两江地区对其形成、发展和崛起提供了空间。余蔚的《中国行政区划通史（辽金卷）》和孙进己、冯永谦的《东北历史地理》（下）则对辽金两朝的行政区划、地理位置等做了系统考察，其中涉及东北特别是两江地区女真诸部的管理机构。

　　学界代表性的学术论文，多是对辽金元明清时期的女真分布、民族发展、迁徙和民族融合等问题予以探讨。

　　关于辽代的女真，学界多对其分布和建置进行了考察。苏金源的《辽代东北女真和汉人的分布》主要对辽代时期东北地区女真人与汉人的分布情况进行梳理，作者认为辽代时期的汉人主要集中在松花江以南的辽河东西两岸。王民信的《高丽史·女真三十姓部落考》在前人研究的基础上，对《高丽史》中的女真三十姓的发音进行研究，并指出当时三十姓中没有"完颜"一姓。董万仑的《白山靺鞨五考》梳理史书记载，对生活在长白山附近的女真部族白山靺鞨进行了整体考察，表明其是居住在图们江附近的女真部族的主要来源。《辽代长白山女真几个问题的探讨》在前文基础上对长白山女真问题继续探讨，作者认为长白山三十部女真是渤海武王末年移置于南京南海府附近的黑水部人、铁利部和达鲁古部的后裔。李学智在《辽代之兀惹及曷苏馆考》认为曷苏馆女真是渤海遗族，在辽灭渤海后迁徙而来的。都兴智在《曷苏馆女真考略》考证曷苏馆女真是 983—1012 年间，辽圣宗对鸭绿江下游女真的战争后而迁徙的女真人。韩世明的《金完颜始祖史事探赜》《辽金时期女真氏族制度新论》两文，梳理了辽代女真的社会组织结构，认为女真的社会组织主要由核心家庭、家庭公社、世系群、氏族、联族和半偶族构成。同时，还对其基层社会组织予以考察。孙进己的《东北亚民族史论研究》是对女真基层社会组织进行整体考察的著作，通过史书记载，分析认为随着经济的发展，女真家庭公社开始转变为地域性的农村公社，即猛安谋克组织，标志着女真向阶级社会的过渡。刘肃勇的《辽代女真完颜部的氏族生活》对女真家庭公社进行了专门研究，并对其促进女真完颜部形成的积极因素做了探讨。此外，一些论文还对辽金元时期，女真和王氏高丽的关系以及女真在辽代边防中的作用等相关问题方面有所涉及，其中，牟元珪的《高丽时期的中国"投化人"》主要对高丽时期中国人移民朝鲜半岛的情况进行介绍，作者认为这些中国"投化人"在政治、经济、文化等多方面对韩国的社会发展做出贡献，并促进了两国的友好发展。程妮娜的《辽代女真属国、属部研究》通过从辽朝对女真各属国、属部的统辖关系的特点梳理，最终总结为三个地区、四种统辖制度，即系辽籍女真地区属国、属部的两种统辖制度、生女真地区属部的统辖制度、五国部地区属部的统辖制度。作者认为该制度充分体现了辽朝"因俗而治"的治国方针，从而实现了辽朝对整个女真地区的政治、军事、经济上的有效统治。

　　关于金代女真的研究，主要涉及有关女真分布与迁徙的相关情况。王静如《宴台女真文进士题名碑初释》对女真文字进行了考察，其中涉及墓主人的籍贯所在地金朝中都，可见当地有大量女真人迁徙至此居住。朴真奭《关于东夏国首都及其位置的考证》通过史书记载及考古学成果，对东夏国的南京的位置进行了考证，作者认为南京不是东夏国首都。李薇《关于金代猛安谋克的分布和名称问题——对三上次男先生考证的补订》在分析史书记载的基础上，对金代猛安谋克的分布和名称问题进行了考察，并对日本学者三上次男之前的研究进行了补订。张绍维等《东夏年号的研究》根据出土的东夏国官印，考察东夏国年号及其变化。王慎荣的《蒲鲜万奴国号考辨》结合史书记载，对金末蒲鲜万奴在图们江流域建立的东夏国国号进行了考察，认为其国号有一个变化的过程，初期的国号是为大真国，后期才改为东夏。刘浦江的《金代猛安谋克人口状况研究》对金代猛安谋克的户口数量和变化情况，猛安谋克的人口结构，以及猛安谋克人口的地理分布状况等进行系统的考察。蒋秀松的《"东女真"与"西女真"》对"东女真"及"西女真"的来源、分布及归属情况进行了考察，并详细介绍了高丽的北拓情况。作者认为，"东女真"及"西女真"来源于本地原有且尚未融入渤海族的鞑鞨部落，只有极少部分是从松花江下游或黑龙江下游迁徙而来。以高丽千里长城为界，长城以北为东西女真的活动区域，其中长白山南脉为东西女真的分界。都兴智的《论金代辽宁境内的猛安谋克与人口》通过对金代辽宁地区猛安谋克分布概况的探讨，厘清了金代辽宁少数民族及汉族的人口状况。郝素娟的《金代移民研究》以移民群体为研究对象，对金代不同时期的移民背景、政策、各族人口的迁徙动态及分布以及各时期人口迁徙的特点规律等进行考察。在此基础上，探析各族移民的移居地生活，探究移民在金代社会中的作用等问题，作者强调要用辩证唯物主义来认识移民问题。吴晓杰在《金代婆速路探析》中就婆速路的地位、行政沿革以及归属等问题进行了考察，作者认为婆速路的沿革不仅是金朝路制改革的反映，更是金朝兴亡的真实写照，同时也对金与高丽的关系产生了重要影响。

关于元代女真的研究，学界多对其与蒙古的关系、分布、社会发展和民族融合进行探讨。王崇时的《元代东北女真族试探》通过史书记载，对元代东北女真的分布、元对女真的统治政策及东北女真的社会发展形态等相关问题分别予以考察，作者认为在元代，东北的女真虽然社会地位下降，但社会性质却未倒退。王慎荣的《十三世纪蒙古和东夏的关系》对元初蒙古与东夏之间关系的变化做了梳理，并认为在蒲鲜万奴被蒙古擒杀后，东夏国仍旧存在了一段时间。董万仑的《元代合兰府水达达研究》对元代生活在合兰府的水达达进行了整体研究，其中，作者对其分布、经济发展、民族源流及在元代参加的征讨日本的战争等做了分别考察，并认为水达达是生活在图们江地区的重要女真部族。丛佩远的《元代辽阳行省境内的契丹、高丽、色目与蒙古》对元时辽阳行省境内的契丹、高丽等民族的分布与迁徙情况进行探讨。作者认为，在这一时期部分高丽族人迁入辽东地区，居住于辽、沈及鸭绿江以西地区。而原居住于辽阳行省南部的契丹族人一度南迁，又相继返回西喇木伦河，并与蒙古相融合。薛磊的《元代双城总管府刍议》认为，双城总管府是蒙古在高丽东北部地区设立的统治机构，一直存在到元末。双城总管府主要由归降蒙古的高丽人世袭管领，元廷派达鲁花赤进行监临控制。双城总管府的设立对元丽政治关系产生了深远的影响。刘荣的《元代东北民族研究》主要研究元朝对东北地区的民族统治政策及其影响，其中重点探讨了元统治者对女真、契丹、高丽人的政治、经济政策，并分析"因俗而治"的政策给当地社会、民族带来的影响等问题。

关于明代女真的相关研究，学界多围绕女真和朝鲜的关系进行探讨。董万仑的《明代东海骨看兀狄哈社会状况的考察——库雅喇满洲研究之一》对明代生活在吉林南部沿日本海地区的女真部族骨看兀狄哈进行整体研究，并利用朝鲜史书对其分布、人口和社会发展等进行了考察。王臻在《朝鲜太宗与明朝争夺建州女真所有权述论》中针对明朝、朝鲜以及建州女真的三方关系进行了详细论述，作者指出三方在面对相互交往时所产生的利害冲突时，与之应对的是"有利于己的'实利'政策"。于晓光的《明朝与朝鲜王朝围绕女真问题的交涉研究（1368—1619）》论述了明朝与朝鲜争夺图们江流域女真地区归属权的史实，作者认为明朝与朝鲜之间多次围绕女真问题而进行交涉，但因蒙古的兴起以及明朝实力衰退，双方之间并没有引起严重的纠纷。李善洪《猛哥帖木儿与朝鲜关系述略》对明朝初年，女真、明及朝鲜三者之间关系的演变与发展进行梳理，作者认为从猛哥帖木儿顺事朝鲜到游走于明与朝鲜之间，女真与朝鲜的关系也从和睦逐渐恶化，最终以破裂告终。刁书仁的《明代女真与朝鲜的贸易》对明代两江流域女真与朝鲜进行贸易的必要性，以及贸易形成的影响等问题进行了考述。作者认为这种贸易不仅满足了女真与朝鲜的各自需求，同时给女真社会发展带来积极影响。郑红英的《论明朝初期与高丽的女真之争》结合历史背景和史书记载，对明初对女真的招抚和高丽对女真的拉拢进行了深入考察，体现出明朝在处理女真问题时和高丽存在的矛盾。刘阳的《朝鲜王朝闾延郡设置考》通过对朝鲜王朝闾延郡设置过程的考察，认为其行政变化经历并不似其诱因那样，表现得更为复杂与突出。而这种诱因中起到关键作用的成分要素，正是作为外力的女真因素。在政治之外，一些论文还从经济角度，对女真在明末的崛起做了考察。刘小萌的《明末女真社会氏族制度的瓦解》对明末有关女真的贸易、农业等社会经济发展情况做了详细考察，作者认为是经济的发展促成了女真社会的阶级对立，并促成了女真社会氏族制度的瓦解。刁书仁的《景泰、天顺年间建州三卫女真与明朝、朝鲜的关系》对明朝、朝鲜以及建州女真的关系进行考察，指出建州女真进犯明边境的原因主要是由于女真对财富的需求以及明朝在朝贡方面对女真的限制所致。作者认为，朝鲜无视明朝禁止朝鲜与女真私交的禁令，反而对女真主动招纳的种种行为充分说明明朝国力的衰退，及其威信度在周边国家中的降低。杨余练的《明代后期的辽东马市与女真族的兴起》、栾凡的《敕书、朝贡、马市——明代女真经济的发展契机》以及陈棋的《明代辽东马市及其历史影响》等文章从明代马市贸易的视角论述了明代女真族的兴起与发展。认为马市贸易促进了女真社会的财富积累与社会进步，并对多民族国家的巩固与发展产生了深远影响。蒋秀松在《明代女真的敕贡制》中，系统地论述了女真敕贡制的发展过程以及相关内容、性质和作用。作者强调，敕贡制加强了东北边疆地区与中原地区、女真各部与汉族在政治、经济上的联系，具有政治和经济的双重作用，是明朝管辖女真部族的政治基础。丛佩远的《明代女真的敕书之争》，对明代女真各部族所持有的敕书数量及更迭易主的经过进行了详细梳理，作者认为同敕书所包含的政治意义相比，其所包含的经济意义更为重要，这也是明代女真各部争夺敕书的主要原因，而这一行为又进一步推动了女真内部的整合。

对清代女真的研究，学界多对后金的崛起和清朝的建立进行了相关研究。刁书仁在《努尔哈赤崛起与东亚华夷关系的变化》提出，在 16 世纪中叶，自 14 世纪以后支配东亚关系的以明朝为中心的"华夷秩序"趋于崩坏，而努尔哈赤成功抓住机遇，以其敏锐的洞察力，依据时局的变化及与敌手斗争的需要，巧妙处理与其他女真各部、明朝、蒙古、朝鲜诸关系，最终成功崛起。孙文良的《满族崛起与明清兴亡论稿》则对满族在明末清初的崛起过程给予了系统考察，认为明朝的腐朽为满族的崛起提供了历史机遇。此后，学界多从满族和移民角度，对清代在两江的满族进行研究。孙玉龙、范立君的《清代长白山地区移民与人参文化探源》从民族迁徙角度对清末的移民进行了专门考察，作者认为大量移民进入两江地区，为开发当地做出了贡献。

综上可见，学界对女真问题的研究尽管取得了丰硕的成果，但其内容多以某个朝代的女真为主，尤其侧重关注女真的发展和崛起问题。如能系统考察鸭绿江和图们江之地女真的战事情况，并将其置于战争的视域下进行深入研究，则能对相关问题取得更为深刻的认知。

二、国外相关研究成果

（一）日本的相关研究

20世纪初，津田左右吉、松井等、池内宏率先将女真等问题置于"满鲜历史地理"的视域下加以研究，出版一批至今仍有学术价值的成果。如津田左右吉的《高丽末年鸭绿江畔的领土》《高丽末年东北境的开拓》《高丽西北境的开拓》，松井等的《满洲金朝的疆域》《隋唐二朝高句丽远征的地理》等系列成果对两江流域的民族迁徙、战事等问题进行了初步探讨。

日本对辽金时期女真进行系统研究的学者首推池内宏。他的《辽圣宗的女真征伐》一文，梳理了辽代经略女真的史实。《契丹圣宗的高丽征伐》梳理了辽与高丽关系。随后发表的《高丽成宗朝与女真及契丹的关系》，讨论了高丽成宗时期与女真及辽朝的关系。关于金史研究，池内宏的《金史世纪研究》检讨了《金史·世纪》的记载，认为景祖以前皇室完颜诸祖的事迹是虚构的，并对《金史·世纪》提及的族群分布及其相关问题都发表了创造性的见解。关于元末明初女真的研究，《丽末鲜初年东北境与女真的关系》一文，对元末明初朝鲜半岛东北部女真与高丽的关系进行了详细的梳理，其中地理考证占很大篇幅，足见作者学术功力。三上次男关于金代女真及社会的研究成果显著。他的《金代女真研究》《高丽与定安国》《金初的丽金关系》《关于新罗东北境外黑水铁利·达姑等诸族》等论文就金代女真、高丽与定安国、金初高丽与金朝关系等相关问题都做了开创性的研究。箭内亘的《东夏国的疆域》《在高丽的元代行省》《蒙古的高丽经略》等论文则对蒙古—元朝时期与高丽的关系进行了梳理。

　　关于明代女真的研究，首推和田清的《明初满洲的经略》，该文依据《明实录》《高丽史》《李朝实录》等史料，论述了洪武、永乐两朝对东北地方用兵与设治经过，其中对明代女真与明和朝鲜的关系多有论及。稻叶岩吉的《明代辽东的边墙》对明代辽东边墙的修建和分布范围做了详细的考察，并对其在明代鸭绿江边防中的作用予以探讨。《光海君时代的满鲜关系》则结合史书记载，对光海君时代李朝对女真的拉拢进行了考察。此后，《建州女真之原居地及其迁居地》对明代建州女真的居地和迁徙进行了梳理，可见建州女真是沿着鸭绿江进行迁徙的，并认为建州女真的迁徙与明朝加强对东北的统治有关。田川孝三的《毛文龙与朝鲜的关系》从朝鲜的角度对明朝辽东边将毛文龙的抗清斗争进行了考察，表明明朝的政策有失误之处。麻生武龟的《朝鲜时代西北界与鸭绿江》在稻叶岩吉的研究基础上，对李朝在鸭绿江的边界进行了考察，认为李朝能推进至鸭绿江是明朝对女真招抚政策的结果。园田一龟的《明代建州女真史研究》及《续编》以《明实录》《李朝实录》为基本史料，详细梳理了从永乐元年至万历十一年努尔哈赤起兵，约200年间建州女真的发展以及建州女真同明朝、朝鲜的关系。稻叶岩吉的《满洲发达史》一书中设专章"明代的满洲经营""女真贸易之经过"讨论明朝对东北的有效管辖及女真的朝贡贸易。

　　60年代以降，研究明代女真史取得突出成绩的是河内良弘。他陆续发表多篇有关建州三卫的研究文章，如《猛哥帖木儿与建州左卫》《凡察与建州左卫》《朝鲜再征建州左卫与也先之乱》《李朝成宗时期女真与朝鲜》等。另外，对海西女真也有研究，如《忽喇温兀狄哈的朝鲜贸易》（上、下）。90年代，他又出版了《明代女真史研究》。另一位研究明代女真历史的学术成绩突出的是江岛寿雄。他关于辽东马市的研究系统而全面，发表了《辽东马市中的私市：开元南关马市》《辽东马市的起源》《辽东马市管窥》等系列文章，论述了明朝对马的需求和各地马市位置、开闭时间，并分析了马市

与朝贡贸易的关系及对女真社会带来的影响。他关于朝贡贸易的研究，有
《明正统朝对女真朝贡的限制》《关于明初女真朝贡二三个问题》《明代女真
贸易概观》等文章，将女真的朝贡分为四个时期，即永乐元年至宣德十年为
明廷奖励朝贡时期；宣德十年至天顺八年为逐渐限制时期；天顺八年至嘉靖
二十年为女真打破明廷限制时期；嘉靖二十年至明末为女真争取朝贡贸易权
时期，最终努尔哈赤通过掠夺获得贸易权。河内良弘的《朝鲜世祖观兵示威
与成化三年之役》对明宪宗时期朝鲜在明朝出兵建州女真后的态度进行了考
察，分析认为朝鲜对明朝的出兵持矛盾心态。之后，他继续对明朝的女真人
做深入考察。如在《李朝时代女真人的入京朝贡》中，对李朝拉拢女真人的
行为进行了梳理，表明李朝对鸭绿江流域女真人的重视。松浦章的《袁崇焕
与朝鲜使节》对明末袁崇焕为抵御后金而联系朝鲜的事迹予以考察，表明明
朝在对抗后金的过程中，朝鲜的虚弱无力是造成明朝被动局面的重要因素。
此外，日本学界还对清朝开国史进行了专门研究。今西春秋的《天命建元考
补》考察了清朝建立的过程，表明明朝对鸭绿江流域控制的减弱为努尔哈赤
的崛起提供了空间，石桥秀雄的《努尔哈赤进出辽东前后的考察》与之类
似。三田村泰助对清开国史研究颇勤，其主要成果有《清朝前史研究》详载
清人关前努尔哈赤建立后金与皇太极建立清朝的历史。上述国内外研究成果
为本文的研究提供了借鉴与参考。

可见，日本学者在研究两江女真的历史方面起步较早，并利用西方史学
方法从不同角度对女真在两江的分布、历史发展和战争等进行了深入考察。
但日本学者的研究多为军国主义服务，其研究带有殖民色彩，缺乏客观理性
的阐述。

（二）韩国的相关研究

韩国学者的研究多侧重两个方面：一是对女真的管理问题；二是与女真
的往来及战争等关系。

关于女真的研究，代表性的成果，有李东馥的《金代女真社会构成》，
梳理了女真从崛起到（后）金朝时期的社会经济的发展史。方东仁的《韩
国的国境划定研究》该书为通论性的韩国疆界论著，分为古代篇、高丽篇、
朝鲜时代篇。古代篇，分别论及檀君朝鲜的地域构成、箕子朝鲜境域、卫满

朝鲜境域，以及新罗统一时期西北界与东北界、泗江镇的管辖范围；高丽时代篇，论及高丽前期北进政策的推移、北进政策的实施与受限、关于东宁府置废、高丽的东北界，尹瓘所占九城考、双城总管府置废考；朝鲜时代篇，论及李朝初期北方领土开拓，鸭绿江中上流方面领土开拓、图们江下流方面领土开拓。此外，一些研究韩国历史的著作，也对女真有所涉及，主要有李基白的《韩国史新论》、卢启铉的《高丽外交史》、朴元熇的《明初朝鲜关系史研究》等，叙述了高丽对女真的招抚和安置的措施。韩国学者还在论文中，对女真予以集中论述。徐炳国的《凡察的建州右卫研究》《猛哥帖木儿的建州左卫研究》，对居住图们江流域阿木河的建州左卫与迁徙鸭绿江流域的建州右卫进行了详细研究。崔圭成的《高丽初期的女真关系与北方政策》一文，分别考察了高丽惠宗、显宗时期，对女真政策内容，以及对女真政策结果对高丽北方政策的影响。梁泰镇的《图们江国境河川论考》从图们江流域的自然地理环境、图们江与女真的关系、图们江的民族地缘以及图们江领土与国境问题等方面，对图们江国境历史加以论述。此外，宋勇德的《高丽前期国境地域的州镇城编制》从高丽王朝的国境认识与州镇城编制、北进政策与州镇城编制运营及运营变动、对契丹战争期间州镇城域的再编、高丽长城修筑与羁縻州的设置诸多方面进行了阐述。尹武炳的《高丽北界地理考》是对高丽北界进行的专门考察，作者结合史书记载，对高丽北界的形成、位置及北进的过程做了探讨。李龙范的《辽代东京道的渤海遗民》则对辽代渤海遗民进入辽东地区的背景、过程和人数进行了考察，表明渤海遗民在辽与高丽边界形成过程中的作用。研究高丽后期疆界变化的有，金九镇的《丽末鲜初图们江流域女真的分布》对高丽末期和朝鲜初期，活动在图们江流域的女真人进行的专门考察，对其分布做了较为详细的梳理。而金声均的《朝鲜朝北境关防定础略考》则从鸭绿江上流的开拓与四郡的设置、四郡的撤废与军事地域化，对李朝在鸭绿江上游的拓占进行了研究。方东仁的《李朝初期北方领土的开拓——以鸭绿江流域为中心》与之相似。方东仁的《双城总管府考》对元朝在朝鲜半岛东北部设置的双城总管府设置、废除时间等进行了考察，认为该府的设置是元朝意图加强对朝鲜半岛统治的表现，体现了元朝对图们江流域的重视。宋勇德的《高丽后期边境的变动与鸭绿江沿边的认识》，文章分别从对蒙战争期间高丽西北界州镇的变动、元朝干涉鸭绿江边地域变化与海岸沿边认识的深化、高丽末鸭绿江边防御体制强化与沿边认识的成长加以论述。张在盛的《关于高丽双城总管府的研究》从双城总管府的设置（1258）、双城总管府的沿革（1258—1356）、双城总管府的收复（1356），论述了双城总管府的兴废。姜性文的《朝鲜初期六镇开拓的国防史的意义》从李朝国防的角度，对李朝初期对鸭绿江流域的开拓进行了分析，认为这为李朝将北部边界推进至鸭绿江奠定了基础。而朝鲜民主主义人民共和国社会科学院考古所编、李云铎译《朝鲜考古学概要》则对鸭绿江和图们江地区出土的文物予以介绍，其中可见有女真的文化因素存在，表明两江流域为女真的原始居地。朴元熵的《永乐年间明与朝鲜间的女真问题》围绕永乐年间图们江流域女真的归属，明朝与李朝之间的角逐；猛哥帖木儿的建州卫归属明朝与朝鲜的对应；随永乐帝亲征蒙古的建州女真的动向三个问题展开讨论。秋明烨《11世纪后半叶—12世纪初女真的征伐问题》重点考察了高丽显宗至睿宗时期，高丽王朝对女真问题的处理以及高丽政局的变化。邱瑞中、崔昌源的《朝鲜使臣李忔笔下的袁崇焕——〈燕行录〉的史料价值之三》是对明末抵抗后金的辽东主帅袁崇焕的专门考察，体现了《燕行录》的史料价值。

关于女真研究的代表性成果还有金渭显的《契丹的东北政策——契丹与高丽女真关系之研究》，书中主要梳理辽朝与高丽、女真的关系，该书认为契丹对高丽和女真政策是对宋关系的一环，目的是相互牵制，而不是吞并领土。其在《契丹、高丽间的女真问题》一文中探讨了922—1125年间，高丽北进政策与契丹东进政策发生冲突，两国对女真实行的政策。徐炳国的《高丽时代女真交涉史》详细考察了高丽时期与女真的关系。金光洙的《高丽建国时期浿西豪族与女真的关系》，通过对高丽与女真交往的考察，认为高丽前期对女真的交涉目的主要在于农田的开拓。李仁荣的《鲜初女真贸易考》是分析李朝初年对女真的贸易的开展和性质的论文，表明李朝对鸭绿江地区女真的重视。金九镇的《丽末鲜初图们江流域女真的分布》从丽末元朝势力衰退下的女真分布；混乱时期的女真移动；鲜初安定期女真的移动等角度，对图们江流域女真的分布进行较为细致的研究。李炫熙的《朝鲜对来朝女真的政略上待遇》是对李朝初期，对招抚而来的女真人的待遇做的详细考察。此后，他又相继发表了《朝鲜前期对女真怀柔政策》《朝鲜王朝时代对北平馆女真绥抚政策的考察》等论文，继续对李朝招纳投附女真人进行考察。徐炳国的《李之兰研究》对李朝初期的女真功臣李豆兰进行重点研究；在《朝鲜前期对女真关系史》进行了详细叙述。李铉淙的《朝鲜的对明关系》专门对朝鲜对明朝的政策做出考察，认为李朝为了实际利益对明朝始终以事大为主，但也会灵活处理。朴元熇的《宣德年间明、朝鲜间与建州女真》对宣德年间朝鲜对建州女真的关系进行了系统梳理。韩明基的《光海君时代对明与后金关系的考察》对朝鲜光海君对后金和明朝的关系进行了考察。金顺子的《丽末鲜初对元、对明关系研究》对高丽末朝鲜初年其对元朝和明朝的关系的确立、变化等问题做了详细考证。姜尚云的《丽明关系研究——从元明交替到铁岭立卫》与之类似。朴喜镇的《明代朝鲜与女真的关系研究》，对李朝与女真的关系进行系统考察，并认为李朝在对待女真的问题上与明朝的政策并不完全一致。全海宗的《清代韩中朝贡关系考》则是对清代朝鲜与中国朝贡的专门考察。

　　以上日本、朝鲜的相关研究无疑对本课题的研究多有借鉴意义，但必须指出日本学者的研究是为其侵略东北与朝鲜的目的服务的，其研究有很多是对女真历史事实的歪曲解读。韩国学者的研究是为其北拓疆土的政治目的服务，对女真的研究多有违背历史史实之处。可见，日韩学者的研究均有各自的立场，但都缺乏对两江流域历史的系统性研究。

　　综上所述，通过对前代学者关于本课题相关成果的整理，既为本论文提供了重要参考，又可发现前人研究的不足，为本研究提供了研究空间。第一，以往的研究中，学界在研究女真相关问题时，并未将两江流域作为研究空间范围，也未对女真展开系统研究。第二，相关研究成果中，多以中原王朝的视角出发运用史料，如转换至女真民族的视角，在注意中原正史史料的同时，挖掘周边朝鲜史料及各类金石文字，可以补充前人研究的不足。

第一章
两江流域女真等民族的分布、迁徙与管辖

辽金元时期，众多民族在鸭绿江、图们江流域迁徙并定居，其中女真成为这一区域人口最多、影响最大的民族。辽金元政府为加强对两江流域的管辖，在女真居住地设置机构及防御设施，特殊的地缘关系导致该地区战事频繁。

一、辽金元时期女真等民族的分布、迁徙

在辽金元三朝，在鸭绿江和图们江两江流域地区，分布着女真、渤海、契丹、蒙古、汉等诸多民族。随着这些民族以不同方式迁徙至两江流域，该区域的民族分布不断发生变化，女真则是这些民族中的典型代表。

（一）女真诸部的分布和迁徙

在辽金元时期，女真各部族在两江流域不断迁徙，并与周边民族不断接触，广泛分布于鸭绿江与图们江地区。

1. 辽代女真的分布

女真源出黑水靺鞨①，位于渤海国的最北方，分布于牡丹江以下的松花

---

① 张博泉：《女真新论》，长春：吉林文史出版社，1993年，第45页。

江东流段及黑龙江下游的南北两侧。① 渤海国灭亡后，黑水靺鞨沿鸭绿江上游而下，途经原渤海国鸭渌府等地，与迁徙而来的渤海移民及分布在鸭绿江和图们江流域的原渤海国南海府、鸭渌府治下的靺鞨族人相融合，最终形成了女真诸部。在辽代，女真又称"女直"，"其后避契丹讳，更为女直"，②表明"女直"之名是为避讳辽兴宗耶律宗真之名而改。③《高丽史》称居住在高丽东北方的女真人为东女真或东北女真，亦称"东蕃"；④ 称居住在高丽西北方的女真人为西女真或西北女真，亦称"西蕃"或"西北蕃"，有时还将两者统称为"北狄"或"北蕃"。⑤

　　在辽代，女真遍布包括鸭绿江和图们江在内的广大东北及朝鲜半岛北部地区。但在辽的中前期，女真诸部多活跃在鸭绿江入海口地区，被称为鸭绿江女真。至辽圣宗登基之初，鸭绿江女真诸部已占据了沿江两岸广大地区，⑥在鸭绿江入海口地区人口数量更大。统和三年（985）八月，契丹出兵镇压鸭绿江女真诸部及渤海遗民建立的定安国及其他反辽势力，⑦ 辽圣宗"以辽泽沮洳，罢征高丽。命枢密使耶律斜轸为都统，驸马都尉萧恳德为监军，以兵讨女直"⑧。此次征伐女真，是对女真的初步打击。同年十一月，圣宗再次"东征女直，都统萧闼览、菩萨奴以行军所经地里、物产来上"⑨，对女真进行了重点打击，并持续到次年，"春正月甲戌，……林牙耶律谋鲁姑、

　　①　孙进己、张旋如等：《女真史》，长春：吉林文史出版社，1987 年，第 57—58 页。

　　②　洪皓：《松漠纪闻》，台北：广文书局有限公司，1968 年，第 1 页。

　　③　孙进己：《女真史》，长春：吉林文史出版社，1987 年，第 1 页。

　　④　郑麟趾等著，孙晓主编：《高丽史》卷 7，世家卷第七，《文宗一》，重庆：西南师范大学出版社，北京：人民出版社，2013 年，第 194—195 页。

　　⑤　蒋秀松：《"东女真"与"西女真"》，《社会科学战线》1994 年第 4 期，第 167页。

　　⑥　池内宏：「遼の聖宗の女直征伐」，『満鮮史研究』中世第一冊，東京：吉川弘文館，1979 年，第 179 页。

　　⑦　金渭显：《契丹的东北政策——契丹与高丽女真关系之研究》，台北：华世出版社，1981 年，第 70 页。

　　⑧　脱脱等：《辽史》卷 10《圣宗本纪一》，北京：中华书局，1974 年，第 115 页。

　　⑨　脱脱等：《辽史》卷 10《圣宗本纪一》，北京：中华书局，1974 年，第 116 页。

彰德军节度使萧闳览上东征俘获，赐诏奖谕"①。此时，定安国盘踞在鸭绿江中上游地区，②但对鸭绿江入海口没有控制能力，于是请求曾十余次渡海向宋朝贡③的女真人帮助，并携带定安国国书④使宋。圣宗征伐女真后，辽所俘获女真人"生口十余万、马二十余万"⑤，可见生活在鸭绿江口地区的女真人数量巨大。而定安国也"为契丹所攻破，其酋帅纠合余众，保于西鄙"⑥，鸭绿江女真诸部丧失了入海口地区的掌控权。

辽统和十一年（993），辽与高丽战争结束后，女真在"鸭绿江东数百里"⑦的居地被辽割与高丽。高丽取得江东之地后，立即驱逐女真。⑧《高丽史》记载，在成宗十年（990）十月，下诏："逐鸭绿江外女真于白头山外居之"⑨，并修建"兴化（今朝鲜义州西南）、铁州（今朝鲜铁山）、通州（今朝鲜宣川西北东林）、龙州（今朝鲜龙川）、龟州（今朝鲜龟城）、郭州（今朝鲜郭山）"等六城。⑩ 高丽成宗十三年（993），高丽任命李承乾为鸭江渡勾当使，"以李承乾为鸭江渡勾当使，寻遣河拱辰代之"⑪。正式在鸭绿

① 脱脱等：《辽史》卷11《圣宗本纪二》，北京：中华书局，1974年，第119页。

② 苗威：《定安国考论》，《中国边疆史地研究》，2011年第2期，第112—113页。

③ 程妮娜：《女真与北宋的朝贡关系研究》，《邓广铭教授百年诞辰国际学术研讨会论文集》，北京：中华书局，2008年，第937—949页。

④ 岛田正郎：《契丹国：遊牧の民キタイの王朝》，東京：東方書店，1993年，第11—13页。

⑤ 脱脱等：《辽史》卷11《圣宗本纪二》，北京：中华书局，1974年，第119页。

⑥ 脱脱等：《宋史》卷491《定安国传》，北京：中华书局，1977年，第14128—14129页。

⑦ 脱脱等：《辽史》卷13《圣宗本纪四》，北京：中华书局，1974年，第143页。

⑧ 津田左右吉：「高麗西北境の開拓」，『津田左右吉全集』卷11『満鮮歴史地理研究』一，東京：岩波書店，1964年，第272—290页。

⑨ 郑麟趾著，孙晓主编：《高丽史》卷3，世家第三《成宗》，重庆：西南师范大学出版社，北京：人民出版社，2014年，第75页。

⑩ 赵永春、玄花：《辽金与高丽的"保州"交涉》，《中国边疆史地研究》2008年第1期，第84页。

⑪ 郑麟趾著，孙晓主编：《高丽史》卷3，世家卷第三《成宗》，重庆：西南师范大学出版社，北京：人民出版社，2014年，第78页。

江口设置"关城"。① 至此，女真诸部基本丧失了对鸭绿江入海口两岸地区的掌控。至高丽睿宗时期，已不见"西北女真"或"西北蕃"的称呼，"西女真"的名称也并不太多，而常见的则是"北界蕃长""北鄙女真"② 等。这种称呼的转变，反映了鸭绿江女真数量和居地方位的变化。③ 在鸭绿江口地区的辽与高丽边界防线形成后，此处居住的女真数量减少，他们多居住在契丹或高丽境内，并被统治王朝役使。辽兴宗朝，居住在临近高丽境内的五部女真④进攻鸭绿江东岸的保州，兴宗皇帝"曰：'仁先可往。'命驰驿安定之。因奏保、定二州联于北鄙，宜置关铺，以为备守"⑤。此后五部女真再也不敢窥扰了。

可见，此时鸭绿江入海口地区已少有女真活动的记载，他们大量迁徙至鸭绿江中上游地区。至圣宗后期，鸭绿江女真已归附于辽，被称为"五部熟女真"⑥。这些女真人口"共一万余户，皆杂处山林，尤精于弋猎"。他们与渤海人混居，有固定屋舍居住，生产方式以农业为主，"耕凿与渤海人同"⑦。并且他们对辽有助战义务，"遇北主征伐，各量户下差充兵马，兵回，各逐便归本处"⑧。辽在此地建立"鸭渌江女直大王府"⑨，将女真诸部

---

① 郑麟趾著，孙晓主编：《高丽史》卷 3，世家卷第三《成宗》，重庆：西南师范大学出版社，北京：人民出版社，2014 年，第 63 页。

② 郑麟趾著，孙晓主编：《高丽史》卷 13，世家卷第十三《睿宗二》，重庆：西南师范大学出版社，北京：人民出版社，2014 年，第 382 页。

③ 刘子敏：《辽代鸭绿江女真的分布》，《东疆学刊》1988 年第 1 期，第 43 页。

④ 孙昊：《辽代的辽东边疆经略——以鸭绿江女真为中心的动态考察》，《贵州社会科学》2010 年第 12 期，第 107 页。

⑤ 向南：《辽代石刻文编·道宗编上》，石家庄：河北教育出版社，1995 年，第 352 页。

⑥ 张博泉：《金史论稿》（第一卷），长春：吉林文史出版社，1986 年，第 60 页。

⑦ 叶隆礼撰，李西宁点校：《契丹国志》卷 22《四至邻国地里远近》，济南：齐鲁书社，2005 年，第 164 页。

⑧ 叶隆礼著，贾敬颜、林荣贵点校：《契丹国志》卷 22《四至邻国地里远近》，上海：上海古籍出版社，1985 年，第 212 页。

⑨ 脱脱等：《辽史》卷 46《百官志二》，北京：中华书局，1974 年，第 757 页。

纳入防御高丽的体系之中。①

在鸭绿江中上游（近图们江区域）及图们江一带，也是女真分布的区域，特别是在辽中后期，女真多在此地活动。契丹根据当地女真居地区域的不同，将其分为不同的部族，主要有长白山女真、蒲卢毛朵部女真及顺化女真。长白山女真分为三十部，辽圣宗统和三十年（1012）"长白山三十部女直乞授爵秩"②，范围为今我国延边地区，通化地区南部，图们江以南和朝鲜民主主义人民共和国咸镜南北两道、两江道、慈江道，即咸兴平野地区一带，③ 包括曷懒甸地区。辽在此地设置"长白山女直国大王府"④，予以羁縻统治。曷懒甸地区即今朝鲜咸镜南道咸兴及其周边地区。⑤ 辽乾统七年（1107），高丽与女真爆发曷懒甸之战时，高丽曾调查到当地"酋长多受契丹官职者"⑥。这表明，在辽代，曷懒甸当地的女真部族已经接受了辽的统治。蒲卢毛朵部与曷懒甸居住的女真各部距离很近，重熙十五年（1046）正月，"蒲卢毛朵界曷懒河户来附，诏抚之"，同年四月"蒲卢毛朵曷懒河百八十户来附"⑦。曷懒河即今图们江上源的海兰河，表明蒲卢毛朵部主要分布在海兰河流域，辽设置"蒲卢毛朵部大王府"⑧ 予以羁縻统治。图们江中上游地区还有顺化女真，是较早与辽取得联系的女真部族，辽设置"女直国顺化王府"⑨ 予以羁縻统治。在鸭绿江及图们江一带的女真部族，辽都给予大王

---

① 津田左右吉：「聖宗の遼東經略」，『津田左右吉全集』卷12『滿鮮歷史地理研究』二，東京：岩波書店，1964年，第212—234頁。

② 脱脱等：《辽史》卷46《百官志二》，北京：中华书局，1974年，第756页。

③ 冯继钦：《辽代长白山三十部女真新探》，《辽金史论集（第三辑）》，北京：书目文献出版社，1987年。

④ 脱脱等：《辽史》卷46《百官志二》，北京：中华书局，1974年，第756页。

⑤ 津田左右吉：「尹瓘征略地域考」，『津田左右吉全集』卷11『滿鮮歷史地理研究』一，東京：岩波書店，1964年，第307—313頁。

⑥ 郑麟趾等著，孙晓主编：《高丽史》卷96，列传卷第七《金仁存》，重庆：西南师范大学出版社，北京：人民出版社，2014年，第2970页。

⑦ 脱脱等：《辽史》卷19《兴宗本纪二》，北京：中华书局，1974年，第233页。

⑧ 脱脱等：《辽史》卷46《百官志二》，北京：中华书局，1974年，第762页。

⑨ 脱脱等：《辽史》卷46《百官志二》，北京：中华书局，1974年，第756页。

的封号，都为辽籍女真，① 辽对其进行不同程度的羁縻统治。此外，还有一些"生女真"部族，分布在图们江地区。据考，在长白山分布有温都部，"乌春，阿跋斯水温都部人"②，属胡里改女真。阿跋斯水，即长白山阿不辛河，③ 为今敦化北勒福成河。④ 在图们江则有温迪痕部、乌古论部、奥纯部、乌塔部、陀满部。附近的星显水（今吉林延边布尔哈图河）有纥石烈部、乌延部、斡准部、职德部等部族，⑤ 是为分散居住在此的女真部族。

综上，辽代的女真部族在东丹国南迁、黑水靺鞨南下至两江流域地区后得以形成，并分布在两江地区。在辽和高丽边界形成前，女真集中分布在鸭绿江入海口地区；在边界形成后，女真则向鸭绿江中上游及图们江地区转移，范围包括图们江及以南的曷懒甸地区，体现出明显的分布变化。

2. 金元时期女真的分布

金朝建立后，在两江分别设置路一级行政机构进行治理，女真诸部成为其治下部族。金朝在鸭绿江流域地区设置婆速路，在图们江流域地区设置曷懒路，⑥ 两路内对女真诸部设置有大量猛安谋克。⑦ 婆速路初置时统辖范围包括鸭绿江上游及其以北和会宁府以南地区，此即为辽代鸭绿江女真的居地。⑧ 婆速路路治设在婆速府，位置在今辽宁省丹东市东北的九连城。⑨ 婆速路境内设有许多女真猛安谋克，主要有获火罗打猛安、婆速路温甲海世袭猛安、婆速路宋葛鲁山猛安等。金太祖天辅年间，在曷懒甸设置曷懒路，总

① 程妮娜：《辽代女真属国、属部研究》，《史学集刊》2004 年第 2 期，第 85 页。

② 脱脱等：《金史》卷 67《乌春传》，北京：中华书局，1975 年，第 1577 页。

③ 脱脱等：《金史》卷 67《温敦蒲剌传》，北京：中华书局，1975 年，第 1580 页。

④ 于志耿，孙秀仁：《黑龙江古代民族史纲》，哈尔滨：黑龙江人民出版社，2015 年，第 229 页。

⑤ 苏金源：《辽代东北女真和汉人的分布》，《社会科学战线》1980 年第 2 期，第 183—186 页。

⑥ 孙佳：《金代行政路制研究》，吉林大学博士学位论文，2014 年，第 42 页。

⑦ 刘浦江：《金代猛安谋克人口状况研究》，《民族研究》1994 年第 2 期，第 87 页。

⑧ 吴晓杰：《金代婆速路探析》，《河北北方学院学报（社会科学版）》2018 年第 3 期，第 40 页。

⑨ 谭其骧：《中国历史地图集释文汇编（东北卷）》，北京：中央民族学院出版社，1988 年，第 179 页。

管府设在今朝鲜的咸兴,管辖范围北与上京、恤品路相接,西邻东京路,东、东南濒临日本海,[1] 包括图们江及曷懒甸地区。曷懒路包含有乌古敌昏山世袭猛安、泰神必剌猛安、挛里浑河猛安等多个女真猛安谋克。

金代,两江流域的女真分布有一个变化过程,图们江地区的女真人受统治者政策影响进行迁徙,鸭绿江地区的女真人则保持稳定的生存状态。金代统治者为有效控制该区域,在占领交通要道和险要地区的同时,对图们江地区的女真人进行大量移民,[2] 由此女真在两江流域的分布出现变化。金初,从图们江迁出的女真部族主要有:温迪罕移室懑,"速频屯懑欢春人,徙上京忽论失懒"[3]。屯懑即今图们江,[4] 说明温迪罕移室懑家族从图们江流域移徙到上京地区。温敦蒲剌部,从长白山地区迁入农安,"温敦蒲剌始居长白山阿不辛河,徙隆州移里闪河"[5]。此外,温迪罕蒲里特、夹谷不剌速、颜盏门都、蒲查思忠父祖、兀颜畏可先祖、兀颜讹出虎先祖、兀颜脉忒厄先祖、刘国杰先祖、陀满斜烈先祖、温迪罕达先祖、乌古论仲温先祖等,[6] 也是从图们江地区迁出的部族。同时,还有一些女真部族从其他地区迁往图们江地区的,比如来自上京速苏海水(今拉林河)的徒单合喜家族迁往了曷懒路,[7] 术虎讹特先祖迁徙至海兰江地区,[8] 但明显数量很少。

金代中期,金朝统治者再一次对图们江女真部族进行迁徙,主要是对黄捆敌古本、爱申失不阿先祖、乌古论三合、乌古论庆寿、抹撚完者先祖、温迪罕阿邻先祖等女真部族向中原地区的迁徙,[9] 图们江地区的女真部族数量

---

① 李薇:《关于金代猛安谋克的分布和名称问题——对三上次男先生考证的补订》,《黑龙江文物丛刊》1984 年第 2 期,第 28 页。

② 郝素娟:《金代移民研究》,吉林大学博士学位论文,2016 年,第 25 页。

③ 脱脱等:《金史》卷 91《温迪罕移室懑传》,北京:中华书局,1975 年,第 2013 页。

④ 张博泉:《金史论稿》第一卷,长春:吉林文史出版社,1986 年,第 285 页。

⑤ 脱脱等:《金史》卷 67《温敦蒲剌传》,北京:中华书局,1975 年,第 1580 页。

⑥ 郝素娟:《金代移民研究》,吉林大学博士学位论文,2016 年,第 33—45 页。

⑦ 脱脱等:《金史》卷 87《徒单合喜传》,北京:中华书局,1975 年,第 1945 页。

⑧ 王静如:《宴台女真文进士题名碑初释》,《史学集刊》1937 年第 3 期。转引自郝素娟:《金代移民研究》,吉林大学博士学位论文,2016 年,第 33 页。

⑨ 郝素娟:《金代移民研究》,吉林大学博士学位论文,2016 年,第 85—99 页。

由此明显减少。至金末，对两江流域女真的迁徙才逐渐停止，可能是当地人数过少所致。而居住在曷懒甸地区的女真人由于地近高丽，而未迁徙。有金一代，金朝对曷懒甸女真保持了相对稳定的政策。金末，由于蒲鲜万奴曾在曷懒、速频两路及胡里改路部分地区建立东夏国，大批女真人遂东移到这一带，图们江地区再次成为女真聚居的核心地区。① 蒲鲜万奴从辽宁带有女真十多万，加上吉林、黑龙江当地原有的人口，共有170多万人，② 几乎占金代女真人口的一半。这使元代东北地区的女真人口略呈东移的趋势，其分布范围在朝鲜东北部在内的图们江流域、绥芬河流域、牡丹江中上游以及曷懒甸广大地区。③ 其后由于两江流域地区为元朝所占领，女真开始以东夏国的名义逐渐向鸭绿江流域及曷懒甸地区发展，但受阻于元朝的统治，迁徙活动并不明显。

元代，蒙古统治者对两江流域地区予以直接占领，因此女真仍分布在两江流域。鸭绿江中游到沿海地区，是女真人的重要分布地，元朝沿用金代建置，在此设婆娑路，管理鸭绿江中下游以北地区。此时，元与高丽在这一地区的势力互有消长，对女真人的分布与活动产生了一定影响。至元七年（1270）初，元世祖忽必烈对鸭绿江以南、朝鲜半岛西北地区"诏今内属，改号东宁府，画慈悲岭为界"④，包括在义州、静州、定远府等地的女真人成为元朝属民。至元十三年（1276）元朝升东宁府为东宁路总管府，割静州、义州、麟州、威远镇隶属婆娑府，当地的女真也一并划归婆娑府，元朝予以直接统治。除这些州城之外，在鸭绿江以南的中上游地区还有部分地区也有女真人居住，主要有豆木里、林土、碧团、泥城、秃鲁江等处，"本高句丽、渤海、契丹、女真代有之地也"⑤。这些区域大致位于今朝鲜平安北

---

① 箭内亘：「東眞國の疆域」，載白鳥庫吉監修：『滿洲歷史地理』第貳卷，東京：丸善株氏會社，1940 年，第 224 頁。

② 孙进己：《女真史》，长春：吉林文史出版社，1987 年，第 141 页。

③ 王慎荣、赵鸣岐：《东夏史》，天津：天津古籍出版社，1990 年，第 66、143 页。

④ 郑麟趾著，孙晓主编：《高丽史》卷 26，世家卷第二十六《元宗》，重庆：西南师范大学出版社，北京：人民出版社，2014 年，第 830 页。

⑤ 刁书仁：《中朝相邻地区朝鲜地理志资料选编》，长春：吉林文史出版社，1996年，第 498 页。

道东北部、慈江道与中国辽、吉两省的交界处,① 元朝对其进行羁縻统治,归属东宁府管辖。② 直至元末,此地才被高丽势力侵入。至元二十七年(1290)东宁路废罢后,除鸭绿江下游昌城以东地区仍属元管辖外,其他地区都归于高丽,女真人的活动区域明显缩小。

在图们江及以南的曷懒甸地区,有大量女真分布于此。③ 消灭蒲鲜万奴后,元朝在图们江流域先后设置过南京万户府、奚关总管府等行政建置,管理当地的女真胡里改部、斡朵里部与毛怜部。④ 胡里改部、斡朵里部都在图们江流域,斡朵里部在奚关总管府城。南京万户府,此地原为东夏国南京,是其两京之一,因此是为女真的聚居地,有万户之多,可见人口规模之大。图们江以南是曷懒甸地区,金末,经过东夏在此地十多年的经营,曷懒路地区仍是女真人的聚居区,并且数量呈上升趋势。为加强统治,元朝先后设置合懒路宣抚司和合兰府对咸兴一带进行实际管控。至元三年(1266)二月,"立东京、广宁、爵州、开元、恤品、合懒、婆娑等路宣抚司"⑤。根据《明太祖实录》记载,洪武十五年(1382),"辽东东宁草河千户所招降故元合罗城万户府校卒,及鸭绿江东遗民,凡二千六百八十六人"⑥,可见合兰府为万户府,该地是女真人集中居住区域,数量巨大。⑦ 此外,在曷懒甸,还出现了多个女真集中分布的地区。在吉州,元朝在曷懒甸设有海阳万户府。海阳万户的名字在《高丽史》等史书中也有记载,"海阳万户土音不花遣人献鹰"⑧,

---

① 沈岩:《元代朝鲜半岛女真人的分布与行政建置研究》,吉林大学硕士学位论文,2004年,第16—18页。

② 官兰一、周爽:《试探13至14世纪朝鲜半岛女真人的分布》,《北方文物》2016年第4期,第94页。

③ 刘荣:《元代东北民族研究》,中央民族大学硕士学位论文,2011年,第9页。

④ 金标:《建州女真的迁徙与源流考述》,《黑龙江民族丛刊》2019年第6期。

⑤ 宋濂:《元史》卷6《世祖本纪三》,北京:中华书局,1976年,第110页。

⑥ 《明太祖实录》卷144,洪武十五年夏四月条,台北:"中央研究院"历史语言研究所,1962年,第2268页。

⑦ 董万仑:《元代合兰府水达达研究》,《北方文物》1990年第2期,第60页。

⑧ 郑麟趾著,孙晓主编:《高丽史》卷134,列传卷第四十七《辛禑二》,重庆:西南师范大学出版社,北京:人民出版社,2014年,第4048页。

足见当地有女真部族居住。① 元朝在朝鲜半岛东北部还设置双城总管府，是元朝管理朝鲜半岛东北部的最高行政机构。② 双城总管府设置于 1258 年，统辖和州以北十五州，具体指"和、登、定、长、预、高、文、宜州及宣德、元兴、宁仁、耀德、静边等镇诸城"③。双城成为"高丽、女直界首"④，双城以南为高丽疆域，以北为女真疆域，管理境内的女真人。⑤ 从以"总管"命名的方式来看，当地女真人数量很多。

综上，在辽代，女真最初集中在鸭绿江入海口的位置，后逐渐向图们江及以南的曷懒甸地区迁徙，这种局面一直维持到金代。金末，随着东夏国的建立，女真族大量东迁至图们江及曷懒甸地区，此地成为女真分布的核心地区，并一直持续到元代。

3. 辽金元时期女真的迁徙路线

辽金元三代，女真在两江流域不断迁徙移动，随着战争的进展和王朝势力在两江流域的渗透，女真的迁徙路线也愈发清晰。

辽代，随着渤海国的灭亡，黑水靺鞨南下至鸭绿江和图们江两江流域地区，与当地的渤海遗民融合而成为女真。他们开始从鸭绿江中上游南下，在东丹南迁前后大量集中在鸭绿江入海口一带区域，分布在鸭绿江口南北两岸的广大区域，并频繁寇抄辽和高丽的边界州城。⑥ 辽圣宗在发动对高丽的战争之前，发动了对鸭绿江女真的进攻，鸭绿江北岸为辽所占领。在辽和高丽战争之后，辽将鸭绿江南岸的女真土地赐予高丽，高丽立刻驱逐居住在这里的女真部族，并在此地修筑州城，以图长期占据。在辽和高丽的挤压下，鸭

---

① 沈岩：《元代朝鲜半岛女真人的分布与行政建置研究》，《史学集刊》2014 年第 4 期，第 87 页。

② 薛磊：《元代双城总管府刍议》，《中国历史地理论丛》2007 年第 3 期，第 87 页。

③ 郑麟趾著，孙晓主编：《高丽史》卷 58，志卷十二《地理三》，重庆：西南师范大学出版社，北京：人民出版社，2014 年，第 1853 页。

④ 宋濂：《元史》卷 17《世祖本纪十四》，北京：中华书局，1976 年，第 366 页。

⑤ 郑红英：《论明朝初期与高丽的女真之争》，《韩国研究论丛》2014 年第一辑，第 159 页。

⑥ 池内宏：「遼の聖宗の女直征伐」，『満鮮史研究』中世第一册，東京：吉川弘文館，1979 年，第 179 页。

绿江女真的生存范围被迫从北、南两岸区域缩至鸭绿江沿岸的狭窄区域，并向东移动，从鸭绿江口向鸭绿江中上游及图们江区域迁移。至辽中后期，女真开始集中在图们江入海口及以南的曷懒甸区域，并从此处入海南下寇抄高丽的东部沿海州城。总体上看，女真的迁徙呈现出先自鸭绿江中上游区域向西迁徙至鸭绿江口南北两岸，分布区域向鸭绿江口缩小，随后向东迁徙集中在鸭绿江中上游和图们江区域，并集中在图们江入海口和曷懒甸区域的路线变化过程。

金朝的女真部族迁徙多为对混同江以东地区的女真进行西迁，进入混同江以西的区域。对两江流域的女真部族则为对图们江区域女真的迁徙，将其大量西迁至新占领地，形成了女真由图们江区域西迁至混同江以西及中原地区的情况，造成了图们江地区相对空虚。金末，由于蒲鲜万奴建立了东夏国，将辽东地区的女真大量东迁至图们江区域，形成了先自图们江区域向西迁徙，随后又从鸭绿江区域以西的辽东地区向图们江区域迁徙的路线变化过程。而元代，女真未见明显的迁徙变化，维持了金代的分布区域状况。

综上，女真在辽金元三代，体现出明显的分布区域变化和迁徙路线。女真在辽代自两江流域中上游区域向西迁徙至鸭绿江口区域，随后向东迁徙至图们江区域。金代则将图们江区域的女真迁徙至别处，金末女真重新集中在图们江区域。至元朝，图们江流域成为女真的核心分布区域。

(二) 渤海遗民的分布与迁徙

在辽代，渤海是两江流域中分布范围和数量仅次于女真的民族，他们主要集中在鸭绿江流域，随着战争的发展而不断迁徙。金、元两代，受王朝政策的影响，渤海在两江流域逐渐式微。

1. 渤海遗民的分布

渤海国（698—926），是中国古代历史上建立于中国东北的一个以靺鞨族为主体、隶属于唐朝的民族政权。[1] 随着渤海国的发展，渤海国内的靺鞨、高丽、汉人、契丹、奚人、九姓杂胡、达姑以及夫余、沃沮、涉貊等民族在共同生活、长期共处的过程中逐渐形成了拥有共同的地域、共同的语言、共

---

① 李殿福、孙玉良：《渤海国》，北京：文物出版社，1987 年，第 1 页。

同的经济生活以及共同的心理素质的"渤海族"。①

渤海国时期，渤海人在鸭绿江和图们江流域均有分布。渤海国有五京、十五府、六十二州，② 其中在鸭绿江流域设有西京鸭渌府，神州为首州，治所在今吉林省白山市临江镇一带，下属有神、桓、丰、正等州城。在鸭绿江入海口即泊汋口一带，"自鸭渌江口舟行百余里，乃小舫溯流东北三十里至泊汋口，得渤海之境"③。由于邻于边境，在泊汋口一带，渤海人数量应不是很多。在图们江流域，有中京显德府和东京龙原府。中京显德府治所在今和龙县八家子乡北古村的西古城，④ 显州为其治所，下辖有卢、显、铁、汤、荣、兴等六州。东京龙原府，庆州为首州，治所在今吉林省珲春市西八连城，⑤ 下辖庆、盐、穆、贺四州，在渤海文王时期，曾一度为王都。"开州，镇国军。节度。本涉貊地，高丽为庆州，渤海为东京龙原府。都督庆、盐、穆、贺四州事"⑥，位于图们江以南的朝鲜半岛东北部，⑦ 有南京南海府，领沃、晴、椒三州，沃州为首州，治所在今朝鲜咸镜南道北青郡东南 18 公里的北青土城。⑧ 可见，渤海国有三京三府十三州分布在两江流域地区，占据两江流域除鸭绿江入海口之外的广大区域。

天显元年（926），辽灭渤海国，建立东丹国。⑨ 两年后，天显三年（928）辽太宗将渤海遗民迁徙至"地衍土沃，有木铁盐鱼之利"⑩ 的辽东之地，即实施东丹南迁，造成了两江流域地区渤海人分布的明显变化。渤海五

---

① 魏国忠：《渤海国史》，北京：中国社会科学出版社，2006 年，第 218—219 页。

② 松井等：「満洲に於ける遼の疆域」，載白鳥庫吉監修：『満洲歴史地理』第貳卷，東京：丸善株氏會社，1940 年，第 1—109 頁。

③ 欧阳修：《新唐书》卷 43《地理志七》，北京：中华书局，1975 年，第 1147 页。

④ 宋玉彬、王志刚、全仁学：《渤海中京显德府故址——西古城城址研究简史》，《边疆考古研究》2004 年 12 月，第 190 页。

⑤ 李健才：《珲春渤海古城考》，《学习与探索》1985 年第 6 期，第 137 页。

⑥ 脱脱等：《辽史》卷 38《地理志》，北京：中华书局，1974 年，第 458 页。

⑦ 魏国忠：《渤海国史》，北京：中国社会科学出版社，2006 年，第 184—186 页。

⑧ 李云铎、顾铭学编译：《关于南京南海府的遗址和遗物》，《历史与考古信息·东北亚》1990 年第 1 期，第 69—77 页。

⑨ 杨雨舒：《东丹南迁刍议》，《社会科学战线》1993 年第 5 期，第 190 页。

⑩ 脱脱等：《辽史》卷 75《耶律羽之传》，北京：中华书局，1974 年，第 1238 页。

京中的西京鸭渌府并未迁徙，辽在其首州神州基础上建立了渌州，"改神州为渌州，而桓、丰、正三州之名仍旧"①，位置在鸭绿江中游一带，并将原渤海国安远府蒸州之民迁至渌州附近，设立同名之州，并设鸭渌军，下辖桓、正、丰、蒸四州，这些州城中包含有大量渤海遗民。② 另一部分不愿为辽统治的渤海遗民则分布在定安国等反辽势力的州城中，并且和兀惹混居。

定安国是渤海遗民建立起来的地方政权，天显元年（926）二月，在辽平叛战争中，定安国得以建立。③ 定安国初期位于鸭绿江入海口以南至渤海国西京鸭渌府（吉林省临江市）的某一地区，④ 在辽与高丽战争之前，辽发动了对鸭绿江中下游女真的讨伐，定安国"为契丹所攻破，其酋帅纠合余众，保于西鄙"⑤，位置转移至原渤海国即鸭渌府与长岭府之间，在鸭绿江中游一带地区。辽与高丽战争结束后，渤海遗民的反辽势力被攻灭，辽在鸭绿江口建立了保州路，辖保州、定州、宣州、怀远军、开州、盐州、穆州、贺州、来远城等九座州城，夏行美率领东京渤海军长期驻守此地。⑥ 此时，鸭绿江入海口地区成为渤海人最为集中居住的区域。太平九年（1029）八月，辽东京舍利军详稳大延琳趁机率领渤海人起事，失败后，许多渤海军人害怕受到牵连，而选择由鸭绿江口及附近地区逃入朝鲜半岛的王氏高丽境内避难。⑦ 辽末高永昌造反，渤海军人越界南下，选择前往保州地区，也能说

---

① 金毓黻著，吉林省文物工作队、吉林省社会科学院东北史所点校：《渤海国志长编》卷十四《地理考》，长春：《社会科学战线》杂志社，1982年，第296页。

② 李龙范：《辽代东京道的渤海遗民》，《史丛》（17、18号），1973年，第15页。

③ 关于定安国的建立时间，学术界说法不一，以和田清为代表的日本学者认为在渤海移民迁徙前后；朝鲜学者朴时亨认为在渤海国灭亡后不久；以金渭显为代表的韩国学者多认同和田清的观点；中国学者魏国忠认为在渤海国灭亡初期，郑永振认为在渤海国灭亡至970年。苗威认为在渤海移民迁徙后。笔者综合考虑，采纳魏国忠的观点。

④ 此结论参照刘子敏《高句丽疆域沿革考辨》、王承礼《渤海的疆域和地理》、魏国忠《渤海国史》、谭其骧《中国历史地图集释文汇编东北卷》、魏存成《渤海政权的对外交通及其遗迹发现》等文章得出。

⑤ 脱脱等：《宋史》卷491《定安国传》，北京：中华书局，1977年，第14128页。

⑥ 脱脱等：《辽史》卷87，《夏行美传》，北京：中华书局，1974年，第1336页。

⑦ 武玉环：《王氏高丽时期的渤海移民》，《吉林大学社会科学学报》2007年第3期，第56页。

明此地有渤海人集中居住。此外，在鸭绿江中上游的鸭绿江女真之中，还生存着部分渤海遗民，"耕凿与渤海人同"①，他们均在契丹设置的鸭绿江女真大王府统治之下。

在图们江流域，也有渤海人分布。在渤海国灭亡、东丹南迁时期，一些渤海人南逃至新罗，"渤海人洪见等以船二十艘载人物来附"②。这些渤海人多是在图们江流域南下至朝鲜半岛，③ 总数有 12 万人左右。开泰年间（1012—1021），辽圣宗听闻"蒲卢毛朵界多渤海人"，命大康义率兵出征，"掠数百户以归"④，可知渤海遗民在图们江地区也有分布，但人数很少。

可见，辽代的渤海遗民被大量南迁至辽东地区，其中鸭绿江和图们江地区集中了南迁和西迁而来的渤海人，他们广泛分布于两江流域地区的南北两岸。但受辽和高丽战争的影响，渤海人多分布于鸭绿江下游地区。

在金代，渤海人受战争影响，多分布在鸭绿江地区，金朝设置猛安谋克予以统治。天会四年（1126），金朝统治者"出金牌，命勃董大抃以所领渤海军八猛安为万户"⑤，大抃被金太祖任命为东京留守，其率领的渤海八猛安多半是东京路地区的渤海猛安谋克，也包括在婆速路即鸭绿江流域的渤海人。由于金初的战争，渤海人可能短暂留居鸭绿江地区，随后就被迁徙至中原地区。金皇统九年（1149）八月"宰臣议徙辽阳、勃海之民于燕南，从之"⑥。天辅间，金朝统治者"选东京士族女子有姿德者"⑦ 前往上京联姻，部分渤海世家大族因此而北迁，此后，在中原地区的渤海人与汉族杂居，逐渐被汉化，金熙宗时期就已经"诏百官诰命，女直、契丹、汉人各用本字，

① 叶隆礼撰，李西宁点校：《契丹国志》卷22《四至邻国地里远近》，济南：齐鲁书社，2005 年，第 164 页。

② 郑麟趾著，孙晓主编：《高丽史》卷1，世家卷第一《太祖世家一》，重庆：西南师范大学出版社，北京：人民出版社，2014 年，第 31 页。

③ 杨保隆：《辽代渤海人的逃亡与迁徙》，《民族研究》1990 年第 4 期，第 95—96 页

④ 脱脱等：《辽史》卷 88《大康义传》，北京：中华书局，1974 年，第 1347 页。

⑤ 脱脱等：《金史》卷 3《太宗本纪三》，北京：中华书局，1975 年，第 55 页。

⑥ 脱脱等：《金史》卷 4《熙宗本纪》，北京：中华书局，1975 年，第 86 页。

⑦ 脱脱等：《金史》卷 64《后妃传》，北京：中华书局，1975 年，第 1518 页。

渤海同汉人"①。至元代,渤海人已经丧失了本民族的特征,根据《辍耕录》载,"契丹、高丽、女直、竹因歹、术里阔歹、竹温、竹赤歹、渤海统称汉人八种"②。此时渤海人已融入汉人之中,在两江流域已不见其踪影。

综上,渤海人在辽代迁徙至两江流域地区后,广泛分布于此,鸭绿江是其主要分布区域。金代,渤海人开始被迁徙至上京和中原等地区,逐渐离开两江流域,并且不断汉化。元代,渤海人已彻底离开了两江流域,大多融入所在地的汉人之中。

2. 渤海遗民的迁徙路线

在辽进攻渤海国时期,就有一部分渤海人南逃至鸭绿江地区,而图们江地区的渤海人则逃入新罗,总体路线呈南下趋势。在东丹南迁时期,渌州的渤海人尚未迁徙,但有部分原渤海国安远府的渤海人被迁徙至渌州,体现出渤海人自图们江向西迁徙至鸭绿江一带地区的变化。在鸭绿江口一带,渤海遗民以定安国为依托成为反辽势力的代表。此后定安国受辽的打击被迫向东迁徙,渤海遗民离开了鸭绿江口,分布在鸭绿江中上游与图们江地区,与当地的鸭绿江及蒲卢毛朵部女真人混居,体现出自鸭绿江向东迁徙的迁徙路线。辽、高丽战争后,辽与高丽以鸭绿江入海口为边界,渤海人开始集中分布在鸭绿江中下游地区。在金代,渤海人离开两江流域,元代时逐渐消亡。总体来看,渤海人的迁徙路线受战争影响,被动地在两江流域迁徙,分布区域日渐缩小,并最终集中在鸭绿江入海口地区,这与女真人的大规模动迁并定居有明显的不同。

(三) 两江流域其他民族的分布与迁徙

辽金元三朝时期,在女真、渤海之外,鸭绿江和图们江流域还分布有契丹、奚、汉、高丽、蒙古、沃沮等民族。

1. 契丹、奚

契丹和奚也是分布在两江流域的民族,分布范围主要集中在鸭绿江入海口地区,以辽朝军队的形式在此驻扎。辽、高丽边界确定后,辽朝在鸭绿江口布置了大量的军队,以维持该地区的稳定。根据《辽史》记载,东京兵马

---

① 脱脱等:《金史》卷 4《熙宗本纪》,北京:中华书局,1975 年,第 73 页。

② 陶宗仪:《元村辍耕录》,北京:中华书局,1980 年,第 13—14 页。

都部署司中，①设有契丹军都指挥使司，包括"契丹、奚、汉、渤海四军都指挥使司"②，可见军队中，包含有大量契丹和奚人。保州下辖的来远县，"又徙奚、汉兵七百防戍焉，户一千"③，说明有契丹与奚人在保州所属的军城中驻防，其人数众多，契丹放弃保州时"契丹、奚人聚舟千艘，将入于海"逃亡。④从《高丽史》中的记载可见，在边界戍卫的同时，还有一些契丹人、奚人以"归化人""投化人"的身份进入高丽，显宗二十一年（1030）十月"是月，契丹奚哥渤海民五百余人来投"⑤。高丽将其安置在南部州郡，此后渤海人陆续来投高丽，德宗元年（1031）四月"契丹奚家内乙古等二十七人来投"⑥。以上记载中的"契丹奚家"，应是契丹、奚人在鸭绿江的驻军或者路过两江的契丹人和奚人。

金朝建立后，统治者将已经降服的契丹族编入猛安谋克，并将其置于东北路、上京路等地。金灭宋后，东京路"契丹叛，辽东猛安谋克在其境者，或附从之"⑦，其中"辽东猛安谋克"指的是契丹族的猛安谋克，⑧亦包括在两江流域的契丹猛安谋克。此后海陵王南征南宋，由于兵源不足，全国征兵，"遣使籍诸路猛安部族、及州县渤海丁壮充军……虽亲老丁多，求一子留侍，亦不听"⑨，应包括契丹人猛安在内。因而，此时在辽东及两江流域的契丹人、奚人被迁移到中原地区，契丹人、奚人由此离开了两江流域地区。1218年"契丹六哥据高丽江东城"，成吉思汗遣将"率师平之"⑩。此后，契丹人、奚人彻底消失在两江流域地区。

---

① 脱脱等：《辽史》卷46《百官志二》，北京：中华书局，1974年，第744页。

② 脱脱等：《辽史》卷46《百官志二》，北京：中华书局，1974年，第744页。

③ 脱脱等：《辽史》卷38《地理志二》，北京：中华书局，1974年，第459页。

④ 脱脱等：《金史》卷80《斜卯阿里传》，北京：中华书局，1975年，第1798页。

⑤ 郑麟趾著，孙晓主编：《高丽史》卷5，世家卷第五《显宗三》，重庆：西南师范大学出版社，北京：人民出版社，2014年，第134页。

⑥ 郑麟趾著，孙晓主编：《高丽史》卷5，世家卷第五《德宗》，重庆：西南师范大学出版社，北京：人民出版社，2014年，第141页。

⑦ 脱脱等：《金史》卷88《完颜守道传》，北京：中华书局，1975年，第1956页。

⑧ 姜维公：《中国东北民族史》，长春：吉林文史出版社，2014年，第177—181页。

⑨ 脱脱等：《金史》卷129《酷吏传》，北京：中华书局，1975年，第2783页。

⑩ 宋濂：《元史》卷1《太祖本纪》，北京：中华书局，1976年，第20页。

2. 汉人

辽代，汉人在鸭绿江也有分布，主要集中在鸭绿江畔。① 在辽朝设置的东京兵马都部署司中，② 设有"契丹、奚、汉、渤海四军都指挥使司"③，其中汉军指挥使司统辖驻防的汉族军队，这表明有汉人驻扎在东京道边疆地区，范围包括鸭绿江流域地区。随着契丹势力的发展，阿保机和耶律德光经常率兵南下，在华北和中原不断掠夺大量汉人迁入辽内地，"分兵略檀、顺、安远、三河、良乡、望都、潞、满城、遂城等十余城，俘其民，徙内地"④。至辽中后期，为了安置人口，加之辽与高丽战争等原因，汉人的分布有所扩大，他们被安置在辽东半岛、吉林省中南部、鸭绿江一带、朝鲜半岛北部等辽朝的战略要地，如广州（今辽宁沈阳市西南大高华堡）、信州（今吉林公主岭市西北秦家屯古城）、顺化城（今辽宁瓦店市南普兰店附近）、宗州（鸭绿江一带）、宣州（今朝鲜平安北道义州城）等地。至辽末，有大量的契丹人、奚人等"投化人"移民高丽，其中也包括汉人，⑤ "汉五十二人、奚一百五十五人……来"⑥，人数多少不一，"汉六人、契丹十八人、熟女真八人自辽来投"⑦。这些汉人随同契丹、渤海等族而来，推测其应为戍守包括鸭绿江地区在内的辽朝东南边疆的军队。金元两代，汉人依旧居住于鸭绿江地区原辽朝设置的州城之内，⑧ 未同其他民族一起迁徙。

3. 高丽

在两江流域地区也有高丽人居住。在辽代，高丽人主要分布在鸭绿江流

① 姜维公：《中国东北民族史》，长春：吉林文史出版社，2014年，第177—181页。
② 脱脱等：《辽史》卷46《百官志二》，北京：中华书局，1974年，第744页。
③ 脱脱等：《辽史》卷46《百官志二》，北京：中华书局，1974年，第744页。
④ 脱脱等：《辽史》卷1《太祖本纪》，北京：中华书局，1974年，第17页。
⑤ 牟元硅：《高丽时期的中国"投化人"》，《韩国研究论丛》（第三辑）1997年11月，第288页。
⑥ 郑麟趾著，孙晓主编：《高丽史》卷14，世家卷第十四《睿宗三》，重庆：西南师范大学出版社，北京：人民出版社，2014年，第411页。
⑦ 郑麟趾著，孙晓主编：《高丽史》卷14，世家卷第十四《睿宗三》，重庆：西南师范大学出版社，北京：人民出版社，2014年，第411页。
⑧ 郝素娟：《金代移民研究》，吉林大学博士学位论文，2016年，第62页。

域的入海口地区，集中在麟州、宁海和龙州等城，分布在高丽千里长城西半段。[1] 他们在高丽统治者的安排下，建立州城并移民与辽对峙，并在此处屯垦。[2] 此外，在辽末女真与高丽爆发曷懒甸之战时，一些高丽军队曾进入该地区以南，以图入侵该地及对女真作战。战争失败后，高丽被迫退兵，并将曷懒甸地区归还女真，高丽人也随之迁回。金代，高丽人主要分布在北、东两界地区，[3] 鸭绿江西部即入海口地区是为北界，东界则通过千里长城东段与金朝曷懒甸地区居住的女真对峙。[4] 金朝末年，部分高丽人由于国内矛盾尖锐，开始自东南方向入居辽东腹地，其中大部分居于辽阳、沈阳等地，少部分居住于鸭绿江以西地区。[5] 进入元代后，高丽人在其国"北界"仍居住在鸭绿江入海口地区，至元十六年（1279），高丽应元廷要求，"于沈州、辽阳间置伊里干，徙诸道富民二百户居之，又于鸭绿江内置伊里干二所，所各一百户，以供朝聘役使"[6]。"伊里干"源自蒙语，在这里是聚落之意，这一部分高丽人主要是供元与高丽使臣往来使役之用。与之前相比，高丽人居住比较密集的地区是双城总管府地区，分布在图们江以南地区。

4. 蒙古

蒙古势力在金朝末年才进入两江流域。蒲鲜万奴在辽东建立东夏国，自立为王。东夏国的都城设在上京开元城，此外还设有南京和北京，南京位置在今吉林延吉市东城子山山城，[7] 位于图们江地区。蒙古随后发动了征讨东

① 津田左右吉：「高麗西北境の開拓」，『津田左右吉全集』卷 11『滿鮮歷史地理研究』一，東京：岩波書店，1964 年，第 272—290 頁。

② 金渭显：《契丹的东北政策——契丹与高丽女真关系之研究》，台北：华世出版社，1981 年，第 109—125 页。

③ 李元淳：《韩国史》，台北：台湾幼狮出版社，1987 年，第 100 页。

④ 津田左右吉：「高麗東北境の開拓」，『津田左右吉全集』卷 11『滿鮮歷史地理研究』一，東京：岩波書店，1964 年，第 291—306 頁。

⑤ 丛佩远：《元代辽阳行省境内的契丹、高丽、色目与蒙古》，《史学集刊》1993 年第 1 期，第 9 页。

⑥ 郑麟趾著，孙晓主编：《高丽史》卷 29，世家卷第二十九《忠烈王二》，重庆：西南师范大学出版社，北京：人民出版社，2014 年，第 915 页。

⑦ 朴真奭：《关于东夏国首都及其位置的考证》，《延边大学学报》1981 年第 Z1 期，第 136 页。

夏国的战争，由此蒙古军队进入图们江流域。"元初癸巳岁（元太宗窝阔台五年，1233），出师伐之，生禽万奴"①。此后，东夏国所辖的开元、恤品、曷懒之地改属蒙古统治，"东土悉平"②。蒙古在此建立开元万户府（今黑龙江省东宁市东五里大古城）、南京万户府（今吉林省延吉市东十五里城子山山城）以及奚关总管府（今吉林省珲春县西高丽城村）。③ 因而在图们江必有蒙古军队的驻扎，以控制东夏国。在高丽境内，元朝在高丽东界的咸兴设立双城总管府，又设置下属的合兰万户府和海阳万户府，统治曷懒甸所在的高丽东北部地区长达百年时间，④ 元朝应也会在此驻扎军队。至元十三年（1276）元朝升东宁府为东宁路总管府，设录事司，割静州、义州、麟州、威远镇隶属婆娑府。这样，管理鸭绿江州城的婆娑府得以管理鸭绿江以南的州城。⑤ 高丽元宗复位后，立即前往元廷，请元军进驻高丽。⑥ 随后，元朝协助高丽王铲除了权臣林衍的势力，并在高丽驻军和设置监临官——达鲁花赤。元朝设置东宁府和双城总管府，就必然要在两地驻军，因而元代两江地区都有蒙古族分布。

5. 兀惹和沃沮

在辽金元时期，两江流域地区均有兀惹人居住。兀惹原为渤海国属部，渤海国灭亡后，兀惹人在其首领乌昭度的率领下，来到鸭绿江流域，建立兀惹城，作为反辽的基地。⑦ 而渤海灭亡之时又有许多渤海遗民加入其中，到东丹国南迁之后，兀惹人打出反辽的旗号，开始武装斗争。辽保宁七年（975），黄龙府守将燕颇在驻地率领渤海移民发动反辽起义，燕颇与兀惹部首领乌昭度合兵一处，并来到鸭绿江流域，与定安国联合，居地在鸭绿江中

---

① 宋濂：《元史》卷59《地理志二》，北京：中华书局，1976年，第1400页。

② 宋濂：《元史》卷59《地理志二》，北京：中华书局，1976年，第1400页。

③ 民族学院编辑组东北小组：《〈中国历史地图集〉东北地区资料汇编》，内部发行，1979年，第204—205页。

④ 薛磊：《元代双城总管府刍议》，《中国历史地理论丛》2007年第3期，第91页。

⑤ 薛磊：《元世祖朝东宁路当议》，《历史教学》2009年第18期，第6页。

⑥ 薛磊：《论忽必烈时期元日关系中高丽王朝的态度》，《内蒙古大学学报（人文社会科学版）》2002年第2期，第19页。

⑦ 朱国忱：《兀惹部、兀惹城研究》，《东北史地》2007年第3期，第18—19页。

游一带。① 金代称兀惹为兀的改，元代称兀惹为吾者，所指为黑龙江下游两岸山林中的女真族，② 分布偏北，居地也比较偏狭。兀惹是东北地区的重要民族，从辽代一直延续到明代，最终融入汉族之中。③ 但在元代，兀惹人是后来居此地者，由于该地区是兀惹人的故乡，因而当地人被称为"兀者"，其实这些人是自黑龙江北部南下的黑水靺鞨，④ 与辽金时期的兀惹不同。

在图们江地区，还有沃沮人居住。沃沮是生活在这里的古民族之一，在两汉时，新罗《古记》、高句丽《留记》皆记为"靺鞨"和"东沃沮"，《后汉书》则只记为东沃沮，隋唐时，各古籍皆记为"靺鞨"。高句丽亡后，半岛境内的高句丽遗族，皆投奔新罗和"靺鞨"。《通典》之《边防典》记："李勣伐高丽，……其后余众不能自保，散投新罗、靺鞨旧国。"⑤ 《三国史记》之《高句丽本纪》记："余众散入靺鞨。"⑥ "靺鞨"即东沃沮，这为东沃沮民族增添了新鲜血液。此后，东沃沮继续居住在图们江及朝鲜半岛东北部地区，唐代称为白山靺鞨，辽代长白山女真、金代曷懒甸女真，都为东沃沮之后裔。元代，沃沮则与周边民族并称为水达达人，元朝在这里设置合兰府。《李朝实录》称其为骨看兀狄哈，或称兀狄哈。⑦ 可见，朝鲜半岛东北部的"靺鞨"是肃慎族系的一支，中国古籍在两汉时称东沃沮，隋唐时称作白山靺鞨与濊貊族系的一支混血融合而形成。这表明自辽代以来，直到明朝，图们江地区均有沃沮人分布，他们仍是这一地区的主要民族。

综上，辽金元三代，女真等多个民族活跃在两江流域，并不断迁徙。在鸭绿江，主要有女真、渤海、契丹、奚、汉等民族分布，女真在辽代从鸭绿

---

① 苗威：《定安国考论》，《中国边疆史地》2011 年第 2 期，第 112 页。

② 杨保隆：《浅谈元代的女真人》，《民族研究》1984 年第 3 期，第 17 页。

③ 张泰湘：《兀惹丛考》，《东北考古研究》（三），郑州：中州古籍出版社，1994 年，第 268 页。

④ 孙唯冉：《中国图们江鸭绿江流域开发史》，长春：吉林人民出版社，2015 年，第 155 页。

⑤ 杜佑：《通典》卷 186《边防二》，北京：中华书局，1988 年，第 5019 页。

⑥ 金富轼原著，孙文范等校勘：《三国史记》卷 23《宝藏王本纪》，长春：吉林文史出版社，2003 年，第 272 页。

⑦ 董万仑：《白山靺鞨五考》，《北方文物》1986 年第 2 期，第 61 页。

江中上游南下，并大量分布在鸭绿江口地区。辽与高丽边界稳定后，女真人被迫向东迁徙，分布至鸭绿江中上游和图们江地区，并集中在图们江中下游至入海口以及曷懒甸地区。金代，女真人主要分布在鸭绿江流域和图们江流域，金末至元代则更加集中在图们江流域地区。渤海人在渤海国时期主要集中在图们江流域地区，辽代则迁徙至鸭绿江流域中下游地区，部分反辽渤海遗民则分布在鸭绿江中上游地区。辽与高丽战争结束后，渤海人则再次回到鸭绿江口地区。金代，渤海人离开了鸭绿江流域，元代渤海人融入其他民族之中。契丹、奚、汉和高丽在辽金元三代就分布在鸭绿江口及下游一带地区，而沃沮则一直分布于图们江南岸地区。可见，女真广泛分布于两江流域，体现出自鸭绿江口至图们江入中下游至入海口的分布变化，他们为拓展生存空间而进行民族迁徙，这也为之后的战争奠定了基础。

二、辽金元在两江流域的行政建置及羁縻统治

为稳固自身的统治，辽金元等中央王朝在两江流域设置了不同的行政建置：辽代设置了军路和羁縻统治两种方式，金代直接设置路和猛安谋克等行政机构，元代则为直接占领。

（一）辽代在两江流域的行政建置及羁縻统治

辽朝在鸭绿江口地区设置军路，派驻军队直接统治，而对鸭绿江中上游及图们江地区，则设置女真大王府进行羁縻统治。

1. 设置州城及军路

辽南迁东丹国后，在鸭绿江流域设置州城，以安置当地及迁徙而来的渤海遗民。在鸭绿江下游，设有开州开封府，开州为天显三年（928）迁徙"渤海庆州所徙置"①，位置在今辽宁凤城一带地区。② 开州，隶属于东京路，起初军额为开远军，开泰三年（1014），更军额为镇国军，是负责震慑高丽

---

① 金毓黻：《东北通史》，重庆：五十年代出版社，1943年，第42页。
② 张修桂、赖青寿：《〈辽史·地理志〉汇释》，合肥：安徽教育出版社，2011年，第81页。

的重要战略基地。① 鸭绿江中上游设置渌州，金毓黻认为，渤海五京中唯西京鸭渌府留在原地，"改神州为渌州，而桓、丰、正三州之名仍旧"②，辽将原渤海西京鸭渌府首州神州改为渌州，设鸭渌军，下辖桓、正、丰、慕四州。

这一时期，辽虽然在鸭绿江上下游设置州城，并驻扎军队，但主要目的是安置渤海遗民，③ 其防御能力尚弱。辽朝在鸭绿江入海口地区的实际控制能力较弱，这给了南下的女真以可乘之机，导致鸭绿江女真诸部大规模寇抄辽在辽东的边界州城，并与定安国等反辽势力联合，沿江入海④向宋朝贡，对辽在鸭绿江的统治构成了严重威胁。

辽与高丽战争结束后，辽圣宗在鸭绿江口地区建设保州军路，形成了更为系统的军路体系，是辽在中后期针对女真而专门设置的行政体制，⑤ 属于震慑一方的重要军事区。军路是辽代根据设置的地方军事机构为基础而设置的地方行政区划体系，⑥ 是辽朝专门在边疆防御体系中设置的行政机构。在鸭绿江地区，重熙年间（1032—1055），辽兴宗利用圣宗针对高丽而建立或修葺的多座州城设立保州路，主管机构为保州都统军司，辖保州、定州、宣州、怀远军、开州、盐州、穆州、贺州、来远城等九座州城，范围在鸭绿江入海口东西两岸，最西范围抵达开州，最东范围是为保州、定州、宣州和怀化军的位置。⑦ 根据《辽史·百官志》记载，"保州都统军司"为"辽阳路

---

① 余蔚：《中国行政区划通史（辽金卷）》，上海：复旦大学出版社，2012 年，第 231 页。

② 金毓黻著，吉林省文物工作队、吉林省社会科学院东北史所点校：《渤海国志长编》卷十四《地理考》，长春：《社会科学战线》杂志社，1982 年，第 296 页。

③ 黄为放：《10—12 世纪渤海移民问题研究》，长春师范大学博士学位论文，2017 年，第 191 页。

④ 苗威：《定安国考论》，《中国边疆史地》2011 年第 2 期，第 112 页。

⑤ 姜维公、黄为放：《辽与高丽边界视域下的渤海移民》，《社会科学战线》2017 年第 12 期，第 125 页。

⑥ 余蔚：《中国行政区划通史（辽金卷）》，上海：复旦大学出版社，2012 年，第 44 页。

⑦ 余蔚：《中国行政区划通史（辽金卷）》，上海：复旦大学出版社，2012 年，第 83 页。

诸司"之一，职能为"控扼高丽"①，并阻止女真的寇抄。在保州路都统军司的管辖下，各州县、城、关铺、壕等设置共同形成了一个防御高丽的边防体系，辽对两江流域给予了严密的控制。

2. 设置大王府

辽代对女真设置大王府进行统治，女真大王府实行具有一定自治特征的羁縻统治模式，②充分体现了辽朝"因俗而治"③的治国方针。辽在两江流域对当地的女真属国属部都设置有大王府，行政上隶属于辽东京道及所属府州。

在鸭绿江流域，辽设置有"鸭渌江女直大王府"和"长白山女直国大王府"。在鸭绿江中下游，辽对当地的女真设置"鸭渌江女直大王府"④，该地女真部族又称"五节度熟女真"，即为鸭绿江女真，属于系辽籍的大王府，这些系辽籍女真也被称为"五部熟女真"。⑤他们"皆杂处山林，尤精弋猎"，但其"耕凿"等农业技术发展较快，辽对这部分女真并不征收赋税，但"差契丹或渤海人充节度管押"对其进行管理。"五节度熟女真"对辽有协助作战的义务，"或遇北主征伐"，每户要出人丁随从参战，"兵回，各逐便归本处"。⑥在圣宗时期，鸭绿江女真尚不属于辽的"熟女真"部族，因而设立大王府予以管理。辽兴宗时期，通过耶律仁先的经略，鸭绿江女真成为受辽管辖的"五节度熟女真"。"长白山女直国大王府"管理长白山中部到朝鲜半岛咸镜南道一带的山林地区，⑦当地的女真虽然也系辽籍，但一直保持着本民族传统的原始狩猎畜牧经济形态，"精于骑射"⑧"任意迁徙"。辽朝对他们"有事则遣使征兵，或下诏专征；不从者讨之。助军众寡，各从

---

① 脱脱等：《辽史》卷46《百官志二》，北京：中华书局，1974年，第745页。

② 程妮娜：《辽代女真属国、属部研究》，《史学集刊》2004年第2期，第85页。

③ 脱脱等：《辽史》卷45《百官志一》，北京：中华书局，1974年，第685页。

④ 脱脱等：《辽史》卷46《百官志二》，北京：中华书局，1974年，第757页。

⑤ 张博泉：《金史论稿》，长春：吉林文史出版社，1986年，第60页。

⑥ 叶隆礼撰，李西宁点校：《契丹国志》卷23《四至邻国地里远近》，济南：齐鲁书社，2005年，第164页。

⑦ 程尼娜：《辽代女真属国、属部研究》，《史学集刊》2004年第2期，第84页。

⑧ 叶隆礼撰，贾敬颜、林荣贵点校：《契丹国志》卷22《四至邻国地里远近》，上海：上海古籍出版社，1985年，第213页。

其便，无常额"①，统治要松懈很多。

在图们江，辽也在女真属国属部设置大王府，予以间接统治。这些大王府主要为"顺化国女直大王府"和"蒲卢毛朵部大王府"，统辖当地女真及曷懒甸地区的女真部族。辽最早在图们江地区设置的是"顺化国女直大王府"，在辽景宗保宁九年（977）辽给予其首领宰相、夷离堇之职，在圣宗统和八年（990）五月，对其首领阿海进一步提升地位，"封顺化王"②，此后，顺化国女真在完颜部起兵时曾一度投靠辽朝。"蒲卢毛朵部大王府"，初置于兴宗重熙十五年（1046）正月，"蒲卢毛朵界曷懒河户来附，诏抚之"。三个月后"蒲卢毛朵曷懒河百八十户来附"③。"蒲卢毛朵部大王府"与长白山女直大王府基本属于一类，这类部族、大王府"附庸于辽，时叛时服，各有职贡，犹唐人之有羁縻州也"④。在图们江以南的曷懒甸地区，也同样受辽朝的管辖。曷懒甸地区中心是为合兰，⑤ 在《高丽史节要》中称"哈刺"，高丽名合兰为咸州，其地位于今朝鲜咸镜南道咸兴及其周边地区。辽朝实施了对曷懒甸的有效控制，辽乾统七年（1107），高丽与女真爆发曷懒甸之战时，高丽不得不先向辽朝呈表进行咨询，"国家初筑九城，使告契丹，……而（女真）弓汉里酋长多受契丹官职者，……国家不还九城，契丹必加责让"⑥。这表明，在辽代，以弓汉里为代表的曷懒甸女真多受契丹官职，是受辽朝行政管辖的。

辽在两江流域地区所设置的军路和大王府，属于直接统治与羁縻统治相结合的管理模式，女真保留了一部分独立自主权力。可见，契丹统治者对鸭绿江口的女真统治较为严密，但对其以东方向的女真则逐渐松散，体现出一定的区别。

① 脱脱等：《辽史》卷36《兵卫志下》，北京：中华书局，1974年，第429页。

② 脱脱等：《辽史》卷46《百官志二》，北京：中华书局，1974年，第756页。

③ 脱脱等：《辽史》卷19《兴宗本纪二》，北京：中华书局，1974年，第233页。

④ 脱脱等：《辽史》卷33《营卫志下》，北京：中华书局，1974年，第393页。

⑤ 津田左右吉：「尹瓘征略地域考」，『津田左右吉全集』卷11『満鮮歴史地理研究』一，東京：岩波書店，1964年，第307—313頁。

⑥ 郑麟趾著，孙晓主编：《高丽史》卷96，列传卷第七《金仁存》，重庆：西南师范大学出版社，北京：人民出版社，2014年，第2970页。

（二）金元在两江流域的行政建置及统治

金元两代，两江流域的行政设置主要是设置统治机构，主要是为设置路一级的地方行政机构。金初，"路"一级行政单位是与当地的女真"部"具有同等含义，即在女真部族的基础上，建立的高级行政区划,[①] 是当地猛安谋克的统帅机关。在鸭绿江流域地区设置婆速路，在图们江流域地区设置曷懒路。在两路下包含有女真猛安谋克，由于两路设置在金朝边疆地区，因而当地的猛安谋克是属于兵民合一的女真部族，两江地区的女真人以猛安谋克的形式成为金朝治下的部族。

笔者现根据学界研究，将金代在两江设置的两个路的猛安谋克予以汇总，见下表：

金初两江猛安谋克分布表[②]

婆速路猛安谋克	曷懒路猛安谋克
获火罗打猛安	乌古敌昏山世袭猛安
婆速路温甲海世袭猛安	泰神必剌猛安
婆速路宋葛鲁山猛安	挲里浑河猛安
婆速路□□山猛安	左申必罕猛安
婆速路猛安	兀答温猛安
图鲁屋猛安	果法猛安
图鲁屋猛安黄蠢谋克	爱也窟谋克
梅里猛安锁家都钵谋克	婆朵火河谋克
	可陈山谋克
	菜栏河谋克
	胡土虎猛安

---

① 余蔚：《中国行政区划史（辽金卷）》，上海：复旦大学出版社，2012 年，第495—496 页。

② 本表根据都兴智：《论金代辽宁境内的猛安谋克与人口》（《东北史地》2007 年第 6 期）和李薇：《关于金代猛安谋克的分布和名称问题——对三上次男先生考证的补订》（《黑龙江文物丛刊》1984 年第 2 期）的记载制作而成。

　　根据表中统计，两江流域地区共有 19 个猛安谋克，分布在婆速路的猛安有 6 个，谋克有 2 个；在曷懒路的猛安有 6 个，谋克有 5 个。虽然婆速路的猛安谋克数量较少，但从名字来看，婆速路的猛安是以地域和部族为名，而曷懒路的猛安则全部是以部族为名。可见金朝在婆速路设置的猛安谋克内包含有多个部族，是为实现军事防御而设置的，规模肯定超过由各个部落分散居住的曷懒路地区。

　　金代在鸭绿江流域设置婆速路，在图们江地区设置曷懒路，予以直接统治。婆速路初置时统辖范围包括鸭绿江上游及其以北和会宁府以南地区，[①]路治设在婆速府，位置在今辽宁丹东市东北的九连城。[②] "婆速府路，国初置统军司，天德二年置总管府"[③]。婆速路最高长官为婆速府尹兼婆速路兵马都总管，总判府事，其下设有同知都总管、副都总管、总管判官、府判、推官和知法等官员。太祖天辅年间在曷懒甸设置曷懒路，总管府设在今朝鲜的咸兴，[④] 管辖范围为北与上京、恤品路相接，西邻东京路，[⑤] 东、东南濒临日本海，是现在朝鲜咸镜南北道以及中国吉林省延边朝鲜族自治州的部分地区。根据《金史》记载，奥屯忠孝、石抹元、石抹仲温皆属胡土虎猛安，石抹氏即辽代的萧氏，奥屯氏是女真人，其先祖居住在今吉林珲春市，[⑥] 表明金代在图们江流域有奥屯氏女真部族居住。

　　可见，金朝在两江所设置的女真猛安谋克虽然遍布两江流域，但其统治的侧重点在鸭绿江地区。

　　元代在两江主要设置了路一级行政机构和万户府。在鸭绿江设置婆娑

---

　　① 吴晓杰：《金代婆速路探析》，《河北北方学院学报（社会科学版）》2018 年第 3 期，第 40 页。

　　② 谭其骧：《中国历史地图集释文汇编（东北卷）》，北京：中央民族学院出版社，1988 年，第 179 页。

　　③ 脱脱等：《金史》卷 24《地理志上》，北京：中华书局，1974 年，第 557 页。

　　④ 张博泉等：《金史简编》，沈阳：辽宁人民出版社，1984 年，第 296 页。

　　⑤ 谭其骧：《中国历史地图集释文汇编（东北卷）》，北京：中央民族学院出版社，1988 年，第 166—167 页。

　　⑥ 都兴智：《论金代辽宁境内的猛安谋克与人口》，《东北史地》2007 年第 6 期，第 33 页。

府，在图们江设置万户府及双城总管府多重机构。在两江的女真成为元朝的民户，① 对元要承担沉重的赋税、徭役、军役等各种义务。②

1. 路的设置

在鸭绿江中下游地区，元朝保留了金代婆速路的建置，建立了婆娑府，管理鸭绿江一带的女真人。婆娑府，元初设置。至元三年（1266），元在婆娑府设置巡检司，辖境西北起千山山脉，东抵长白山，南跨鸭绿江。治今辽宁省丹东市东北、叆河西南岸九连城。鸭绿江一带的女真多分布在高丽境内的义州、朔州、静州一带地区，③ 其地位于今朝鲜平安北道义州与新义州之间。鸭绿江一带在金代时期就是熟女真聚居地，元朝时先由东宁路管辖，后划归婆娑府管辖。至元十三年（1276）元朝升东宁府为东宁路总管府，"设录事司，割静州、义州、麟州、威远镇隶婆娑府"④。由于行政设置的变化，此地的女真人应也一并划给婆娑府管理。至元二十七年（1290）三月忽必烈下诏罢东宁路，全部归还高丽西北诸城，同时割属婆娑府的静州、义州、麟州、威远镇给高丽。

鸭绿江中游到沿海地区是女真人的另一重要分布地，这一地区女真人的分布地包括豆木里、林土、碧团、泥城、秃鲁江等处，该区域位于今朝鲜平安北道东北部、慈江道与中国辽、吉两省的交界处。⑤ 史书未记载元朝对其设置行政建置予以管理，应是沿用女真旧制，进行羁縻统治。⑥ 直到高丽末年，此地才划归高丽，高丽在此地设置万户府等行政设置予以管理。⑦

---

① 何天明：《试探元代女真与蒙古的关系》，《黑河学刊》1991年第4期，第107页。

② 王崇时：《元代东北女真族试探》，《延边大学学报》1982年第4期，第82页。

③ 沈岩：《元代朝鲜半岛女真人的分布与行政建置研究》，吉林大学硕士学位论文，2004年，第17—18页。

④ 宋濂：《元史》卷59《地理志二》，北京：中华书局，1976年，第1398页。

⑤ 沈岩：《元代朝鲜半岛女真人的分布与行政建置研究》，吉林大学硕士学位论文，2004年，第19页。

⑥ 宫兰一、周爽：《试探13至14世纪朝鲜半岛女真人的分布》，《北方文物》2016年第4期，第94页。

⑦ 薛磊：《元代双城总管府刍议》，《中国历史地理论丛》2007年第3期，第87页。

2. 设置万户府和总管府

在图们江流域地区，元朝设有南京万户府和奚关总管府；在高丽东北部设置双城总管府，管理图们江及其以南的曷懒甸的女真部族。

元太宗七年（1235），元朝设立南京万户府，治黄龙府。南京万户府的设置表明此地很有可能是原东夏国的南京，元在消灭蒲鲜万奴后，东夏国依旧在帮助蒙古作战，因此，这里的南京应为东夏国南京。元代奚关总管府，史书未明载其设置时间，史家考证其府治在今珲春县西高丽城村，[①] 管辖珲春河流域、珲春东部沿海及锡霍特山脉东南沿海等地区。二府地处原东夏国境内，以"万户""总管"命名，足见建置之重要。

元朝在朝鲜半岛东北部还设置双城总管府，是元朝管理朝鲜半岛东北部的最高行政机构。[②] 元代双城总管府的辖区当大体包括原高丽定州以南、铁岭以北之地，具体指"和、登、定、长、预、高、文、宜州及宣德、元兴、宁仁、耀德、静边等镇诸城"[③]。双城总管府以南为高丽疆域，以北为女真疆域，双城位于今朝鲜咸镜南道永兴及其周围地区，万户府与总管府都直接统属于元东北地区的辽阳行省下的开元路。1356 年，高丽才以武力攻取双城总管府之地，蒙古在此统治了近 100 年的时间。在双城总管府内，元朝针对当地的女真也设置府来管理，主要为合兰万户府和海阳万户府。《明实录》记载：

> 明洪武十五年（1382）"辽东东宁草河千户所招降故元合罗城万户府校卒，及鸭绿江东遗民，凡二千六百八十六人"。[④]

至元三年（1266）以后，元将合懒路宣抚司改置合兰府，对咸兴一带进

---

① 《中国历史地图集》中央民族学院编辑组：《〈中国历史地图集〉东北地区资料汇编》，中国历史地图集中央民族学院编辑组，1979 年，第 206 页。

② 薛磊：《元代双城总管府刍议》，《中国历史地理论丛》2007 年第 3 期，第 87 页。

③ 郑麟趾著，孙晓主编：《高丽史》卷 58，志卷十二《地理三》，重庆：西南师范大学出版社，北京：人民出版社，2014 年，第 1853 页。

④ 《明太祖实录》卷 144，洪武十五年夏四月辛丑条，台北："中央研究院"历史语言研究所，1962 年，第 2268 页。

行实际管控。① 元朝在曷懒甸还设有海阳万户府，位置在吉州②，统辖当地的女真人。合兰、海阳等地设置的地方行政机构是万户府，足见当地有十万余人的女真部族居住。

辽金元三朝均在鸭绿江及图们江流域设置相应的管理机构，其设置与关系如下图：

辽金元两江流域机构设置关系图

综上，辽朝对鸭绿江流域地区实施直接统治加羁縻统治的复合管理模式，金朝则是在两江均设置行政机构予以直接统治，元朝对金朝的统治机构进行了部分继承，但其军队则对两江实施直接占领。因此，辽金元三朝对两江的控制不断加强，而其治下的女真，从羁縻统治的属部民众，最终成为当地统治机构治下的民户。

（三）辽金元的防御设施

在严密的防御体系之下，辽金元在各自的城防建设中，还配有大量的防御设施，以加强防御力量，维持边界的稳定。

在鸭绿江流域，辽金元都设有军事设施，以防御女真，这些设施主要有军城、堡、关铺、弓口门、庵子、邮亭、浮桥等。

---

① 沈岩：《元代朝鲜半岛女真人的分布与行政建置研究》，吉林大学硕士学位论文，2004 年，第 19 页。

② 周爽：《元代辽阳行省的女真人》，吉林大学博士学位论文，2015 年，第 94 页。

辽代的军城，是协助州城防御的军事设施之一。军城主要设置在州城附近，规模小于州城的军事城堡，城内专门驻扎有军队。辽代所设州城，"不能州者谓之军，不能县者谓之城，不能城者谓之堡"①，《辽史·百官志》记载辽设置军州的顺序为：州、军、县、城、堡，明显是按大小顺序排列，②可见"城"是安排在州县附近的小规模军事据点。辽设置军城的目的，主要为"帮助汗国的军事统治，保卫汗国的边境安全和对境外邻族的控制"③，军城也可以当作军事工程来看，在维护边界地区稳定上作用巨大。辽在鸭绿江口设置的军城，主要为来远城，圣宗统和九年（991）设置，位于今丹东九连城，④是辽为了控制定安国、鸭绿江女真等反辽势力与宋联络，为进攻高丽做准备而设置的军城。来远城隶属于保州路，其和保州、开州一起均与高丽千里长城西段各关城直接或隔江对峙，其中保州为前冲、来远城为中坚、开州为后盾，足以震慑高丽；⑤附近还有顺化城、神虎军城、合主城、毕里围城、虎山山城、暧河尖古城，位于鸭绿江入海口的附近一带。⑥太平二年（1022），第三次辽与高丽战争结束，同年六月，耶律蒲古"城鸭绿江"⑦，是为辽在鸭绿江设置的重要军城。

辽朝在鸭绿江口附近的军城附近，设置有军堡等军事防御设施，起到辅助军城的作用。"东京沿女直界至鸭绿江：军堡凡七十，各守军二十人，计正兵一千四百。"⑧军堡是辽在黄龙府地区设置的防御设施之一，军堡又称

①　脱脱等：《辽史》卷48《百官志四》，北京：中华书局，1974年，第812页。

②　陈述：《头下考（上）》，《历史语言研究所集刊》（第八册，第八本，第三分），北京：中华书局，1987年，第1262页。

③　陈述：《契丹社会经济史稿》，北京：生活·读书·新知三联书店，1978年，第100—105页。

④　任鸿魁：《丹东史迹》，沈阳：辽宁民族出版社，2005年，第202—203页。

⑤　余蔚：《中国行政区划通史（辽金卷）》，上海：复旦大学出版社，2012年，第226页。

⑥　黄为放：《10—12世纪渤海移民问题研究》，长春师范大学博士学位论文，2017年，第189—190页。

⑦　脱脱等：《辽史》卷87《耶律蒲古传》，北京：中华书局，1974年，第1336页。

⑧　脱脱等：《辽史》卷36《兵卫志下》，北京：中华书局，1974年，第434页。

"堡寨""堡砦",是辽朝在缘边山险之地设置的兵营,担负辖区范围内的戍边御敌任务。① 这些军堡多为辽、高丽战争前后所修建,夏行美率渤海军卫戍此地。② 在军堡的外围,设置有"关铺",是沿东京道东北部与生女真接壤的各要道隘口处设置的铺哨。"时朝廷以高丽女直等五国入寇闻",辽兴宗为防御高丽,经枢密副使耶律仁先奏议,同意在辽与高丽交界的保州和定州边境关隘处设置"关铺","以为备守"。③

同时,"军堡"之下亦设有一些"口铺"④ 类哨卡,具体负责"侦候"边境之敌情,⑤ 这种设置在鸭绿江流域的堡州附近也较为常见。此时辽在鸭绿江上修有浮桥,⑥ 以便运送军队。1031 年,高丽国王显宗王询和辽圣宗耶律隆绪先后去世,高丽借机上表请求辽方毁弃鸭绿江城桥并遣还历年来被辽羁留的高丽使节,由此高丽与辽产生了鸭绿江城桥之争。1037 年 10 月,辽以武力威胁高丽恢复朝贡,并以船兵攻鸭绿江。1039 年 2 月,高丽遣户部郎中庾先使辽,"请罢鸭江东加筑城堡"⑦,辽朝拒绝了这一请求。

1054 年,为加强边境防戍,辽朝在鸭绿江东岸加建军事设施,即增加外围防御设施,主要为创立邮亭,在附近还设立"弓口门""栏子"⑧ 等军事设施。这些防御设施引起了高丽的恐慌,高丽向契丹统治者提出抗议,并要求辽"还前赐地,其城桥、弓栏、亭舍,悉令毁罢"⑨。同时,契丹军队还在保州防御设施附近垦田并设置庵子,高丽上书契丹"松岭东北渐加垦田,

① 张国庆:《辽朝边铺探微》,《中国边疆史地研究》2016 年第 2 期,第 42 页。
② 脱脱等:《辽史》卷 87《耶律蒲古传》,北京:中华书局,1974 年,第 1336 页。
③ 向南:《辽代石刻文编》,石家庄:河北教育出版社,1995 年,第 352—353 页。
④ 赵永春编注:《奉使辽金行程录》,长春:吉林文史出版社,1995 年,第 97 页。
⑤ 张国庆:《辽朝边铺探微》,《中国边疆史地研究》2016 年第 2 期,第 42 页。
⑥ 脱脱等:《辽史》卷 115《高丽传》,北京:中华书局,1974 年,第 1521 页。
⑦ 郑麟趾等著,孙晓主编:《高丽史》卷 6,世家卷第六《靖宗》,重庆:西南师范大学出版社,北京:人民出版社,2014 年,第 161 页。
⑧ 郑麟趾等著,孙晓主编:《高丽史》卷 7,世家卷第七《文宗一》,重庆:西南师范大学出版社,北京:人民出版社,2014 年,第 202 页。
⑨ 郑麟趾等著,孙晓主编:《高丽史》卷 7,世家卷第七《文宗一》,重庆:西南师范大学出版社,北京:人民出版社,2014 年,第 205。

或置庵子、屯畜、人物，是必将侵我疆也"①。由此可见，辽在鸭绿江所设置的军城，主要在鸭绿江江口地区，同时大量驻扎军队，自西向东分布有军堡、关铺等附属设施，再向东为浮桥、弓口门、邮亭、垦田、庵子等，体现出自西向东逐渐分散的特点，防御体系如图：

辽朝鸭绿江流域防御体系图

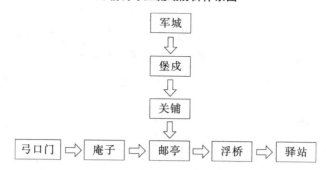

可见，为了防御高丽与女真，契丹在鸭绿江流域设置一系列防御设施，形成一个完整的防御体系，有效维护了边界的稳定。

金朝在辽朝所设置防御体系的基础上，于鸭绿江边设置堡戍。"大定四年，鸭绿江堡戍颇被侵越焚毁"②。对此，金世宗采取了息事宁人的态度，"边境小小不虞，尔主使然邪，疆吏为之邪？若果疆吏为之，尔主亦当惩戒之也"③。鸭绿江堡戍隶属于婆速府路，是金朝为防御高丽而在鸭绿江设置的防御设施。

元朝在两江地区设置防御设施的同时，还设有驿站。辽阳行省东部女真人活动地区，元廷亦设有水陆路站赤，至元二十七年（1290），"于双城（今朝鲜永兴）、西京（今朝鲜平壤）两地中，三百里地内，设三站走递客使"④。此陆路站赤的设置是为了加强开元路东端与东宁路之间的联系，是元朝在两江范围内所设置的防御设施。

---

① 郑麟趾等著，孙晓主编：《高丽史》卷8，世家卷第八《文宗二》，重庆：西南师范大学出版社，北京：人民出版社，2014年，第214页。

② 脱脱等：《金史》卷135《高丽传》，北京：中华书局，1975年，第2886页。

③ 脱脱等：《金史》卷135《高丽传》，北京：中华书局，1975年，第2886页。

④ 解缙：《永乐大典》卷19423《站》，北京：中华书局，1986年，第7257页。

总体来看，辽在鸭绿江口设置的军城、军堡等军事设施，并依次向东逐渐分散，防御重点在鸭绿江下游一带。金在辽基础上，增加了堡戍等城防设施。元代则在辽金两朝基础上，增设了驿站，体现出防御设施的不断丰富和完善。

三、明前期两江流域女真等各民族的分布、迁徙

如前所述，自辽金以降，女真族就世代居住在包括两江流域在内的东北地区。元末明初之际，女真人仍活动于两江流域。在本节中，笔者将对明代前中期这一历史阶段内，女真人、汉人在两江流域的分布与迁徙情况进行梳理。

（一）女真人

1. 两江流域今中国一侧沿江地带

元末明初，鸭绿江、图们江流域今中国一侧，长期有女真人居住生活。元代的两江流域，已成为女真人集中聚居地区。在辽阳行省辖境内的数个女真人聚居区域内，原东夏国故地，即今图们江流域、绥芬河流域、牡丹江中上游以及鸭绿江中上游等地区，[1] 女真人尤多。其中，本文所考察的是居住在图们江及鸭绿江中上游地区的女真人，在元代文献中多称之为"南女真"或"熟女真"，这部分女真人，有相当数量是在蒲鲜万奴的率领下东迁，同曷懒路、速频路及部分胡里改路女真人汇合在一起，而后定居下来的。此即明代初年两江流域土著女真人之由来之梗概。元末明初，两江流域，尤其是鸭绿江中上游一带今中国一侧，仍有相当数量的女真人居住生活。

除土著女真人外，在明代两江流域势力最盛，地区影响力最大的女真部族，则是外来的元代"水达达"及其后裔。"水达达"，系元代女真之一部，水达达路的辖区，大抵在今松花江下游、乌苏里江、黑龙江中下游等地，在元朝治下，"合兰府、水达达等路，土地旷阔，人民散居，元初设军民万户府五"[2]。五个水达达军民万户府内，后来辗转徙至图们江、鸭绿江居住者，

---

① 见薛磊《元代东北统治研究》（北京：社会科学文献出版社，2012 年）的有关章节内容。

② 宋濂等：《元史》卷 59《地理志二》，北京：中华书局，1976 年，第 1400 页。

主体系胡里改、斡朵怜两个万户府女真人。

明洪武年间，明廷用兵辽东，征讨仍占据东北的元朝残余势力纳哈出时，居住在两江流域的女真人，无论是土著，还是新徙居的胡里改、斡朵怜万户府女真人，俱已直接或间接卷入战火中。其中，鸭绿江流域，因首当明军兵锋所指，使女真人身陷兵燹。从洪武四年（1371）起，明朝对辽东故元残余势力发起了军事征讨。同时，对各部女真进行招抚。征讨与招抚并举下，两江流域的女真人陆续归附明朝。至洪武十五年（1382）二月，故元鲸海千户速哥帖木儿等自女真处来归，[①] 明廷诏准其请。以此为契机，明廷开启了对斡朵怜、胡里改、托温三万户府女真人的招抚。洪武二十年（1387），明军冯胜、傅友德等部攻打辽阳，纳哈出投降。随即积极招抚女真，设置卫所。翌年（1388），明廷遣官前往图们江流域，设置斡朵里卫。明廷于斡朵里立卫之地，系在图们江流域之吾都里。[②] 尽管明廷的设卫与招抚工作遭到了女真人的破坏，但设卫已是事实，此后招抚力度逐渐加大。同年五月壬辰，"命俺得迷失等，往辽东、海西等处招抚夷民，各赐衣物"[③]。在归附女真人安置地点的选取上，明朝细密斟酌，极少将归附的女真部族安置在鸭绿江流域近境，甚至是整个辽东都司驻守地近境，都不便安置女真部族。

自洪武年间以降，明廷出于辽东边防考量，不允许女真人在沿边地区居住耕猎。如洪武二十八年七月丁巳，因辽东卫镇抚张能奏言，"辽东三万卫所部高丽、女直归附者，常假出猎为患"[④]，明廷遂命徙其众于广宁西屯种。事理同一，作为中朝贡使往来要道的辽东鸭绿江下游地区，明廷一直未大规

---

① 《明太祖实录》卷142，洪武十五年二月壬戌条，台北："中央研究院"历史语言所，1962年，第2235页。

② 明初斡朵里设卫地点，国内外学界多有争议，有主张设置地点在第一松花江下游牡丹江口西侧之斡朵里城者，但据董万仑等考证，设置地点在图们江上游阿木河之斡朵里。详见董万仑：《明代三万卫初设地研究》，载《北方文物》，1994年第3期，第52页。本文从后一观点。

③ 《明太祖实录》卷190，洪武二十一年五月壬辰条，台北："中央研究院"历史语言所，1962年，第2873页。

④ 《明太祖实录》卷239，洪武二十八年七月丁巳条，台北："中央研究院"历史语言所，1962年，第3482页。

模安置女真部族于此地居住。明代中前期，仅有少量女真部族首领，在向明廷奏准后，方被安置于鸭绿江下游的东宁卫境内。如宣德元年（1426）三月丁未，"毛怜等卫指挥佥事亦令合等、亦马山卫试百户委剌来朝，皆奏愿居辽东东宁卫"①，令辽东都司给房屋器皿等物如例。又，宣德六年（1431）三月戊辰，"毛怜卫所镇抚忽失剌来朝，奏愿居辽东东宁卫"②，赐金织袭衣等物，仍命给房屋器物如例。

来归的女真人，壮丁被编入边军，部落首领，则授予官爵有差。洪武年间，已有女真壮丁编入边军之先例。如洪武十九年（1386）七月，以辽阳高丽、女真来归官民，每五丁以一丁编为军。因此，辽东边军中，有相当数量的女真族男丁。被授予官爵的女真部族首领，听差任事，并进京朝贡。其中，东宁卫管下女真部落首领，也相继来朝。如永乐二十一年（1423）十一月甲辰，"东宁卫指挥苦里不花等二十九人，进马及方物"③。永乐二十二年（1424）正月己丑，"东宁卫指挥、千百户亦失哈等，来朝贡马"④；同年六月戊申，"东宁卫指挥木庆哥等十四人，来朝贡方物"⑤。宣德四年（1429）六月壬寅，"东宁等卫女直千户朵罗不纳等，贡方物"⑥。宣德五年（1430）六月己卯，"东宁卫女直指挥佥事亦失哈等，来朝贡马"⑦。实际上，明代中前期的东宁卫管境内，一直有相当规模的女真人居住，这些女真人，受东宁

① 《明宣宗实录》卷15，宣德元年三月丁未条，台北："中央研究院"历史语言所，1962年，第407页。

② 《明宣宗实录》卷77，宣德六年三月戊辰条，台北："中央研究院"历史语言所，1962年，第1784页。

③ 《明太宗实录》卷127，永乐二十一年十一月甲辰条，台北："中央研究院"历史语言所，1962年，第2024页。

④ 《明太宗实录》卷128，永乐二十二年正月己丑条，台北："中央研究院"历史语言所，1962年，第2031页。

⑤ 《明太宗实录》卷130，永乐二十二年六月戊申条，台北："中央研究院"历史语言所，1962年，第2067页。

⑥ 《明宣宗实录》卷55，宣德四年六月壬寅条，台北："中央研究院"历史语言所，1962年，1326页。

⑦ 《明宣宗实录》卷67，宣德五年六月己卯条，台北："中央研究院"历史语言所，1962年，1577页。

卫管下的指挥、千百户等的直接管辖。

建州女真大规模徙居鸭绿江流域，始自宣德元年（1426）。是年，建州女真在李满住的统率下，移住鸭绿江支流婆猪江，即今佟佳江附近。"此一地带，女真人甚为相宜，但因受高丽压迫，乃移居浑河上游，即今苏子河豁谷地方"①。徙居后不久，李满住部族的势力即崭露头角。就该部族强盛之状，宣德三年（1428）二月丁丑，朝鲜李朝兵曹据平安道都节制使牒呈启，婆猪江兀良哈居处体探镇抚来告："其居处人户七十六，家舍产业富实，馈我辈时，军士二百余人环立。"②

宣德八年（1433）四月，朝鲜出兵，越江攻击建州女真李满住部，是为"婆猪江之役"。此役后，佟佳江流域建州女真人出现短暂流散。宣德九年（1434）五月乙巳，李朝世宗曰："予闻婆猪江野人，流离四散，其余存者无几。"③至正统三年（1438），建州卫女真人在李满住的率领下，移住灶突山东南浑河上。为此，同年六月戊辰，经建州卫掌卫事都指挥李满住遣官向奏明朝奏准："旧住猪婆江，屡被朝鲜国军马抢杀，不得安稳，今移住灶突山东南浑河上，仍旧与朝廷效力，不敢有违。"④

建州左卫景从建州卫李满住部，辗转由今阿木河流域，徙居鸭绿江流域今中国一侧。宣德八年（1433）十月，居住在斡木河处的建州女真猛哥帖木儿部驻地发生"杨木答兀事件"。此后，继建州卫女真李满住部徙至佟佳江地方居住后，留居阿木河的凡察、童仓等部族也陆续有徙居之意。后经向明廷奏请，与李满住部合住一处。至宣德十年（1435）四月，凡察直接统辖的部众已徙居上甫乙下，而其岳父李将家则收集部众，还向佟佳江（即本处所言"婆猪江"），与李满住同住一处。⑤至正统五年（1440）六月，据咸吉

---

① 汪宇平编著：《东北边防形势论》，北京：中外时事研究出版社，1946年，第30页。

② 《李朝世宗实录》卷39，世宗十年二月丁丑条，东京：学习院东洋文化研究所，1961年，第584页。

③ 《李朝世宗实录》卷64，世宗十六年五月乙巳条，东京：学习院东洋文化研究所，1961年，第360页。

④ 《明英宗实录》卷43，正统三年六月戊辰条，台北："中央研究院"历史语言所，1962年，第840页。

⑤ 《李朝世宗实录》卷68，世宗十七年四月壬子条，东京：学习院东洋文化研究所，1961年，第416页。

道都节制使驰报："童仓、凡察等，与管下三百余户，逃往婆猪江。"① 同年九月，明朝敕谕建州左卫都督凡察等曰："今已敕辽东总兵官曹义等，安插尔等于三土河及婆猪江迤西、冬古河两界间，同李满住居处。"②

至此，建州三卫主体徙至鸭绿江流域中国一侧居住。此后，建州三卫几度兴衰沉浮，居住区域也不断扩大，逐渐向东定居在鸭绿江沿边一带。如鸭绿江上游："间延越江明境沿江一带，野人女真愈聚愈多，最初之时，野人三十余户，丁丑年来居。"③ 丁丑年，即正德十二年（1517）。此后的两年间，聚居此地的女真人已增至九十余户，女真人户口如是滋蔓之势，令朝鲜深以为忧。另如江界越江林土一带，嘉靖二十六年（1547）二月，据李朝掌令南应云曰："林土之地，距江界甚近，只隔一水，野人来居，渐至繁盛。"④

至嘉靖年间，居住在鸭绿江、图们江两江流域今中国一侧的沿江地带的女真人，已颇为可观。鸭绿江沿边地带，嘉靖二十三年（1544）四月，据李朝特进官禹孟善估算：

> 自三水至间延、茂昌之间，野人之来居者，至于四五千；自朔州至满浦，近处来居野人，亦不下三四千人。⑤

就总体演变趋势而言，建州三卫共同居住在苏子河、浑江流域后，其势力深入辽东地区，和当地旧有女真族人合并，势力日益强大⑥，是一个不争的事实。在努尔哈赤起兵发起女真民族统一战争之前，居住在两江流域今中国一侧的女真诸部（以建州三卫为主体），在人口规模上，已为接下来的民

① 《李朝世宗实录》卷89，世宗二十二年六月丙申条，东京：学习院东洋文化研究所，1961年，第119页。

② 《明英宗实录》卷71，正统五年九月己未条，台北："中央研究院"历史语言所，1962年，第1382页。

③ 《李朝中宗实录》卷38，中宗十五年二月壬申条，东京：学习院东洋文化研究所，1961年，第486页。

④ 《李朝明宗实录》卷5，明宗二年二月丁亥条，东京：学习院东洋文化研究所，1961年，216页。

⑤ 《李朝中宗实录》卷120，中宗三十九年四月甲申条，东京：学习院东洋文化研究所，1961年，第593页。

⑥ 河内良弘：《关于明代的东宁卫》，《黑河学刊》1988年第3期，第99—106页。

族统一战争，奠定了良好的根基。

2. 两江流域今朝鲜一侧沿江地带

洪武二十五年（1392），李成桂取代高丽而建国，从此，朝鲜半岛迈入李氏朝鲜统治时期。李朝开国伊始，即重视对两江流域女真人的招抚。洪武二十六年（1393）六月，据辽东都指挥使司奏："谍知朝鲜近遣其守边千户，招诱女直五百余人，潜渡鸭绿江，欲寇辽东。"① 此后，洪武二十八年（1395）敕武定侯郭英曰：

> 闻彼自国中至鸭绿江，凡冲要处所储军粮，每驿有一万石、二万石，或七八万石、十数万石，东宁女直，皆使人诱之入境，此其意必有深谋。②

由是可见，李朝建国之初，已开始对鸭绿江流域东宁等处女真人的争取。

值得注意的是，洪武、永乐两朝，明廷在东北地区的统治秩序尚未稳固，故元残余势力、女真部落首领接连发起反明战事，战乱下的辽东女真人，确实有部分人辗转进入两江流域今朝鲜一侧定居。甚至，受王氏高丽末年"散漫军事件"③ 的影响，确有部分女真人在两江流域今朝鲜境内留居，甚至有部分人最终永久定居下来。

无论是李朝在鸭绿江流域招抚的东宁等处女真人，还是因"散漫军事件"而留居两江流域今朝鲜境内的女真人，其主体均是东夏国故地的"熟女真"，这部分女真人，散居两江流域各地，因居住时间较长，多被视为两江流域的"土著女真人"。

明代中前期，相当多的女真部落，是由明朝境内新近迁徙至图们江流域

---

① 《明太祖实录》卷 228，洪武二十六年六月壬辰条，台北："中央研究院"历史语言所，1962 年，3323 页。

② 《明太祖实录》卷 238，洪武二十八年四月辛未条，台北："中央研究院"历史语言所，1962 年，3468 页。

③ "散漫军"，系元末明初发生在中国东北地区的一场持续数十年的军民避乱朝鲜半岛的事件。明朝建立后，明廷在统一东北地区的进程中，东北地区的故元残余势力，以及大批辽东民众，陆续东逃，进入高丽境内。李氏朝鲜开国后，仍有辽东军民陆续逃奔而去。其中，以高丽末叶林八剌失里叛逃事件规模最大，仅此一次，即有一万八千余人逃入高丽境内避战。此后的洪武、永乐两朝，明廷多次移敕高丽与李朝，令推刷散漫军及辽东流民。

今朝鲜一侧的。洪武年间，故元三万户女真等，为躲避蒙古与野人女真的劫掠，已辗转徙至图们江流域居住。洪武五年（1372），图们江及乌苏里江流域的东海兀狄哈等，袭击了故元奚关总管府城（即奚关城，李朝文献称之为"玄城"）。是时，"兀狄哈乙麻赤到玄城地面劫掠杀害"。居住在该地的斡朵里部，在首领崔也吾乃的率领下进行了抵抗，"旋以抵抗失利，引原管人户二十户，徙至吉州阿罕地面住坐"。此战中斡朵里部的失利，加快了该部族人向朝鲜北境的迁徙速度。永乐元年（1403），明廷敕令设置建州卫，此后又于永乐三年末设立毛怜卫，作为建州卫下之子卫。建州卫管下，有大批女真人，散居在庆源、会宁、咸兴、吉州等地。

上起永乐元年建州设卫，[①] 下迄正统五年（1440）童仓、凡察等率部逃往婆猪江。此三十七年间，是图们江流域今朝鲜一侧女真人迁徙尤为频繁的时期。女真人迁徙方向多变，有原于边地居住的斡朵里、兀良哈、兀狄哈等部族，或主动，或被李朝搬移别地；亦有相当多的女真部族，辗转逃离原住地，越江进入两江流域今中国一侧卜地而居。

这一时期内，图们江流域今朝鲜一侧女真人的迁徙纷繁多变，但其总体趋势是：除少量女真人留居朝鲜境内外，建州、毛怜等卫女真的主体，基于多重因素考量，辗转迁离李朝北界，越过图们江，溯图们江，向图们江上游及鸭绿江中上游今中国一侧迁徙居住。甚至，许多投化女真也辗转徙至明朝境内居住。

其一，投化女真徙居。受李满住徙居婆猪江影响，许多朝鲜境内居住的投化女真人，也陆续越江，择地而居。如正统二年（1437）八月，李朝中枢院副使殷阿里所言：仅其管下，原有三百余户，这些人"就食于吉州、镜城等处，或越境流入东良北、建州卫等处"[②]。对此，世宗国王云："上项管下

---

① 建州设卫，学界多有专论，如徐建竹的《明代建州卫新考》（载《中国史研究》1982 年第 4 期，第 112—121 页）、郭毅生的《明代建州卫新探》（载郭毅生：《郭毅生著作选集》，北京：民族出版社，2015 年，第 63—76 页）等文，分别就建州卫的创设过程、卫址所在地点及迁徙情况进行了考察。

② 《李朝世宗实录》卷 78，世宗十九年八月甲子条，东京：学习院东洋文化研究所，1961 年，第 581 页。

各人，徙居几尽，国家全不知之，此是守令不纠察、里正长不觉举所致也。"①

其二，凡察、童仓等部，与李满住部合住一处。建州左卫凡察、童猛哥帖木儿等部，在"斡木河之难"后，兀狄哈部不断入掠，以及李朝的军事威胁，徙离斡木河的心愿日渐强烈。至宣德十年（1435）四月，凡察直接统辖的部众，已徙居上甫乙下，而其岳父李将家，则收集部众，还向婆猪江，与李满住同住一处。② 至正统五年（1440）六月，据咸吉道都节制使驰报："童仓、凡察等，与管下三百余户，逃往婆猪江。"③ 复据朝鲜调查，除三百余户迁徙外，"今吾都里等酋长虽去，留住之户尚至百余"④。此凡察、童仓等部，由斡木河移居婆猪江情况之梗概也。

其三，兀良哈部族，也辗转移居各地。宣德四年（1429）二月，据咸吉道监司所报："童巾、愁州等处住兀良哈指挥伊詹疏古老、都乙昏、都乙温等使人来告：'我等所移愁州等处，将不得安住，愿移居古庆源阿多老、训春等处。'"⑤ 可见，兀良哈部族，已自行移居古庆源地等处。兀良哈各部迁徙情况，同年四月，庆源节制使报告：

> 前此古罗耳住兀良哈指挥巨也老等十四户、愁州住指挥忘古等七户、于伊厚江住指挥古音夫介等二十二户、童巾住指挥时罗等十四户，共五十七户，则移到古庆源地所多老古营平。前此童巾住千户豆难等二十二户，则移到吾笼草；伊应看住指挥贵土等十户，则移到孙城平，凡八十九户。⑥

① 《李朝世宗实录》卷78，世宗十九年八月甲子条，东京：学习院东洋文化研究所，1961年，第582页。

② 《李朝世宗实录》卷68，世宗十七年四月壬子条，东京：学习院东洋文化研究所，1961年，416页。

③ 《李朝世宗实录》卷89，世宗二十二年六月丙申条，东京：学习院东洋文化研究所，1961年，第119页。

④ 《李朝世宗实录》卷90，世宗二十二年七月己酉条，东京：学习院东洋文化研究所，1961年，第124页。

⑤ 《李朝世宗实录》卷43，世宗十一年二月辛巳条，东京：学习院东洋文化研究所，1961年，第633页。

⑥ 《李朝世宗实录》卷43，世宗十一年二月辛巳条，东京：学习院东洋文化研究所，1961年，第633页。

迨至宣德八年（1433）"杨木答兀事件"发生前，"兀良哈数百户，浸浸入于孔州等处"①。正统五年（1440），继凡察、童仓率部徙至婆猪江后，兀良哈部族，闻风后也纷纷意欲迁移。李朝下令边将相应拦阻，以致双方发生冲突。即便如此，此后图们江流域的兀良哈女真人，多有辗转向图们江上游迁徙者，继而进入到鸭绿江中上游一带定居下来。各部之间的劫掠与攻伐，造成民众迁徙无常。至成化九年（1473）十一月辛亥，有兀良哈大护军卓时之子尼应加大启曰："臣之父同时受高职者，皆窜亡无存，独臣父子至今诚信效力。"②此后百余年内，朝鲜北界的兀良哈女真人，或留居六镇城底，或辗转投奔建州三卫而去。万历十一年（1583），庆源附近居住的兀良哈酋长尼汤介，于抗拒朝鲜时被杀，其子厚时里等，率妻子投奔老酋。至此，兀良哈大部移居鸭绿江流域今中国一侧境内。嗣后，又于丙子之役后，朝鲜与清朝订立盟约，其中一条，对朝鲜一方规定："尔国所有兀良哈人，俱当刷还。"③

成化年间，作为两江流域女真人主体的建州三部，俱居于鸭绿江流域。成化十九年（1483）九月，建州卫都督达罕之子李多之哈出使李朝，就三卫居住处，回答礼曹官员："中卫在吾乙面江之间，右卫在吾乙面江下面，左卫在愁曹会，居辽东北。"④"吾乙面江"，即富尔江，系鸭绿江支流。此后，鸭绿江流域今中国一侧，成为两江流域女真人活动的中心地带。当地女真诸部族，或以狩猎，或以饥馑求食，陆续出来江边。如成化二十年（1484）七月，建州女真境内饥馑成灾，各部落遂迁移求食。是月，建州女真童巨处等四人来满浦镇言："本土饥馑，欲移接江边，冀蒙赈济。"继此之后，建州女真沈汝弄介等因饥馑，"率妻子而来，欲蒙存恤"。⑤

---

① 《李朝世宗实录》卷78，世宗十九年八月癸亥条，东京：学习院东洋文化研究所，1961年，第579页。

② 《李朝成宗实录》卷36，成宗四年十一月辛亥条，东京：学习院东洋文化研究所，1961年，第346页。

③ 罗万甲：《丙子录》，手写本，第74页（原文无页码，笔者自标）。

④ 《李朝成宗实录》卷158，成宗十四年九月戊戌条，东京：学习院东洋文化研究所，1961年，第92页。

⑤ 《李朝成宗实录》卷169，成宗十五年八月壬申条，东京：学习院东洋文化研究所，1961年，第200页。

第四，两江流域今朝鲜一侧女真部族的迁徙，受到朝鲜的干涉。早在明朝初年，居住在图们江流域的建州、毛怜、兀良哈等女真部族即时常移徙。李朝在经略该地面时，常以女真人逃亡移徙为忧。为此，永乐五年（1407）九月，东北面都巡问使李稷启曰：

> 青州以北各官人物，及吾音会建州卫人物，因无考课，逃亡移徙，互相往来，或为窥觎，或传诬妄之言，无赖之徒及犯罪逃走人等，造言生隙。①

此后，无论是投化女真人，还是斡朵里、毛怜、兀良哈女真人，自行迁徙时，常常受到李朝的干涉。即便是明廷降敕，准允建州女真童仓等移往婆猪江，但李朝在获悉后，仍极力加以拦阻。②

不仅是居住在两江流域今朝鲜一侧的女真人迁出之举受到李朝的干涉，居住在鸭绿江流域今中国一侧的女真部族，迁至鸭绿江边居住，也受到李朝的制约。尤其是建州三卫女真移居婆猪江流域后，李朝对女真人移居鸭绿江边之举，干涉尤剧。

至成化末年，鸭绿江惠山地面，"其所防御，即建州之贼"。弘治三年（1490）三月，建州右卫女真童约沙，率妻子来住满铺镇越边狮子项平，为永居之计。李朝朝议以为，不可令其留居，并论其留居之于李朝危害曰：

> 若一开端，岁月浸久，厥类繁滋，诸野人亦渐类聚，凡山川形势、道路要害，及士马强弱、农民出入之状，无不备知，后日之弊不可胜言。③

此后，朝鲜西北界镇守官兵，不时驱逐沿江大明界内之定居女真人等。李朝此举目的有二，一是防范女真人越界突入朝鲜边界内，二是担心女真人

---

① 《李朝太宗实录》卷14，太宗七年九月丁丑条，东京：学习院东洋文化研究所，1961年，第142页。

② 《李朝世宗实录》卷80，世宗二十年一月甲辰条，东京：学习院东洋文化研究所，1961年，第610页。

③ 《李朝成宗实录》卷238，成宗二十一年三月庚午条，东京：学习院东洋文化研究所，1961年，第21页。

与朝鲜边民交通日久而启发边衅。即李朝官员李之芳所言：

> 平安道驱逐之事，以彼人所居处与我国地界最近，恐我国人民相通亲狎，则流入者尤多，故欲防此弊而为之也。①

李朝边军的驱逐行动，遭到了女真人的反对，双方矛盾由是激化。如正德十五年（1520），咸镜南道兵使派遣军官前赴闾延越江一带，开谕于此处聚居的女真金朱成哈部族，责令该部离散之际时，遭到女真的抵制。他们愤怒地说："汝之生死，在吾处置中，驱命可惜，后勿更来。汝国若欲使我不得居于此地，则我亦为汝国患。"② 李朝边将因这种言论派兵驱逐满浦越江女真人。但在驱逐中，朝鲜付出的代价颇大，被驱逐的女真人声言报复朝鲜。

单纯武力驱逐，根本不可能禁绝女真人定居鸭绿江边。如嘉靖二十年（1541），茂昌越边之地，有建州卫童多方可等，"不畏国令，多率人口，林投水边，结幕来居"③。是年七月，平安道兵使启云：女真迁徙"迫近诸镇，不可不去，前以严辞谕以速还，今六月二十日，又极谕急速撤还之意"④。李朝的屡屡驱逐，不但不能禁绝女真人迁居，反而招致女真人的不满与仇恨，双方的嫌隙与冲突由是增加。直至努尔哈赤起兵，越鸭绿江前来朝鲜境内居住的女真人数量才逐渐减少，但在鸭绿江西岸渔猎、耕居的女真人却一直存在。

（二）汉人

较之辽金元时期，明代辽东地区尽管时势变迁，但当地人口中，汉人数量仍不容忽视，尤其在两江流域，汉人数量尤多。在努尔哈赤掀起女真民族

---

① 《李朝中宗实录》卷61，中宗二十三年四月壬戌条，东京：学习院东洋文化研究所，1961年，第470页。
② 《李朝中宗实录》卷39，中宗十五年四月丙寅条，东京：学习院东洋文化研究所，1961年，第509页。
③ 《李朝中宗实录》卷95，中宗三十六年七月己丑条，东京：学习院东洋文化研究所，1961年，第325页。
④ 《李朝中宗实录》卷95，中宗三十六年七月己丑条，东京：学习院东洋文化研究所，1961年，325页。

统一战争之前，明代两江流域汉人的迁徙情况，分为两大类型：一是辽东汉人自行向鸭绿江流域西岸拓殖，一是辽东汉人被女真人掳至女真部族住地。

1. 辽东汉人自行向鸭绿江西岸拓殖

明朝开国初年，东北地区社会秩序尚未稳固，故元残余势力、女真部族势力多次举兵反明，辽东军民为躲避战火，连续东逃，或移居鸭绿江西岸，或渡江进入朝鲜境内居留。其中，尤以"散漫军事件"中东逃的汉人为多，旋因明朝多次移敕朝鲜，敦促推刷散漫军及辽东逃民，李朝多次分运，将居留朝鲜境内的辽东军民刷还。迨至明朝与朝鲜之间宗藩关系确立后，李朝在刷还"唐人"一事上，大抵做到恪尽藩职，认真执行。受此影响，在前努尔哈赤时代，辽东汉人居留两江流域今朝鲜一侧者极为少见。

鸭绿江西岸沿江一带，明廷出于防御女真、隔离朝鲜等目的，也严禁辽东汉人潜居耕住。法禁严而稽查弛，辽东总兵及东宁卫官兵沿江稽查时，多未认真缉拿，以致鸭绿江西岸沿江一带的山林河谷间，长期有零星汉人采捕，甚至是常年留居耕住。如正德九年（1514）八月，据平安道观察使闵祥安状启：

> 义州西距十五里许，有婆娑堡古基，唐人渐有造家来居者。鸭绿江十余里之地，亦立标造家。①

至嘉靖初年，辽东汉人前往鸭绿江西岸定居耕垦者愈增愈多。如嘉靖七年（1528）五月，李朝官员尹殷辅言："前则唐人不居于江边，今则马头山下，亦有唐人十余户来居。"② 至嘉靖二十五年（1546），"越边唐人之居者，已成村落"③。迨至嘉靖三十年（1551）八月丁丑，平安道观察使金明胤启曰："今者义州越边，唐人等多来居住，故富商大贾赍持银两，昼夜交通买卖。"④

① 《李朝中宗实录》卷 20，中宗九年八月庚戌条，东京：学习院东洋文化研究所，1961 年，第 660 页。

② 《李朝中宗实录》卷 61，中宗二十三年五月丙戌条，东京：学习院东洋文化研究所，1961 年，第 479 页。

③ 《李朝明宗实录》卷 4，明宗元年十一月戊午条，东京：学习院东洋文化研究所，1961 年，200 页。

④ 《李朝明宗实录》卷 12，明宗六年八月丁丑条，东京：学习院东洋文化研究所，1961 年，第 505 页。

嘉靖年间，朝鲜义州越边一带，经过辽东汉人的来垦，二十余年间的麇集繁衍，渐成村落，甚至辟市交易，辽东汉人潜居之盛，由是足见。

2. 辽东汉人被掳至女真部族居住地

明代辽东军民，多有被女真人掳归者。这些辽东汉人在被掳前，或为兵，或务农，或行商。被掳后，或被事主役使料理家务，或驱出于野从事耕牧，甚至被事主转卖给别家。

正常逻辑下，被掳之辽东汉人从女真部落中逃出来后，应皆乐于回归原籍故土。实际上，辽东守军对于被掳之民，多不持续寻找，李朝人所论，"大抵中原人物数多，虽或被虏于鞑子，皆不推寻"①，确系实在情形。此外，辽东屯民对被掳掠后逃回的汉人，多持有偏见，当有被女真人掳去之民归来，"视如狗畜，不与齿列"②。复以辽东赋役负担，较之女真人居住地为重，且有因被掳日久而与女真人通婚者，以致许多被掳辽东汉人定居在女真人居住地，已无返回辽东原籍之愿。

有明一代，辽东汉人被掳至两江流域女真人居住地之案频繁发生，事未觉、案未报者更多。终明之世，辽东汉人被掳至两江流域女真人居住地者，无论是辽东都司，还是女真部族，均无详载，是以其准确数目，已无从得知。但仅据朝鲜李朝刷还由女真人居住地逃来朝鲜者人数，足可窥知其人数之巨。如景泰三年（1452）八月，朝鲜奏闻使吏曹参议李蓄等，向明朝官员言称：

> 自洪武二十五年我朝开国以来，解送人口八百三十余名，然此特被野人虏去逃来人口耳。若并系倭、野人抢虏逃来，及买来解送人口，则又一千八百五十余名。我国诚心事大，岂待勅谕而后有加哉？③

继此之后，另据李朝移文称："近者上国边境被虏人口，陆续逃来，自

① 《李朝中宗实录》卷65，中宗二十四年七月甲辰条，东京：学习院东洋文化研究所，1961年，第636页。

② 《李朝中宗实录》卷89，中宗三十四年二月壬寅条，东京：学习院东洋文化研究所，1961年，第88页。

③ 《鲁山君日记》卷2，端宗即位年八月庚午条，东京：学习院东洋文化研究所，1961年。

景泰二年二月初二日，至本年十二月二十八日，节次解送男妇共一百二十六名口。"① 景泰二年（1451）不足一年时间内，朝鲜解往明朝之辽东边境被掳后陆续逃来朝鲜的汉人，已多达一百二十六口。

掳往女真人居住地的汉人中，逃往朝鲜者后被刷还者是极少数。仅此一项，即可证实，辽东汉人被掳至女真人居住地者数量之巨。尤其是在建州三卫女真合住一处后，陆续被建州女真人抢去之辽东汉人数目愈多。

更应注意的是，围绕着辽东兵民的被掳与索要、李朝刷还从女真人居住地逃来朝鲜之辽东汉人等问题，两江流域的女真部族，与明朝之间，及与朝鲜之间，均发生了尖锐的冲突，甚至是许多战事爆发的直接原因。仅以李朝刷还从女真人居住地逃来朝鲜之辽东汉人为例，有明一代，朝鲜李朝与女真部族之间，因在刷还汉人奴仆问题上的巨大分歧，双方交恶构衅甚深。

如在朝鲜世宗大王时期，"有一唐人，逃来本国，野人来寻，竟不还，以此搆隙，屡犯边境，战争不息"②。另如宣德三年（1428）二月，兵曹据平安道都节制使牒呈，婆猪江兀良哈居处体探镇抚来告，李满住言：

> 三寸叔都督已死，予之奴婢十口，曾逃入江界。近日予之族类在东北面往来京中者，语予云，其逃奴婢，已属礼宾寺使唤。③

满住言说，意颇愤怨。宣德七年（1432）八月，闾延郡小甫里口子军人李元奉率义子朴江金，擅骑小船，渡江刈稷，女真指挥林加罗等五人虏江金，并呼口子别差云："汝等匿我逃奴，我亦掳去。"④

此后，景泰五年（1454）十二月，有速鲁帖木儿、李儿罕等，向朝鲜请曰："辽东人逃避徭役而来吾土者，或有作妾而居者，逃来朝鲜，则尽送中

---

① 《鲁山君日记》卷3，端宗即位年九月己亥条，东京：学习院东洋文化研究所，1961年。

② 《李朝成宗实录》卷152，成宗十四年三月己酉条，东京：学习院东洋文化研究所，1961年，第19页。

③ 《李朝世宗实录》卷39，世宗十年二月丁丑条，东京：学习院东洋文化研究所，1961年，第580页。

④ 《李朝世宗实录》卷57，世宗十四年八月甲寅条，东京：学习院东洋文化研究所，1961年，第202页。

国，我等甚闷。"①

　　明代李朝与两江流域女真部族交恶起衅的原因众多，但双方在刷还辽东汉人奴仆问题上的分歧，是发生冲突与战事的一个重要原因。非止如此，明朝与两江流域女真人的矛盾与冲突中，辽东兵民的被掳与索要，也是一个不容忽视的原因。

---

　　① 《鲁山君日记》卷 12，端宗二年十二月癸巳条，东京：学习院东洋文化研究所，1961 年。

第二章
辽金元时期两江流域女真与
中央王朝之间的战事

辽金元时期，生活在两江流域的女真诸部正处于依靠掠夺而增加财富的历史阶段，因此不断抄掠边境州城，中央政府为维护边境稳定，多次对女真加以征伐；女真作为属民有履行助战的义务，奉命参与中央王朝征伐周边民族的战争。同时中央王朝为防御女真扰边，不断在两江流域增设防御设施。

一、女真对边境州城的抄掠与中央王朝对女真的征讨

辽金元三朝，女真通过掠夺来扩大财富，因此不断抄掠边境州城，中央政府为维护边境地区的安全，多次对女真进行征讨。

（一）女真对边境州城的抄掠

女真在两江流域地区多次抄掠辽和元的边境州城。渤海国灭亡，东丹国南迁后，其时辽朝势力尚未达到两江地区，同时东丹国南迁时，一些反辽的渤海遗民与女真诸部融合，这使得女真具备抄掠边界州城的能力。加之辽在太祖、太宗当政的三十余年间，战略重心是南下中原，① 对辽东包括两江地

---

① 杨雨舒：《东丹南迁刍议》，《社会科学战线》1993 年第 5 期，第 190 页。

区则以求稳为主，于是女真部族乘机在鸭绿江口不断抄掠辽的边界州城。辽代，女真对辽边界州城的抄掠共有 10 余次。辽太祖时期，因女真对辽边界州城的抄掠，所以发动"伐女直"之战，并对战事中不愿归附的女真，"悉破降之"[1]。此后，太祖二年（908），辽"筑长城于镇东海口"[2]，表明耶律阿保机已控制了辽东及鸭绿江入海口地区。[3] 东丹国迁徙后，辽放松了对鸭绿江的控制，女真开始大规模对鸭绿江口的开州等地进行抄掠，辽曾一度追击女真进入高丽境内。

高丽将领徐熙曾言："我安北府数百里之地，皆为生女真所据。"[4] 这表明北至鸭绿江流域，南抵大同江北岸，均为女真所占据。在鸭绿江中上游地区，有定安国、燕颇及兀惹等渤海遗民势力存在，他们以兀惹城和渌州城为基地，抵御辽军。圣宗即位后，开始征伐鸭绿江女真及附近反辽势力。在第一次辽与高丽战争结束后（993），圣宗"诏取女直鸭渌江东数百里地赐之"[5]，女真丧失了鸭绿江入海口的广大土地。同时，鸭绿江女真则被纳入辽的管辖之下，成为"五节度熟女真部族"，处于为辽所役使的境地，"或遇北主征伐，各量户下差充兵马，兵回，各逐便归本处"[6]。辽与高丽边界确定后，女真的实力进一步下降。至兴宗朝，"高丽、女直等五国入寇"契丹在鸭绿江东岸的"保、定二州"[7]，这些女真虽有高丽的支持，但仍被辽军击溃。金朝建立后，女真成为统治民族，因此在两江流域不存在抄掠的行为。但是由于对两江流域的控制力减弱，时有反叛事件发生，但次数较少，此处不再赘述。元代，蒙古对两江予以直接管控，在鸭绿江流域设置行政机

---

① 脱脱等：《辽史》卷 1《太祖本纪》，北京：中华书局，1974 年，第 2 页。

② 脱脱等：《辽史》卷 1《太祖本纪上》，北京：中华书局，1974 年，第 2—3 页。

③ 黄为放：《10—12 世纪渤海移民问题研究》，长春师范大学博士学位论文，2017 年，第 33—34 页。

④ 郑麟趾著，孙晓主编：《高丽史》卷 94，列传卷第七《徐熙传》，重庆：西南师范大学出版社，北京：人民出版社，2014 年，第 2908 页。

⑤ 脱脱等：《辽史》卷 13《圣宗纪四》，北京：中华书局，1974 年，第 143 页。

⑥ 叶隆礼撰，李西宁点校：《契丹国志》卷 22《四至邻国地里远近》，济南：齐鲁书社，2005 年，第 164 页。

⑦ 向南：《辽代石刻文编·道宗编上》，石家庄：河北教育出版社，1995 年，第 352 页。

构直接管理。蒙古汗国宪宗九年（1259），高丽称臣之前，与东夏国一起管理图们江流域，女真抄掠边境州城的现象不复存在。

（二）中央王朝对女真的征讨

辽朝面对女真的抄掠，采取了应对措施。圣宗即位后，就发动了对鸭绿江女真的大规模进攻。《辽史》记载，对女真的征伐规模较大的主要有四次。辽圣宗统和二年（984）二月，圣宗发动了征讨女真的战事，《辽史》载："丙申，东路行军、宣徽使萧蒲宁奏讨女直捷，遣使执手奖谕"，四月，再次派兵征讨。同书载："夏四月丁亥，宣徽使、同平章事耶律普宁、都监萧勤德献征女直捷，授普宁兼政事令、勤德神武卫大将军，各赐金器诸物。"[1] 可见，因征女真有功，将领受到恩赐与晋升。

统和六年（988），《辽史》记载："东路林牙萧勤德及统军石老以击败女直兵，献俘。"[2] 辽圣宗继续派兵讨伐女真。征伐战争规模最大的一次是在辽圣宗太平六年（1026）。辽将黄翩率军攻入女真地区，俘获人口财物"不可胜计，得降户二百七十，诏奖谕之"[3]。此战致使鸭绿江的女真和定安国被辽军击溃，鸭绿江北岸的女真无力再与辽军作战。

第一次辽、高丽战争结束后，辽圣宗诏取女真鸭绿江东数百里地赐给高丽，使女真丧失了鸭绿江入海口的广大土地。同时鸭绿江女真也被纳入辽的管辖。经过辽圣宗接连不断的征讨，女真遭受严重打击，被迫停止抄掠辽边境州城，转而接受辽的统治，成为辽朝治下的属国属部。

元代，在两江流域也发生过战事，主要为蒙古对东夏国的征讨。东夏国是金末女真人在东北建立的一个政权，学界认为它存在时间为1215—1233年。[4] 金末，辽东宣抚使蒲鲜万奴占据辽阳，自立为王。蒙古太祖十一年（1216），木华黎攻下辽西诸城，进入东京（今辽阳），蒲鲜万奴降附蒙古，但很快又背叛。蒙古太祖十二年（1217），蒲鲜万奴转入女真故地，以上京

---

[1] 脱脱等：《辽史》卷10，《圣宗本纪一》，北京：中华书局，1974年，第113页。

[2] 脱脱等：《辽史》卷12，《圣宗本纪三》，北京：中华书局，1974年，第131页。

[3] 脱脱等：《辽史》卷17，《圣宗本纪八》，北京：中华书局，1974年，第199页。

[4] 孙进己，冯永谦：《东北历史地理》（下），哈尔滨：黑龙江人民出版社，1989年，第388页。

开元为都,改国号为东夏。① 东夏国设有南京(今延吉市东城子山山城)②、北京(今黑龙江宁安城子后山山城),③ 势力范围不断扩大。东夏国的发展威胁着元朝在两江流域的统治,于是元廷便开始发动对东夏国的战争。据《元史》记载,共有两次。元太宗五年(1233)二月,元太宗"幸铁列都之地。诏诸王议伐万奴,遂命皇子贵由及诸王按赤带将左翼军讨之"④。九月,蒙古军队攻克东夏国南京,最终"擒万奴"⑤。由此,蒙古征服了东夏国。次年(1234),"蒙兵留百余骑于东真,余皆引还"⑥。此后,东夏国成为蒙古的附庸。

二、女真协助中央王朝的战事及女真各部间的战事⑦

女真作为中央王朝管辖下的属民,奉命参与协助中央王朝对周边民族的战事。同时,女真各部间也经常发生战事。

(一)女真协助中央王朝的战事

居住在两江流域的女真隶属于中央王朝在该区域设置的地方管理机构,中央王朝对周边民族征伐时,女真有助战义务,这类战事主要有女真协助辽朝对高丽的战事、蒙古征高丽战事等。辽代女真协助辽在鸭绿江流域征周边民族及高丽的战事,详见下表⑧:

---

① 王慎荣:《蒲鲜万奴国号考辨》,《历史研究》1985 年第 5 期,第 69 页。

② 朴真奭:《关于东夏国首都及其位置的考证》,《延边大学学报》1981 年第 Z1 期,第 136 页。

③ 张绍维、李莲:《东夏年号的研究》,《史学集刊》1983 年第 3 期,第 22 页。

④ 宋濂:《元史》卷二《太宗本纪》,北京:中华书局,1976 年,第 32 页。

⑤ 宋濂:《元史》卷二《太宗本纪》,北京:中华书局,1976 年,第 32 页。

⑥ 郑麟趾等著,孙晓主编:《高丽史》卷 23,世家卷第二十三《高宗二》,重庆:西南师范大学出版社,北京:人民出版社,2014 年,第 725 页。

⑦ 女真各部间的战事材料较少,且发生原因多由中原王朝征讨所致,故将其置于此题内。

⑧ 本表据《辽史·圣宗本纪》《高丽史·显宗世家》等记载综合制作而成。

女真协助辽王朝作战战争表

时间＼朝代	战争内容	地点	史料出处
辽圣宗统和二十二年（1004）	九月，女真遣使献所获乌昭庆妻子。	鸭绿江	《辽史》卷十四《圣宗本纪》
辽圣宗统和二十八年（1010）	女真进良马万匹，乞从征高丽，许之。	鸭绿江	《辽史》卷十五《圣宗本纪》
辽圣宗统和二十九年（1011）	辽详稳张马留献女真人知高丽事者。女真人献计曰："臣三年前为高丽所房，为郎官，故知之。自开京东马行七日，有大砦，广如开京，旁州所贡珍异皆积于此。胜、罗等州之南，亦有二大砦，所积如之。若大军行由前路，取曷苏馆女直北，直渡鸭渌江，并大河而上，至郭州与大路会，高丽可取而有也。"上纳之。	鸭绿江	《辽史》卷十五《圣宗本纪》
辽圣宗开泰二年（1013）	五月，女真引契丹兵将渡鸭绿江，大将军金承渭等击却之。	鸭绿江	《高丽史》卷四《显宗一》
辽圣宗开泰四年（1015）	东京留守善宁、平章涅里衮奏：已总大军及女真诸部兵分道进讨，遂遣使赍密诏军前。	鸭绿江	《辽史》

根据表中统计，女真在鸭绿江流域协助辽朝进行的战事有五次，主要是协助契丹征伐内外的反辽势力。首先，女真协助辽进攻兀惹。乌昭庆（乌昭度）是以兀惹人为主的反辽遗民势力首领①。渤海亡后，兀惹人不愿接受辽的统治，在鸭绿江中上游建立兀惹城，并与定安国等渤海遗民一起从事反辽活动。辽圣宗对兀惹的征伐正处于第一次和第二次辽、高丽战争之间

辽圣宗统和十七年（999）六月，"兀惹乌昭庆来"②向辽请降。辽圣宗

---

① 苗威：《兀惹考辨》，《通化师范学院学报》2016 年第 7 期，第 4 页。

② 脱脱等：《辽史》卷 14《圣宗本纪五》，北京：中华书局，1974 年，第 145 页。

统和二十二年（1004），女真遣使向辽献兀惹"乌昭庆妻子"①，应是灭兀惹后，女真向辽的输诚之举。之后的记载均为女真助辽征伐高丽的战事，"女直进良马万匹"② 是辽第二次征高丽战争期间。第三次辽与高丽的战争中，女真为契丹的向导，"女真引契丹兵将渡鸭绿江"③。此女真，很有可能是"遇北主征伐，各量户下差充兵马"④ 的鸭绿江女真。

金末，蒲鲜万奴建立东夏国，此后对蒙古时叛时附，最终在蒙古太祖十三年（1218）始归附蒙古。嗣后在蒙（元）对金和高丽的战事中东夏国女真将士多参与其中。东夏国参与蒙古在两江流域战事如下表⑤：

大蒙古国时期东夏国在两江流域战争表

时间 / 朝代	战争内容	地点	史料出处
（高丽）高宗五年（1217）	十二月，蒙古元帅哈真及札刺率兵一万与东真万奴所遣完颜子渊兵二万，声言讨丹贼，攻和、猛、顺、德四城，破之，直指江东城。	鸭绿江	《高丽史》卷二十二《高宗一》
（高丽）高宗六年（1218）	蒙古与东真国遣兵来屯镇溟城外，督纳岁贡。	高丽东北部	《高丽史》卷二十二《高宗一》
（高丽）高宗八年（1220）	九月女真"兵六七千来屯婆速路石城旁。"	鸭绿江	《高丽史》卷二十二《高宗一》
（高丽）高宗二十二年（1234）	蒙兵引东真兵攻陷龙津镇。	高丽东北部	《高丽史》卷二十三《高宗二》

---

① 脱脱等：《辽史》卷 14，《圣宗本纪五》，北京：中华书局，1974 年，第 159 页。

② 脱脱等：《辽史》卷 15，《圣宗本纪六》，北京：中华书局，1974 年，第 168 页。

③ 郑麟趾著，孙晓主编：《高丽史》卷 4，世家卷第四《显宗一》，重庆：西南师范大学出版社，北京：人民出版社，2014 年，第 98 页。

④ 叶隆礼撰，李西宁点校：《契丹国志》卷 22《四至邻国地里远近》，济南：齐鲁书社，2005 年，第 164 页。

⑤ 本表根据《元史·太祖本纪》《世祖本纪》《高丽史·高宗世家》《元宗世家》《恭愍王世家》的记载综合制作而成。

续　表

时间／朝代	战争内容	地点	史料出处
（高丽）高宗二十二年（1234）	东真兵陷镇溟城，李裕贞等击蒙兵于海平，败绩，一军尽没。	高丽东北部	《高丽史》卷二十三《高宗二》
（高丽）高宗二十三年（1235）	东女真援兵百骑自耀德、静边趣永兴仓。	高丽东北部	《高丽史》卷二十三《高宗二》
（高丽）高宗三十六年（1248）	东真兵入东州境，遣别抄兵御之。	高丽东北部	《高丽史》卷二十三《高宗二》
（高丽）高宗三十六年（1248）	朴天府率别抄兵与东真战于高城、杆城，皆破之。	高丽东北部	《高丽史》卷二十三《高宗二》
（高丽）高宗三十七年（1249）	东真兵二百骑入境。	高丽东北部	《高丽史》卷二十三《高宗二》
（高丽）高宗三十七年（1249）	东界兵马使报："狄兵入高、和州古城。"	高丽东北部	《高丽史》卷二十三《高宗二》
（高丽）高宗三十九年（1251）	东真兵二千入境。	高丽东北部	《高丽史》卷二十四《高宗三》
（高丽）高宗四十年（1252）	东真三百骑围登州。	高丽东北部	《高丽史》卷二十四《高宗三》
（高丽）高宗四十年（1252）	是月，遣日官埋三石于东西两界要害处，以禳狄兵。	高丽东北部	《高丽史》卷二十四《高宗三》
（高丽）高宗四十年（1252）	北界兵马使报："狄兵三十余人入寇。"	高丽东北部	《高丽史》卷二十四《高宗三》
（高丽）高宗四十一年（1253）	东真兵又多入境。	高丽东北部	《高丽史》卷二十四《高宗三》
（高丽）高宗四十二年（1254）	东真兵百余骑入高、和州。	高丽东北部	《高丽史》卷二十四《高宗三》
（高丽）高宗四十四年（1256）	东真寇东州界。	高丽东北部	《高丽史》卷二十四《高宗三》
（高丽）高宗四十四年（1256）	五月，御史安禧设伏于永丰山谷，挟击东真兵，获兵仗鞍马及所虏男女牛马等物。	高丽东北部	《高丽史》卷二十四《高宗三》

续　表

时间＼朝代	战争内容	地点	史料出处
（高丽）高宗四十四年（1256）	东真兵三千余骑入登州。	高丽东北部	《高丽史》卷二十四《高宗三》
（高丽）高宗四十五年（1257）	东真国以舟师来围高城县之松岛，焚烧战舰。	高丽东北部	《高丽史》卷二十四《高宗三》
（高丽）高宗四十六年（1258）	东真寇金刚城，遣别抄三千人救之。	高丽东北部	《高丽史》卷二十四《高宗三》

　　根据上表统计，共有 21 条记载。多为东夏国参与蒙军在鸭绿江和图们江流域的战事。1227 年前，主要发生在鸭绿江流域，其后则集中在图们江流域，这可能与东夏国的位置变化有关。

　　从表可见，东夏女真参与蒙军的战事可分为两个阶段。第一阶段，从蒙古太祖十三年（1218）至蒙古太宗五年（1233）。这一阶段，东夏刚刚建立，即臣服于蒙军，并和蒙古并肩作战。战争先是发生在鸭绿江流域，但很快就东移至图们江流域。金宣宗贞祐三年（1215），蒲鲜万奴"居辽东，僭称天王，国号大真，改元天泰"①，自立为王。金廷几次三番发动对万奴的征战，但收效甚微。②

　　金宣宗兴定二年（1218），东夏与蒙军曾联合出兵，在高丽境内进行了一次以剿灭盘踞在鸭绿江以南江东城契丹叛部喊舍为目标的战役。《元史》记载："是年，契丹六哥据高丽江东城，命哈真、札剌率师平之。"③ 东夏协助蒙军平定了高丽国内的契丹兵乱后，高丽即向蒙古和东夏每年交纳一定数量的贡物。同时蒙古使者还与东夏国使者一同前往高丽国督催贡物，如《高丽史》所载："蒙古与东真国遣兵来屯镇溟城外，督纳岁贡。"④ 此后，金哀宗天兴三年（1234）至蒙古宪宗八年（1258）这一阶段，东夏国虽然被蒙

① 宋濂：《元史》卷 1《太祖本纪》，北京：中华书局，1976 年，第 19 页。

② 王慎荣：《十三世纪蒙古和东夏的关系》，《史学集刊》1987 年第 4 期，第 25 页。

③ 宋濂：《元史》卷 1《太祖本纪》，北京：中华书局，1976 年，第 20 页。

④ 郑麟趾著，孙晓主编：《高丽史》卷 22，世家卷第 22《高宗一》，重庆：西南师范大学出版社，北京：人民出版社，2014 年，第 687 页。

古征服，但仍在抄掠高丽边境。东夏国余众对高丽的抄掠，一直持续到蒙古宪宗九年（1259），而高丽于该年四月"遣太子倎奉表如蒙古……俾效输忠之职"①。以上所述，都是女真作为中央政府的属民，奉命参与两江流域战事的史实。

此外，还有一些战事的发生和金朝在两江的平叛战争有关，史书记载如下②：

金朝两江流域平叛战事表

时间 朝代	战事内容	地点	史料出处
（高丽）高宗四年（1216）	四月己未，金万奴兵来破大夫营。	鸭绿江	《高丽史》卷二十二《高宗一》
（高丽）高宗四年（1216）	九月，女真黄旗子军自婆速府渡鸭绿江来，屯古义州城。	鸭绿江	《高丽史》卷二十二《高宗一》
（高丽）高宗五年（1217）	女真叛贼黄旗子、贾裕来屯大夫营。	鸭绿江	《高丽史》卷二十二《高宗一》

表中 3 条记载，时间均在东夏国建立之前，即从金宣宗贞祐四年（1216）至金宣宗贞祐五年（1217）。这一时期，战事发生在鸭绿江口一带。蒲鲜万奴在叛金后，首先对金朝在鸭绿江建立的大夫营发动进攻，"金万奴兵来破大夫营"③。同时，辽的残余势力及叛军黄旗子军也在这时进入鸭绿江南岸的义州城。最终金军在高丽的协助下，擒杀黄旗子军的首领，而东夏国则臣服于蒙古。

（二）女真各部间的战事

女真各部间的战事多发生在辽朝。辽朝将两江流域的女真置于不同行政体制下，由于辽朝对女真的控制程度和待遇有差异，因而引起女真各部之间

---

① 郑麟趾著，孙晓主编：《高丽史》卷24，世家卷第24《高宗三》，重庆：西南师范大学出版社，北京：人民出版社，2014 年，第776—777 页。

② 本表根据《高丽史·高宗世家》的记载综合制作而成。

③ 郑麟趾著，孙晓主编：《高丽史》卷22，世家卷第22《高宗一》，重庆：西南师范大学出版社，北京：人民出版社，2014 年，第680 页。

的战事纠纷。① 有关女真各部族间的战事见下表②：

女真各部族间战事表

时间 \ 朝代	战事内容	地点	史料出处
辽天祚帝天庆四年（1114）	如春州。初，女直起兵，以纥石烈部人阿疏不从，遣其部撒改讨之。	图们江	《辽史》卷二十七《天祚皇帝一》
金穆宗三年（1096）	唐括部跋葛勃堇与温都部人跋忒有旧，跋葛以事往，跋忒杀跋葛。使太祖率师伐跋忒，跋忒亡去。追及，杀之星显水。纥石烈部阿疏、毛睹禄阻兵为难，穆宗自将伐阿疏，撒改以偏师攻钝恩城，拔之。	图们江	《金史》卷一《本纪一》
金穆宗三年（1096）	统门、浑蠢水之交乌古论部留可、诈都与苏滨水乌古论敌库德起兵于米里迷石罕城，纳根涅之子钝恩亦亡去。	图们江	《金史》卷一《本纪一》
金康宗二年（1104）	苏滨水民不听命，使斡带等至活罗海川，召诸官僚告谕之。含国部苏滨水居斡豁勃堇不至。斡准部、职德部既至，复亡去。坞塔遇二部于马纪岭，执之而来。遂伐斡豁，克之。斡带进至北琴海，攻拔泓忒城，乃还。	图们江	《金史》卷一《本纪一》

　　根据上表统计，女真各部战事共有 4 条记载，均发生在图们江流域，主要是完颜部发动的对女真部族的统一战争。由于纥石烈部人阿疏"不从"，阻拦完颜部统一，导致金穆宗"遣其部撒改讨之"③。阿疏只得投奔辽朝，由此导致了金穆宗起兵发动统一女真各部的战争。米里迷石罕城的位置，在今珲春县东北西土门子附近的图们江流域。④ 据《中国历史地图集》记载，

---

① 　程妮娜：《辽代女真属国属部研究》，《史学集刊》2004 年第 2 期，第 84 页。

② 　本表根据《辽史·天祚帝本纪》《金史·世纪》的记载综合制作而成。

③ 　脱脱等：《辽史》卷 27《天祚帝本纪七》，北京：中华书局，1974 年，第 328 页。

④ 　王可宾：《女真国俗》，长春：吉林大学出版社，1988 年，第 107 页。

阿疏城、钝恩城、留可城、坞塔城在其附近。而《金史》所载：金康宗二年（1104）"苏滨水民不听命，……含国部苏滨水居斡豁勃堇不至。……遂伐斡豁，克之"[1] 的战事，应是发生在图们江附近的绥芬河。可见，完颜部征服了图们江流域的女真各部，奠定了女真内部统一的基础。

三、中央王朝对女真的政策以及女真的应对措施

辽金元时期封贡体制下的两江流域，中央王朝为维护两江流域地区的安全与稳定，将女真纳入封贡体制，至此，女真直接或间接地隶属于中央王朝的封贡体制下。

（一）中央王朝对女真的政策

辽金元三朝对女真的政策，主要基于以下两个方面的考量：一是维持两江流域的稳定，将女真纳入管理体系之中；二是为了统治利益，有时不惜牺牲两江流域女真族的利益为代价。

第一，辽金元三朝都希冀在封贡体制下，寻求建立适合自身统治的两江流域治理模式，并将女真诸部纳入管理体系中。辽代统治者在两江流域通过征伐女真和对高丽的三次战争等重大战事，在两江流域逐渐采取军路和女真大王府的治理模式，对该区域女真进行直接与间接的管控，将女真诸部纳入自身的管理模式之中。金代则是直接设置行政机构，即在两江流域分别设置路府，路府之下设置猛安谋克两级行政机构，对两江流域实行直接管理模式。元代则是在沿用金代管理模式的基础上，建万户府与千户所，对女真人实施直接管控。上述统治模式，使得辽金元三朝较好地维护了两江流域地区的安全与稳定。

第二，封贡体制下辽金元三朝为了自身利益，常以牺牲女真利益为代价。辽在与高丽的战争后，竟然以鸭绿江以东原属女真的"千里之地"赐给高丽示好，高丽据有此地后，对女真诸部展开驱逐行动，致使他们被迫迁徙，失去世代生息的故土。金朝虽是以女真为主建立的王朝，但只要统治者

---

① 脱脱等：《金史》卷1《世纪》，北京：中华书局，1975年，第16页。

有需要，两江流域女真人的利益仍可被牺牲。《高丽史》载，金太宗天会二年（1124），图们江地区曷懒路女真统领完颜忽剌古等向金太宗奏报，高丽边将肆意阻止当地女真人捕海东青，对此，金太宗为避免与高丽边军发生正面冲突，竟息事宁人，下诏说："以小故起战争，甚非所宜。今后非奉命，毋辄往。"① 金朝统治者的容忍态度，致使金在两江流域的女真边民经常受到高丽骚扰与威胁，严重干扰了女真边民的生产生活。元代，元朝在擒杀蒲鲜万奴后，东夏国女真人被迫屈服于蒙古。此后，在蒙古对高丽的战争中，元朝胁迫女真人助战，女真成为蒙古和高丽战争的牺牲品。不仅如此，元朝为了维持与高丽的封贡关系，曾下令"禁女直侵轶高丽国民"②，严重侵害了女真的利益。这种宁愿牺牲女真利益，而对属国高丽采取宽容的态度，是中央王朝对两江流域女真政策的真实写照。

（二）女真对中央王朝的应对措施

生活在两江流域的女真各部为了生存，不得不采取应对措施，以求自身发展。

女真为应对两江流域的复杂战事，采取如下应对措施：

第一，女真以劫掠中央王朝与高丽边境州城为生存手段。在渤海国灭亡之时，分布在两江流域的女真诸部就利用辽放松对其管控之机，联合定安国等渤海遗民势力对辽的边界州城进行大规模抄掠，以获得大批的人口和物资。辽与高丽战争结束后，女真诸部被迫纳入辽的封贡体系之中，其居地被辽割与高丽，女真失去了鸭绿江中下游的家园后移居图们江流域地区，开始以此为根据地。他们在完颜部的领导下，逐渐形成了统一的军事大联盟，③据《金史》所载："自白山、耶悔、统门、耶懒、土骨论之属，以至五国之长，皆听命。"④ 统一的女真诸部对高丽的东部沿海地区进行了大规模的抄掠，同时在陆地上向鸭绿江流域的高丽州城进行抄掠，参见前文，不再

---

① 脱脱等：《金史》卷 3《太宗本纪》，北京：中华书局，1974 年，第 50—51 页。

② 宋濂：《元史》卷 5《世祖纪二》，北京：中华书局，1976 年，第 85 页。

③ 董万仑：《辽代长白山女真"三十姓"部落联盟研究》，《北方文物》1999 年第 2 期，第 51 页。

④ 脱脱等：《金史》卷 1《世纪》，北京：中华书局，1974 年，第 4 页。

赘述。

金末，女真为维护自身生存和发展，迁徙至图们江地区，建立东夏国，"国号大真，改元天泰"①。女真在图们江流域地区多次抄掠高丽的边境州城，给高丽造成很大威胁。蒙古太祖十三年（1218），东夏女真与蒙古曾联合出兵，对在高丽境内鸭绿江以南江东城的契丹叛部喊舍进行军事打击，提高了东夏国地位，成为图们江地区的女真政权。元代，东夏国被蒙古征服后，东夏国女真人通过随蒙军征高丽取得了信任，此后女真官兵不断抄掠高丽边境州城。② 至元末，女真趁元朝统治衰微之际，重新活跃在两江流域地区，并不断寇抄高丽的北部边界州城。

第二，女真通过迁徙寻求生存空间。如前文所述，辽朝在迁徙东丹国后，原渤海国控制的两江流域出现真空状态。一些渤海遗民进入鸭绿江流域地区，于此建立反辽政权定安国。女真迁徙至鸭绿江流域地区后，获得新的生存空间，从而使得女真初步在两江流域获得发展。辽与高丽在鸭绿江的边界形成后，女真的居地被辽朝割与高丽，女真遭到高丽的驱逐，被迫从鸭绿江中下游南北两岸向鸭绿江上游及图们江流域地区迁徙，此后女真诸部活跃在图们江流域及曷懒甸地区，此地成为女真的居住地。此后女真诸部向南扩展生存空间，在与高丽曷懒甸之战取得胜利后，图们江流域成为女真诸部发展的基础。

金代，女真成为统治民族，遍布于两江流域地区。但在金末，随着蒲鲜万奴在图们江流域建立东夏国，在辽东地区的女真人大量迁徙东夏国，使得图们江流域自辽末以来再次成为女真人集聚地区，并在蒙古和高丽之间寻求发展空间。

（三）女真在两江流域的曲折发展

在中央王朝的封贡体制之下，居住两江流域的女真诸部受中央王朝发动战争的影响，其生存发展呈现如下三种状态：一、在战事中不断离散；二、

---

① 宋濂：《元史》卷1《太祖本纪》，北京：中华书局，1976年，第19页。
② 魏志江：《试论蒙古、东夏与高丽的关系》，北京大学韩国学研究中心编：《韩国学论文集》第8辑，北京：民族出版社，2000年，第60页。

在两江流域内迁徙并逐步重聚；三、在朝贡体系下保持独立的地位。

第一，女真在战事中离散。辽初女真在迁徙两江流域后，开始集聚在鸭绿江口一带。由于此时辽朝的注意力集中在北宋，高丽的注意力则在于灭后百济和完成统一，无暇顾及边疆地区建设，于是女真便对辽和高丽的边界州城进行多次大范围、大规模的抄掠，其生存空间不断扩大。辽圣宗即位后，为稳定后方，开始进入鸭绿江流域征讨女真。辽圣宗统和二年（984）二月，辽命宣徽使萧蒲宁征女真，据《辽史》载："奏讨女直捷，遣使执手奖谕。"同年四月，辽又派宣徽使、同平章事耶律普宁、都监萧勤德征女真，"献征女直捷"①。辽圣宗统和六年（988），辽朝命东路林牙萧勤德及统军石老率军征女真，《辽史》载："以击败女直兵，献俘。"② 辽与高丽战争结束后，辽朝仍派军队进入女真各部驻地"俘获人马牛豕不可胜计，得降户二百七十"③。开泰年间（1012—1021），辽圣宗派军队进入图们江地区，"掠数百户"④ 以归。在辽连续不断的打击下，女真在鸭绿江流域损失惨重，无力在鸭绿江北岸再对辽进行抄掠。

同时，在辽和高丽边界形成后，女真在鸭绿江南岸的土地被辽割与高丽，女真失去了在鸭绿江口活动的空间，而高丽北进至鸭绿江地区后，也针对女真发动战争，开始驱逐女真，并在辽末发动入侵曷懒甸的战争。在此背景下，女真诸部被迫离散，一部分女真留在原住地，被迫纳入辽的属国属部体系；⑤ 一部分女真投靠高丽，为高丽守备边城；另一部分女真则选择向东，即鸭绿江中上游及图们江流域迁徙。辽末，女真开始集中于图们江地区，形成军事联盟，并取得了曷懒甸之战的胜利，初步摆脱了高丽的控制。

至金末，两江流域陷入战乱。蒲鲜万奴起兵反金，并在图们江流域建立东夏国，女真各部再次集聚图们江流域。之后，蒙古在进攻高丽受阻后，发动了针对东夏国的战争，蒙古太宗五年（1233）九月，"擒万奴"⑥ 后，东

---

① 脱脱等：《辽史》卷 10《圣宗本纪一》，北京：中华书局，1974 年，第 113 页。

② 脱脱等：《辽史》卷 12《圣宗本纪三》，北京：中华书局，1974 年，第 131 页。

③ 脱脱等：《辽史》卷 17《圣宗本纪八》，北京：中华书局，1974 年，第 199 页。

④ 脱脱等：《辽史》卷 88《大康乂传》，北京：中华书局，1974 年，第 1347 页。

⑤ 程妮娜：《辽代女真属国属部研究》，《史学集刊》2004 年第 2 期，第 84 页。

⑥ 宋濂：《元史》卷 2，《太宗本纪》，北京：中华书局，1976 年，第 32 页。

夏国的女真人成为蒙古的属民，并被胁迫参加蒙古对高丽的战争，致使多数女真人成为蒙古与高丽战争的牺牲品。可见，女真在两江流域受王朝战事的影响，被迫臣服于大国，虽有金代女真民族发展的高峰出现，但曲折离散仍是女真各部的主要状态。

第二，女真在迁徙中重聚。在辽代，鸭绿江口地区的女真各部遭到辽的不断征伐，其中一部分向鸭绿江中上游及图们江流域迁徙，这些迁徙而来的女真人通过重新凝聚获得生存发展空间。辽与高丽战争结束后，契丹军队"入女直界徇地"①，女真对高丽进行抄掠，其范围遍布北部和东部沿海州城，可见女真应是分散在鸭绿江中上游和图们江流域的广阔地区。

此后，随着高丽设置北界和东界，并不断实施北进，开始对这两个地区的女真人实施驱逐。女真各部最终迁徙并定居在图们江流域地区，并将抄掠高丽的范围逐步缩小至图们江及以南的曷懒甸地区，由此爆发了曷懒甸之战，② 女真的胜利使其保住了在图们江流域的生存空间。因此，图们江流域地区成为女真的核心发展之地，女真开始在此地重新集聚，不断发展壮大。

金朝建立后，女真在两江流域发展至顶峰并成为该地区的统治者，建立了完善的管理体系。但是，随着金朝的发展，图们江流域的女真人被迁往中原地区定居。在金末，金朝统治岌岌可危，受蒲鲜万奴的影响，女真人从其他地区重新集中于图们江流域，建立了以女真族为主体的东夏国。此后虽然为蒙古所败，但是仍旧留居在图们江流域，并通过对蒙古的助战取得了生存地位，在该地区得以重聚。

第三，女真生存于两强的夹缝中，处于两属地位。一方面，辽在征服两江流域女真后，设置大王府等机构，将其纳入封贡体系之中，对女真予以羁縻、半羁縻统治。女真成为辽的属国属部，对其履行臣属义务。金元两朝对两江流域女真实施直接统治，专门设置行政机构予以管理。

另一方面，两江流域的女真受到中央政府的打击，在孤立无援时会寻求高丽的保护，因此常处于两属的状态。如女真接受高丽授予的大相、大匡、

---

① 脱脱等:《辽史》卷 17《圣宗本纪八》，北京：中华书局，1974 年，第 199 页。

② 蒋秀松:《女真与高丽间的"曷懒甸之战"》,《民族研究》1994 年第 1 期，第 87 页。

元甫、正甫等官职,① 以取得高丽的信任,并向其朝贡。据统计,在辽代,女真向高丽朝贡达 350 余次。② 应当指出的是,女真向高丽朝贡多为经济利益驱使,与政治属性无太大关系。两江流域的女真各部处于弱势地位,为了生存必然追求自身利益最大化。所以,女真被高丽辱骂为"人面兽心,饥来饱去,见利忘耻"③。为了自身发展,女真各部对高丽"今虽服事,向背无常"④。上述史料所述是处在中央王朝和高丽夹缝中的女真各部曲折发展的真实写照。

---

① 卢启铉:《高丽外交史》,延吉:延边大学出版社,2002 年,第 154 页。

② 赵永春:《辽代女真与高丽朝贡关系考论》,《东北史地》2010 年第 2 期,第 48 页。

③ 郑麟趾著、孙晓主编:《高丽史》卷 2,世家卷第二《太祖二》,重庆:西南师范大学出版社,北京:人民出版社,2014 年,第 34 页。

④ 郑麟趾著、孙晓主编:《高丽史》卷 2,世家卷第二《太祖二》,重庆:西南师范大学出版社,北京:人民出版社,2014 年,第 34 页。

第三章
明前期两江流域女真与中原王朝之间的战事

一、明朝对女真的征与抚

明廷对聚居鸭绿江、图们江流域的女真人，实施剿抚并用的政策。招抚即羁縻统治。主要通过授予各部首领为都督、指挥使、指挥佥事、千户等，颁给印信、号纸等，并赏赐蟒袍、锦缎、布匹等物，或令各部落执票进边贸易朝贡等，招抚各部，听命明廷，进贡修职，绥服部属，勿欺凌掳掠，挑起边衅。就明廷对女真人施以羁縻统治，迄今为止，此类成果较多。① 但羁縻统治的客观效果，需今后学界同仁给予更多关注。

（一）明朝发兵讨伐入边掳掠辽东的女真各部

早在洪武年间，明军进攻元军纳哈出所部时，曾用兵鸭绿江流域，即东

---

① 如栾凡在《明朝的羁縻政策与文化边缘地区的文化嬗变——透视明代女真文化》（《社会科学战线》2002 年第 3 期，第 149—152 页）一文中，就明廷对东北地区女真各部施以羁縻统治对女真社会经济与文化发展的积极意义，进行了梳理，并给予了充分肯定。栾凡的另一篇论文《以羁縻论明末辽东之存亡》（《社会科学战线》2011 年第 6 期，第 102—107 页）中，已注意到国力衰落之明廷在东北地区继续实行羁縻统治政策弊端日益暴露，对女真部族而言，该政策助长了建州女真部族的崛起，直接影响了明末辽东的存亡，并影响了明末时局。

宁一带。① 继此之后，宣德八年（1433），居住在斡木河处的建州女真猛哥帖木儿部，遭受了杨木答兀与兀狄哈女真人的突袭，是为"杨木答兀事件"，亦称"斡木河之乱"。但此事变的发生原因，以及杨木答兀主要攻击对象，均是明廷派遣前来童猛哥帖木儿处接取原被杨木答兀等掳去之人的钦差都指挥裴俊等一行官兵。

杨木答兀事件中，兀狄哈最初的攻击目标，是前来公干的明朝官员，建州女真猛哥帖木儿等，是为营救明朝官员辽东都指挥裴俊等，而与兀狄哈及杨木答兀发生战事冲突的，换言之，猛哥帖木儿是代明受祸。事件发生后，明朝并未发兵前来征讨。故上述所论战事，俱非明朝为应对两江流域女真人的战争威胁，而实施的大举出兵讨伐。

明朝在两江流域与女真人之间的战事，属于明为讨伐入边掳掠辽东之女真各部的而大举兴兵的战事不多，主要有：

1. 成化之役

成化之役，包括成化年间明朝出兵讨伐建州女真的两场大规模战事，即"成化三年之役"和成化十五年（1479）"犁庭之役"。

明军两次兴兵讨伐，战事过程，上文已有论述，无需赘言。仅就战事的发生原因、战果及影响等三个方面进行考察。

首先，从战事的原因来看，明朝这两次大规模兴兵，讨伐建州女真人，都与建州女真人寇边有关。

成化三年之役前，因朝贡纷争，建州女真与海西女真等已渐扰辽东边地军民。为此，成化二年（1466）十月，左都御史李秉疏言：

> 建州、毛怜、海西等诸部落野人女直来朝贡，边臣以礼部定拟名数，验其方物，貂皮纯黑、马肥大者，始令入贡，否则拒之。且貂产于黑龙江迤北，非建州、毛怜所有。臣闻中国之待夷狄，来则嘉其慕义，而接之以礼，不计其物之厚薄也。若必责其厚薄，则虏性易离，而或以

① 详见毕恭等修订，任洛等重修：《辽东志》，卷5《官师志·名宦·国朝》，第428页。另，和田清在《明初之满洲经略》一文中（《东亚史研究》满洲篇，东京：东洋文库，1955年，第260—478页），对明廷对包括两江流域在内的中国东北地区的经略情况，进行了考察。

启衅，非圣朝怀远人、厚往薄来之意。今年海西、建州等夷人，结构三卫，屡扰边疆，进贡使臣，一介不至，凡以此也。今边报日间，若不更定其制，恐边患日甚一日，所系非轻。礼部因请，敕诫辽东守臣，自后夷人入贡，验数放入，不得过为拣择，以起边衅。①

此后，兵部议如秉言，在意识到女真人因不满朝贡验放之苛刻，而渐扰边疆后，已敕诫辽东守臣，放宽贡品验放的限制。此后，"董山来朝，语不逊，纠毛怜、海西夷，频盗边。三年，命武靖伯赵辅充靖虏将军，左都御史秉督师，率汉番京边官军五万，往征之"②。由此观之，贡品验放过苛，导致建州女真董山等不满，这是成化三年之役发生的直接原因。

成化十五年之役，明朝出兵前，"汪直惑通事王英，言锐请行，冀邀功赏"③。简言之，战前主事太监汪直，被通事王英所惑，冀邀功赏，遂前往辽东，勘察辽东女真入掠事。明廷遣官至辽东查案时，官员等又陷入倾轧内斗中，因此引发明廷派兵征讨女真战事。

> 诏以兵部侍郎马文升经略，直亦继往按事，文升疾趋沈阳，召各酋长抚慰，赈以牛布，已谍知海西夷反侧，密檄总兵欧信等设伏邀击，大破之，海西亦听抚。比直至，众已各解散，直心害文升功，而文升遇直，倨钺复搆以媚直，遂奏建州女直诸夷，以文升曩在镇，禁易农器，故屡入寇。上遣直及刑部尚书林聪即讯，文升言，所禁铁器非农器。不听。明年，下文升狱，谪戍重庆。是时，东宁人刘八当哈，以天顺间盗马，奔建州。至是，与张驴儿，冒虏酋阿卜等名朝贡，枭首恶辽东塞，而陈钺希直意，奏建州女直伏当加声寇辽，请捣穴。遂命抚宁侯朱永佩靖虏将军印，充总兵官，讨建州夷。④

---

① 《明宪宗实录》卷35，成化二年十月甲寅条，台北："中央研究院"历史语言所，1962年，第698页。

② 茗上愚公撰：《东夷考略》女直，载徐丽华主编：《中国少数民族古籍集成·汉文版》（第29册），成都：四川民族出版社，2002年，第377页。

③ 茗上愚公撰：《东夷考略》女直，载徐丽华主编：《中国少数民族古籍集成·汉文版》（第29册），成都：四川民族出版社，2002年，第377页。

④ 茗上愚公撰：《东夷考略》女直，载徐丽华主编：《中国少数民族古籍集成·汉文版》（第29册），成都：四川民族出版社，2002年，第377页。

上述引文揭示：明廷前后派出兵部侍郎马文升、太监汪直赶赴辽东，勘审各部女真人入寇一事。在汪直到达前，先期抵达辽东的马文升，已对女真各酋长做好抚慰，并挫败了海西女真的反叛，女真反叛问题已基本得到妥善解决。但在汪直到达后，却参劾马文升此前在镇辽东时，因禁农器交易，以故建州女真屡入寇，致马文升被罢职谪戍。此后，汪直借处置刘八当哈冒名朝贡一事，奏准发兵讨伐建州女真。

上述两次成化之役发生原因的分析过程表明，两次战事的发生，尽管和建州女真人对辽东入掠有关，但这并非战事发生的主要原因。实际上，建州女真的战前表现如何，并非影响战事发生的决定性因素，明朝决策者如何看待辽东女真人的问题，这才是两次战事发生的决定性因素。

其次，从战役结果上看，两次用兵对建州女真而言，几乎是灭顶之灾。成化三年之役，时任明军统帅赵辅，于战后作赋序夸功曰："今王师一举直捣其中，长驱席卷，所向无敌，诚我皇上德动天地、威播华夷，神谟妙算之所致也，其万万载太平无疆之休，又肇于此矣。"① 在其看来，经此一役，建州女真对明朝的军事威胁完全解除，辽东地区将迎来万世无疆的太平。此论不足凭信，多为溢美之词。

成化十五年"犁庭之役"的战功，明朝与李朝官员纷纷盛赞，甚至得到后世人等的肯定。如嘉靖二十二年（1543），李朝冬至使崔辅汉曰："宪宗皇帝震怒，命将捣巢，诛灭既尽，延今五六十年，东土晏安。"② 实际上，两次用兵，明廷确有斩获，建州女真也由此一度降服。但战争的影响如何方是关键。

第三，从影响上看，两次战事，确有成效，但贻害又颇为不浅。经两次用兵，尤其是成化十五年犁庭之役后，数十年间，建州女真人对明朝辽东地区的大规模战争威胁基本解除。但两次用兵，虽缓解了建州女真对明朝辽东的战争威胁，却加剧了建州女真人对明朝的民族仇恨，加深了建州女真人与明朝的彼此的隔阂与不信任。此后，建州女真先是对辽东军民进行零星小规

---

① 李辅等修：《全辽志》卷6《艺文志下·外志·赋》，第679页。
② 《李朝中宗实录》卷100，中宗三十八年正月丁未条，东京：学习院东洋文化研究所，1961年，第487页。

模地掳掠，迨力量壮大后，势必掀起大规模的掳掠。如成化三年之役，"明军去后，女真又起，仍为边患"①。明人所著《咸宾录》亦评道："酋董山，遂纠众入寇。我遣赵辅、王英等讨之。山降，送京师诛之，稍平。未几，诸夷欲报山仇，入寇。"② 成化十五年明军入征之时，邀功滥杀现象甚多。据李朝官员报告："诸路人、唐人，被掳于野人者，闻天兵至，争来迎，官军辄杀之，以邀功赏。"③ 元气复苏后的建州女真人，又屡屡入掠辽东，此后的两江流域，逐渐成为建州女真人入寇辽东，抢掳人口财物的入归之地。

2. 追征王杲

王杲，别称"阿古""阿突罕"，系建州右卫凡察之后裔，努尔哈赤之外祖父，官至建州右卫都指挥使者。其入掠辽东，袭杀辽东边将之事，主要发生在嘉靖末年至万历初年。该时段内，建州右卫王杲所部与明辽东官兵的战事与冲突，发生于鸭绿江流域今中国一侧者，主要集中于嘉靖四十一年（1562）以后。

嘉靖四十一年五月，时任辽东副总兵黑春，在闻报王杲导女真各部分别入寇后，亲自带兵截击，双方于核桃山等处发生激战。此战经过如下：

> 辽东边外熟夷王杲等，导虏分众入寇，一自东州堡入，一自抚顺核桃山入，副总兵黑春，帅游击徐维忠等御之，春身自搏战，杀数十人，诸将从之，虏众大败，弃其辎重铠甲而遁。于是，备御刘普亦败虏于核桃山，共斩首一百四十九级，夺马五十匹，所获夷器无算。督视军情侍郎葛缙、总督杨选、巡抚吉澄、总兵吴英以捷闻。部复，辽东饥疲之后，有此克捷，乃近年所未见者，有功诸臣论赏宜重。上然之。④

明军在辽东副总兵黑春的率领下，取得了核桃山大捷。但此战并未阻止住王杲的继续入掠。同年五月，王杲复入辽东，攻凤凰城不克，转掠阳站

---

① 汪宇平编著：《东北边防形势论》，北京：中外时事研究出版社，1946年，第30页。

② 罗日褧撰：《咸宾录》，《东夷志》卷2《女直》，北京：中华书局，1983年，第47页。

③ 《李朝成宗实录》卷113，成宗十一年正月乙酉条，东京：学习院东洋文化研究所，1961年，第414页。

④ 《明世宗实录》卷590，嘉靖四十一年五月庚寅条，台北："中央研究院"历史语言研究所，1962年，第8381页。

堡，是战，"诱杀副总兵黑春，深入辽阳"①。黑春被诱杀的过程，大略是："副总兵黑春，引兵逆战，虏佯败走，春乘胜追击，陷伏中，虏知其骁将，围之数重，春与把总田耕等，力战二日夜死。"②隆庆五年（1571）冬，明军大破建州女真汪住等，"馘斩近六百，而杲益纵掠"③。

万历初年，辽东官军加大了对王杲的追剿力度，双方冲突更剧。万历二年（1574），辽东总兵李成梁征剿王杲所部。十一月，李成梁率六万大军进驻抚顺。十一月初十日，明军直捣古勒寨（今辽宁新宾县上夹乡古楼村西北）。是役，蓟辽总督杨兆奏："总兵李成梁攻剿建州卫酋首王杲，斩获甚众，即王杲死生未的，然兵出不过八日之间，功成迨逾十捷之外，王台部落，以唇亡而丧胆，环辽诸酋，以观衅而寝谋，请叙录文武官员。"④此战建州女真王杲所部折损惨重，"总兵李成梁身督师出捣，斩级千一百有四，来献捷"⑤。万历三年（1575），王杲走匿王台寨，后在明朝的宣谕下，王杲被擒，旋磔于北京。

通过上述考察可知：自嘉靖末年至万历初年，明辽东驻军多次与建州右卫王杲所部发生激战，双方互有胜负，战场也波及鸭绿江流域。最终，在辽东总兵李成梁的大兵直捣下，王杲所部遭到重创，千余人被斩杀。明朝对王杲的追剿，以万历三年王杲被擒杀而宣告结束。

明廷在应对王杲所部的入掠时，以重兵讨伐来应对，战果丰硕。但仍无法根本解除建州女真人对明朝辽东地区的军事威胁。王杲被擒杀后，万历七年（1579），建州夷酋长王兀堂又渐迫边墙。至万历八年（1580），"连犯叆阳、永奠诸堡，我师追奔，出塞二百余里，至鸭儿匮，得级七百五十四，兀

① 茗上愚公撰：《东夷考略》女直，载徐丽华主编：《中国少数民族古籍集成·汉文版》（第29册），成都：四川民族出版社，2002年，第377页。

② 《明世宗实录》卷590，嘉靖四十一年五月壬子条，台北："中央研究院"历史语言研究所，1962年，第8392页。

③ 茗上愚公撰：《东夷考略》女直，载徐丽华主编：《中国少数民族古籍集成·汉文版》（第29册），成都：四川民族出版社，2002年，第377页。

④ 《明神宗实录》卷31，万历二年十一月丙子条，台北："中央研究院"历史语言研究所，1962年，第737页。

⑤ 茗上愚公撰：《东夷考略》女直，载徐丽华主编：《中国少数民族古籍集成·汉文版》（第29册），成都：四川民族出版社，2002年，第377页。

堂为气夺"①。李成梁追击之地鸭儿匮,亦在鸭绿江流域之内,位于佟佳江支流大、小鸦儿河防之附近。王兀堂败后,王杲之子阿台等率众继续寇抄明边。

(二) 鸭绿江流域明军抵抗与追击女真各部

受地缘政治和人口迁徙等因素的影响,明代中前期,两江流域女真人与明朝辽东军民之间发生的战事与冲突,主要集中在鸭绿江中下游。明朝辽东驻军在面对两江流域女真兵马前来杀掳时,除向明廷奏准后大举发兵征讨外,遭受杀掠的地方驻军视战场形势作相应抵抗、追剿,则是最为常见的应对方式。

1. 明军在抵抗与追剿中取得的胜利

发生在鸭绿江西岸的若干起女真人前来劫掠的战事与冲突中,明军确实取得了一些胜利。如正统十四年(1449),建州女真李满住纠集万余人,围攻抚顺城,抚顺城军民在守将鲁全的率领下,力保抚顺城未被攻陷。鲁全防守抚顺城一战,经过大抵如下:

> 建州贼李满住,纠众万余,攻围抚顺城,四面蚁集,穴城欲登。全督军拒之,令男妇运薪城上,贼近城,辄焚薪投之,贼不敢前。次日复攻,又令壮士剜斜窟,以铳击之,矢石俱下,贼引去。②

正德十三年(1518)正月,"都御史张贯、总兵韩玺、游击将军林睿,攻讨建州群房于汤站堡,斩首四十一级,夺被房男妇九百九十人"③。嘉靖二十二年(1543)十月,巡抚辽东都御史孙襘奏:"建州酋首赵那磕等,于八月中,分道入寇石指挥山城及汤站堡。总兵赵国忠、副总兵九聚、守备韩承庆等,帅师御之,斩首一百七十余级,夺获夷器,称是房大创去。"④

---

① 苕上愚公撰:《东夷考略》女直,载徐丽华主编:《中国少数民族古籍集成·汉文版》(第29册),成都:四川民族出版社,2002年,第377页。

② 毕恭等修,任洛等重修:《辽东志》,卷5《官师志·名宦·国朝》,第429页。

③ 《明武宗实录》卷158,正德十三年正月癸卯条,台北:"中央研究院"历史语言研究所,1962年,第3302页。

④ 《明世宗实录》卷279,嘉靖二十二年十月乙亥条,台北:"中央研究院"历史语言研究所,1962年,第5433页。

2. 明军抵抗与追剿中遭遇的失利

明军在战事与冲突中，进行的抵抗与追击，成效并不太理想。如正德二年（1507）二月，"虏之入威远堡也，辽东设伏，指挥王忠督左右哨指挥王铎、王钦领军追袭，至亮子河遇伏，我军死者一百四十余人，伤者一百二十余人，忠、铎、钦俱被创，铎子茂殁焉"①。正德十一年（1516）八月，建州人大举突入叆阳堡等处，当地军民折损惨重。就此，据李朝平安道观察使安润德于是年八月戊寅状启曰："汤站千户李能等来言，建州卫鞑子等分兵入寇，杀虏新安堡军民三十余名、叆阳堡军民百余名，叆阳堡大人及辽东防御大人战死。"② 是次女真入边劫掠，给明军造成的损失，另据朝鲜圣节使尹熙平状启云：

> 八月十八日，建州卫野人千余，突入叆阳堡城外，掳掠人物。助防康继宗，指挥赵昂、赵铎，旗牌曾玉等战殁，指挥王宣中箭而走，执继宗而去，战败军士不知其数。③

嘉靖四十一年（1562）五月，辽阳副总兵黑春追剿建州女真王杲战殁。据《明世宗实录》载："虏复寇辽东，攻凤凰城不克，转掠阳站堡，副总兵黑春引兵逆战，虏佯败走，春乘胜追击，陷伏中，虏知其骁将，围之数重，春与把总田耕等，力战二日夜死。"

以上所述发生在鸭绿江流域的战事中，辽东明军在面对女真人前来杀掠时，或予以抵抗，或进行追击，结果互有胜败。

明代中前期，发生在两江流域女真人与辽东明军间的战事和冲突还有很多，除上述个案考察辽东明军的抵抗和追剿情况外，更应从宏观上整体审视这些战事与冲突中明军的抵抗和追剿的实效。实际上，能够长时段止战息争，才是评判明军抵抗和追击实效的最重要标准。但终明之世，辽东明军在

---

① 《明武宗实录》，卷23，正德二年二月丙申条，台北："中央研究院"历史语言研究所，1962年，第646页。

② 《李朝中宗实录》卷26，中宗十一年八月戊寅条，东京：学习院东洋文化研究所，1961年，第74页。

③ 《李朝中宗实录》卷26，中宗十一年九月乙酉条，东京：学习院东洋文化研究所，1961年，第75页。

应对与两江流域女真人的战事和冲突时，一直未能通过抵抗和追剿手段，实现长时段止战息争。

女真人小规模突入掳掠不断，即便明军在追击中大有斩获，仍未能阻止住女真人的接连犯境。尤其是自嘉靖至万历年间，辽阳以东，直至鸭绿江边，该区域内此类战事与冲突尤为频繁，甚至出现了冲突连绵的局面。如万历八年（1580）四月，建州女真赵锁罗骨、王兀堂等，"纠众千余，从永奠堡入犯，总兵官李成梁督兵追击之，斩级七百五十有奇，擒获一百六十名口，且歼其酋首八人，夷其坚巢数处，所获马匹夷器甚多"①。同年十一月，"夷酋王兀堂等复纠众从宽奠堡入犯"②，尽管此战明军再次获胜，副总兵姚大都督兵追击后，斩首房六十七级，生擒十一名，但此后建州女真人犯边益频。

（三）辽东边墙与城堡的修筑及其防护力

明朝初年，明廷在鸭绿江流域的军事力量薄弱，置堡修城，加筑边墙③等，各类防御女真人来袭的措施多未举。宣德年间，辽东重镇辽阳、开原等地，尚未修筑边墙。对此，弘治六年（1493）二月，辽东巡按御史李善在《奏复辽东边事疏》中言："切见辽东边事疲敝，臣至辽阳、开原，询及故老，皆曰宣德年间，本镇初无边墙，时唯严瞭望、远烽堠。"④

成化年间，辽东鸭绿江流域各处，遂有筹划设堡防守之事。其中明为防御女真人修筑的边墙与城堡是两项重要防御措施。

1. 成化年间辽东边墙与城堡的修筑

成化年间，建州女真突入辽东，掳掠人口财物尤频。据《武靖侯赵辅征讨建州诸夷纪略》载："自后桀骜为边衅，边将弗能制，一岁间入寇者九十

---

① 《明神宗实录》卷98，万历八年四月甲申条，台北："中央研究院"历史语言研究所，1962年，第1964页。

② 《明神宗实录》卷106，万历八年十一月丙子条，台北："中央研究院"历史语言研究所，1962年，第2051页。

③ 辽东边墙的修筑，学界多有关注，如日本学者河内良弘在《明代女真史研究》一书（辽宁民族出版社，2015年，第335—336页）中第九章第二节，专就明朝修筑辽东边墙问题进行了考察。

④ 李辅等修：《全辽志》卷5《艺文志上·经略》，第656页。

七，杀掳人口十万余，宪皇震怒，乃兴师问罪。"① 李朝官员也言："成化年间，大肆猖獗，一岁间入寇九十七次，杀掳人口十余万。"② 为此，明朝在成化三年之役后，为防备建州女真再次掳掠辽东边民，于成化四年（1468）议准，"筑抚顺、清河、叆阳诸堡"③。实际上，是次修筑叆阳诸堡，是经辽东副总兵韩斌奏准后实施的。此事《韩斌辽东防守规画》内载：

> 越戊子，斌任副总兵，献防守规画，为堡守之。自抚顺而南四十里，设东州堡；东州之南三十里，设马根单堡；马根之南九十里，设清河堡；清河之南七十里，设碱场堡；碱场之南一百二十里，设叆阳堡。烽堠相望，远近应援，拓地千里焉。④

"戊子"，即成化四年。是年，韩斌因战功升任辽东副总兵，经其奏准，沿抚顺关，由西向东至鸭绿江边，此间千里添堡驻兵，以防御建州女真。

依托叆阳诸堡的添筑，各堡之间，又分设烽堠，借此远近应援，辽东边墙"东墙"⑤ 相应修筑。成化二十年（1484）六月，李朝兵曹判书李克增云："中朝自辽东，直抵山海关，皆筑长墙，以御野人。"⑥ 弘治元年（1488）五月，李朝武灵君柳子光云："今中国既设叆阳铺，屯之重兵，又起自辽城，延亘至广宁，筑长墙，野人不能入寇辽境久矣。"⑦

---

① 毕恭等修，任洛等重修：《辽东志》，卷7《艺文志·经略·国朝》，第456页。

② 《李朝中宗实录》卷100，中宗三十八年正月丁未条，东京：学习院东洋文化研究所，1961年，第487页。

③ 茗上愚公撰：《东夷考略》女直，载徐丽华主编：《中国少数民族古籍集成·汉文版》（第29册），成都：四川民族出版社，2002年，第377页。

④ 毕恭等修，任洛等重修：《辽东志》，卷7《艺文志·经略·国朝》，第456页。

⑤ 辽东边墙，有"西墙""东墙"之分。自正统七年（1442）起，率先修筑西段边墙。此后，自成化三年（1467）起，又开始修筑东段边墙。至成化十七年（1481），辽东边墙基本完成修筑。

⑥ 《李朝成宗实录》卷167，成宗十五年六月乙亥条，东京：学习院东洋文化研究所，1961年，第183页。

⑦ 《李朝成宗实录》卷216，成宗十九年五月庚寅条，东京：学习院东洋文化研究所，1961年，第638页。

2. 嘉靖年间添设辽东五堡及其实效

嘉靖二十五年（1546），明廷应辽东巡按御史张铎之请，修筑了河东七堡。① 七堡中，散羊峪堡、一堵墙堡、孤山堡、险山堡、江沿台堡五堡在辽东境内，俱位于鸭绿江流域之内。其中，险山堡位列辽东众堡之首。就辽东五堡添设之原因，《增建河东七堡记》记载："凭临冲、控险阨、准道里、切应合，分地置兵，据要制变。"② 明朝对添设辽东五堡的御敌功效，期望甚高。早在五堡议筑之初，辽东官员即期望，通过修筑五堡，"瑷阳东路数百里，二三十年之患，必欲挽危就安，首举尾应，乃先之备御"③。

各堡修竣后，地方官员盛赞："相宜度形，举要扼会，左右适当，声势联络，缓急便宜，战守俱利，无俟墙壁之防，永得控制之策。内有耕牧之利，外无冲突之扰。是故二堡立则开原实矣，五堡立则瑷阳固矣，七堡增则河东自此可无虞矣。"④ 添设五堡后，明军的防御力有所提升。此后，建州女真突入边墙掳掠时，数次被明军击溃。嘉靖四十一年（1562），建州女真突至甜水站等处抢掠，明军闻讯后驰往追击，取得大胜。⑤

3. 险山参将的添设及其发挥的实效

嘉靖四十三年（1564），经都御史王之诰奏请，险山添设参将，下辖十三堡，属下官兵三千零七十四员名。新设之险山参将，与辽阳副总兵划界分守，专力一方，"驻扎险山，分守瑷阳地方，就拨瑷阳守备所辖一十二城堡，与新修媳妇山、宁东堡，俱令统属"⑥。嘉靖四十四年（1565）十二月癸酉，巡按辽东御史李辅复上经略险山三事：

> 东虏入犯南山，止有二路，其十岔口一路，已有参将驻兵，险山西南诸堡可以无虞。惟短错江一路，去险山远，参将兵马卒不相救，宜以江沿一堡，仍改移于康家哨旧江沿台处所，摘拨汤站官军二百名，与本

① 此河东七堡中，彭家堡、李屯堡二堡，隶属于当时的开原境内。
② 李辅等修：《全辽志》卷5《艺文志上·记》，第651—652页。
③ 李辅等修：《全辽志》卷5《艺文志上·记》，第652页。
④ 李辅等修：《全辽志》卷5《艺文志上·记》，第652页。
⑤ 李辅等修：《全辽志》卷4《宦业志·国朝》，第618页。
⑥ 李辅等修：《全辽志》卷5《艺文志上·经略》，第661页。

> 堡军丁，凑足七百员名，添设备御官一员守之，与叆阳守备，为参将东西两翼，共成掎角之势。①

险山参将管下，各处墩台障塞操守官军，合计七千二十六员名，另有边台七十四座，瞭守官军三百七十员名。险山参将管下各堡墩台障塞，大抵位于鸭绿江流域境内。应注意的是，险山参将的添设，备御建州女真人的突入掳掠之用意明显。险山参将既系为备御女真人突入劫掠而设，接下来，将对险山参将添设后境内防务情况进行考察。据《补议经略东方未尽事宜以安边境疏》载，险山参将添设后，辖境内实际御敌情况，大抵如下：

> 照得险山迤东一带，离辽阳镇城仅二百余里，逼近诸胡地方，山涧错互，贼易潜藏，树木交加，兵难哨望。故往年大举入犯，岁有数番，窃寇之侵，月无空日，边民受祸之惨，不可胜道。自巡抚御史张铎东巡，建添设五堡之议，而边民之祸十去二三。昨岁巡抚都御史王之诰东巡，复建添设兵将之议，而边民之害十去六七矣。然一时草创之初，法制容有一二未备者，故烽警暂息，而复传胡骑投间而突入，如今岁春夏之间，拥众深犯者两次，彼皆得志，我兵无功，其窃寇窥伺，则又前后继报矣。②

引文揭示：险山参将添设之前，女真人大举入犯，岁有数番。河东五堡添设后，当地边民遭受女真人掳掠之害，十去二三。自险山参将添设以后，边民之害，十去六七。但引文之末，却又言称："今岁春夏之间，拥众深犯者两次，彼皆得志，我兵无功。"显然，险山参将的添设，并未根绝边外女真人的进犯。

综观上述论述可知，明廷在鸭绿江流域辽阳以东的东宁卫管境内置堡设墩、修筑边墙，旨在防阻建州女真人破边劫掠。实质上，该举措是明廷推行民族隔离政策的一项具体表现。有明一代，明廷屡屡严饬辽东守边墙官兵，查禁与驱逐建州卫女真人等偷越边墙射猎往来，"百里之外，封表山川，住

---

① 《明世宗实录》卷553，嘉靖四十四年十二月癸酉条，台北："中央研究院"历史语言所，1962年，第8900页。

② 李辅等修：《全辽志》卷5《艺文志上·经略》，第665页。

牧禁约，不得近边。凡到墙下，便是犯边，就令台军传报，着令官军实时驱逐"①。然而，再坚固的堡墩边墙，终难以隔绝边外女真人与边内辽东汉人的联系，建州女真寇边掳掠行为也不可能根绝。辽东各处城堡边墙不足依恃，明代中期已显露端倪。如辽东巡抚都御史王之诰在《填实辽东军伍奏》中云：

> 所在城堡，处处空虚，每一大城之中，旧有数千百家者，今寥落百十家而已；一大堡之中，旧有百五六十家者，今荒凉七八舍而已；村落丘墟，蒿莱满目，萧条之状，不忍殚述。又有城堡而无人民，即有金汤之固，谁与为守也；有营伍而鲜士卒，即有韩白之将，谁与为战也。夫御戎之策，战与守而已，今两无足恃，则岂可不为之寒心哉。②

明廷耗费巨资在鸭绿江沿岸及辽沈一带修筑城堡，加修墩台木栅，拣派重兵驻防，终属收效甚微。这些城堡边墙，最终也未能拦住后金及后继之清朝军队的突入。即便是辽沈、宁锦等处辽东重地起建的城池墩台，也未能阻止清军的继续南下，徒使明廷耗费大量银钱和民力。对此，康熙五十一年（1712）四月，谢恩副使闵镇远在出使清朝的途次中记言：

> 自小黑山东五里许，始有墩台，周围三十步许，高十丈许，以砖坚筑，四面无门，非云梯难上，每五里置一墩，棋布星罗。云是明末为御胡，筑此瞭望贼兵，而每一墩费千金，胡骑未过，而民力先竭，以致败亡云。③

此后，康熙五十九年（1720）九月，朝鲜李器之随使团出使清朝途次，在眼见明军修建的防虏烟台后评论道：

> 过土子井，行十五里，有一座烟台，圆径可六丈余，以砖灰筑之，辟立如削，无可上之路。当用云梯而上，设女墙炮穴，盖此地无山，难于设烽，故设此瞭望，兼举烽火报警。胡骑虽过其下，一两日猝难攻下。

---

① 李辅等修：《全辽志》卷5《艺文志上·经略》，第658页。
② 李辅等修：《全辽志》卷5《艺文志上·经略》，第660页。
③ 闵镇远：《燕行录》，载《韩国汉文燕行文献选编》（第11册），上海：复旦大学出版社，2011年，第62页。

此防胡之妙法，戚继光所创。然烟台费千金财力，亦因此耗弊。如许平陆，无山川之阻，而欲防胡骑之恣凌，烟台亦安邑有无哉。失沈阳之后，当以恢复为务。兵力不能抵，当辍人民入山海关防守，犹胜于输天下之兵与财于旷漠之野，而与虏马角胜，此实明时将相之失计，令人发叹。①

雍正五年（1727）十二月初七日，朝鲜使臣姜浩溥也评论道：

> 明皇时置沈阳中卫，管于辽东道，使留重兵，完城堞，列亭障，而勤候望，设施之规模宏远，为辽河之保障，以严防北虏之出入。其为计非不周详，而终藉寇资盗，使抗中原，而窃神器者，此地为之本焉。未知人事之不臧欤，地利之不固欤，抑天命之不佑欤？②

（四）明朝对女真各部进行招抚与册封

明朝建国后，故元残余势力仍盘踞于东北各地。据《辽东志》所载：

> 元丞相也速以余兵遁栖大宁，辽阳行省丞相也先不花驻兵开原，洪保保据辽阳，王哈喇不花团结民兵于复州，刘益亦以兵屯得利赢城，高家奴聚平项山。各置部众，多至万余人，少不下数千，互相雄长，无所统属。③

故元残余势力的存续，威胁着刚刚建立的明朝统治。为巩固新生的大明政权，经略辽东，招抚女真，隔断故元残余势力与高丽的联系，便是立国不久的明朝面临的紧迫任务。洪武三年（1370），明朝派断事官黄俦等，携带朱元璋诏书前往辽东诏谕辽阳等处军民。④ 同年十二月，元辽东行中书省平章刘益，"以辽东州郡地区并籍其兵马、钱粮之数，遣右丞董遵、金院杨贤，

① 李器之：《庵燕记》卷1，载《韩国汉文燕行文献选编》（第12册），上海：复旦大学出版社，2011年，第118—119页。

② 姜浩溥：《桑蓬录》卷2，载《韩国汉文燕行文献选编》（第14册），上海：复旦大学出版社，2011年，第134页。

③ 《辽东志》卷8《杂志》，辽海丛书本。

④ 《明太祖实录》卷56，洪武三年九月乙卯条，台北："中央研究院"历史语言研究所，1962年，第1099页。

奉表来降"①。为表彰刘益来降，明廷派断事官吴立宣诏，置辽东卫指挥使司于得利嬴城（今辽宁复县得利寺山城），任命刘益为指挥同知，这是明朝代在东北统治之始。随后，明廷开始对两江流域的女真诸部进行招抚。

明朝对女真采取招抚为主的政策。洪武十五年（1382）四月，故元合兰府（今朝鲜咸兴）地区的女真以及鸭绿江东女真 2686 人，"送至辽阳，诏以衣粮给之"②。洪武十七年（1384）正月，女真王脱欢不花等 61 人"来降赐文绮帛有差"③。此人是朝鲜半岛东北部女真。据《李朝实录》载："西北面都巡问使赵温报：'上国使臣脱欢不花，以推刷旧管下人民事来。'盖脱欢不花本东北面人。"④ 洪武十九年（1386）七月，置东宁卫于辽阳，新设五个千户所管辖女真。据《明实录》洪武十九年五月癸亥条载：

> 置东宁卫。初辽东都指挥使司以辽阳、高丽女直来归官民，每五丁以一丁编为军，立东宁、南京、海洋、草河女直五千户所分隶焉。至是从左军都督耿忠之请，改置东宁卫立左右中前后五所，以汉军属中所，命定辽前卫指挥佥事芮恭领之。⑤

其中，在鸭绿江流域设东宁千户所（鸭绿江支流辉发河上游）、草河千户所（今辽宁丹东连山关外草河）；在图们江流域两岸设置海洋千户所（今朝鲜咸镜北道吉州地区）、南京千户所（今吉林省延吉市东城子山城）。⑥ 洪

---

① 《明太祖实录》卷 61，洪武四年二月壬午条，台北："中央研究院"历史语言研究所，1962 年，第 1191 页。

② 据《明太祖实录》卷 144，洪武十五年四月辛丑条载："辽东东宁草河千户所招降故元合罗城万户府校卒及鸭绿江东遗民，凡二千六百八十六人送至辽阳，诏以衣粮给之。"第 2268 页。

③ 《明太祖实录》卷 159，洪武十七年正月乙卯条，台北："中央研究院"历史语言研究所，1962 年，第 2459 页。

④ 《李朝太祖实录》卷 3，太祖二年四月丁丑条，东京：学习院东洋文化研究所，1961 年，第 166 页。

⑤ 《明太祖实录》卷 178，洪武十九年五月癸亥条，台北："中央研究院"历史语言研究所，1962 年，第 2699 页。

⑥ 和田清：《明初の满洲经略》，《满鲜地理历史研究报告》第 14 册，东京帝国大学文学部，1934 年，第 274 页。

武二十年（1387），明朝派大将军冯胜、傅友德等部出兵降服了纳哈出势力。明廷决定于半岛东北面南端设铁岭卫。据《明实录》载：

> 以铁岭北东西之地，旧属开元，其土著军民、女直、鞑靼、高丽人等，辽东统之；铁岭之南旧属高丽，人民悉听本国管辖。疆界既正，各安其守，不得复有侵越。①

咨文明确通报高丽，明廷正式提出接收元朝管辖下的铁岭以北的土地与女真的要求。明廷设置铁岭卫的举动，在高丽内部引起强烈反响。国王辛禑与大臣崔莹主张武力征明，由此引起内讧，李成桂乘机掌握军政大权后即位，改国号朝鲜。② 高丽政局突变，扰乱了明廷接管元朝统辖铁岭以北女真之地的计划。明朝改变了原来在铁岭设卫的策略，撤回辽东立卫。明朝虽撤回辽东立卫，但对领有铁岭以北的土地和人民仍持明确态度："旧既为元所统，今当属于辽（辽东）。"③

明成祖时期，进一步加大对两江流域女真各部的招抚力度。永乐元年（1403）六月，朱棣颁布上谕："女真、吾都里、兀良哈、兀狄哈等招抚之，使献贡。"④ 这里所说的"女真"，就是前文所述，居住朝鲜半岛东北部、西北部的辽金以来世居此地的女真。"吾都里"，即居住半岛东北部斡朵里女真；"兀良哈"，即建州兀良哈与毛怜兀良哈；而"兀狄哈"，指的是兀狄哈女真。永乐元年（1403），居住在图们江支流布尔哈通河流域的胡里改女真首领阿哈出率先接受明廷招抚。据《明实录》载："女直野人头目阿哈出等来朝，设建州卫军民指挥使司，以阿哈出为指挥使……赐诰印、冠带、袭衣

---

① 《明太祖实录》卷 187，洪武二十年十二月壬申条，台北："中央研究院"历史语言研究所，1962 年，第 2808 页。

② 姜尚云：《丽明关系研究—从元明交替到铁岭立卫》，金渭显编著，陈文寿校译：《韩中关系史研究论丛》，第 343—348 页。

③ 《明太祖实录》卷 190，洪武二十一年四月壬戌条，台北："中央研究院"历史语言研究所，1962 年，第 2867 页。

④ 《李朝太宗实录》卷 5，太宗三年六月辛未条，东京：学习院东洋文化研究所，1961 年，第 319 页。

及钞币有差。"① 与此同时，"设建州卫经历司，置经历一员"②。建州卫是明初女真诸部中设置的最大最有影响的卫所，卫所官员由女真首领充任，是明朝管辖图们江流域女真的重要机构。永乐元年（1403）十一月，明朝敕谕设建州卫，但正式派人到图们江阿哈出居地设卫时间应为翌年十二月。《李朝实录》载："辽东总旗张孛罗、小旗王罗哈等至，上就见于太平馆。孛罗等奉帝敕谕，授参政于虚出（阿哈出——引者）于建州卫者也。初帝为燕王时纳于虚出女，及即位除建州参政，欲使招谕野人，赐书慰之。"③ 建州卫设置后，明廷曾派使臣经朝鲜去建州卫。据《李朝实录》太宗五年（1404）六月甲申条载：

> 辽东千户、三万卫千户等，赍敕谕及赏赐与杨内史偕来，随后而入，盖以向建州卫也。命各司一员迎于郊，馆于古太平馆。以吏曹典书金汉老为馆伴，设宴。④

明廷之所以频繁派使臣去建州卫，向建州卫传达明成祖的敕书，授予官职，其目的是希望对女真进行有效管辖，并借此对图们江流域其他女真部落进行招抚。

斡朵里部女真是明朝在图们江流域招抚的另一重要目标。斡朵里部首领猛哥帖木儿迁徙到吾都里（今朝鲜会宁、境城一带），已经"顺事朝鲜"被朝鲜授予上万户。⑤ 永乐二年（1404）四月，辽东千户王可仁奉明成祖敕

---

① 《明太宗实录》卷25，永乐元年十一月辛丑条，台北："中央研究院"历史语言研究所，1962年，第460页。

② 《明太宗实录》卷25，永乐元年十一月辛丑条，台北："中央研究院"历史语言研究所，1962年，第460页。

③ 《李朝太宗实录》卷8，太宗四年十二月庚午条，东京：学习院东洋文化研究所，1961年，第504页。

④ 《李朝太宗实录》卷7，太宗四年六月己卯条，东京：学习院东洋文化研究所，1961年，第440页。

⑤ 据《李朝实录》太祖四年（1395）九月己巳条载："吾都里上万户童猛哥帖木儿等五人来献土物。"

谕，对以猛哥帖木儿为首的斡朵里部女真进行招抚。① 朝鲜得知后，遂遣使对猛哥帖木儿进行反招抚。

由于朝鲜的阻挠，"女真人不应敕旨者甚多"②。这为明廷招抚图们江流域女真带来极大的困难。永乐三年（1405）三月，明朝再次遣王教化的对斡朵里部女真进行招抚，并持明成祖敕谕两道，分别授予李朝太宗与猛哥帖木儿。其中给猛哥帖木儿的敕书云："敕谕万户猛哥帖木儿等，前者阿哈出来朝，言尔聪明，识达天道，已遣使赍敕谕尔。使者回复，言尔能恭敬朕命，归心朝廷，朕甚嘉之。今再遣千户王教化的等赐尔采段表里。尔可亲自来朝，与尔名分赏赐，令尔抚安军民，打围牧放，从便生理。其余头目人等合与名分者，可与同来；若有合与名分在彼管事不能来者，可明白开写来奏，一体给与名分赏赐。故敕。"③ 可见，敕书中提到猛哥帖木儿"恭敬朕命，归心朝廷"，表明猛哥帖木儿归顺明朝之心由来已久，在明朝与李朝之间的选择不言自明，最终归附明朝。

五月二日，猛哥帖木儿以为时机成熟，公开表明"迎敕书，受采段"④，接受明廷招抚。永乐三年（1405）九月，猛哥帖木儿随使者入明朝贡。朝鲜文献载："吾都里万户童猛哥帖木（儿）等入朝，帝授猛哥帖木儿建州卫都指挥使，赐印信、钑花、金带，赐其妻幞卓、衣服、金银、绮帛。于虚出（阿哈出——引者）参政子金时家奴（《明实录》作释家奴，即李显忠——引者）为建州卫指挥使，赐钑花、金带。"⑤ 此后，猛哥帖木儿正式成为明

① 关于斡朵里女真居地，孟森言："斡朵里实在朝鲜东北界。太宗时修太祖实录，尚能言之凿凿。入关以后，渐与旧闻隔膜，不知东北境，在金元时，实系女真地，明初尚然。乃狃于永乐以来，将其地赐予朝鲜，遂不料肇祖以前实居朝鲜东北。"孟森：《明元清系通纪》前编第四，北京：中华书局，2006年，第60页。

② 《李朝太宗实录》卷7，太宗四年五月乙巳条，东京：学习院东洋文化研究所，1961年，第423页。

③ 《李朝太宗实录》卷9，太宗五年三月丙午条，东京：学习院东洋文化研究所，1961年，第526页。

④ 《李朝太宗实录》卷9，太宗五年五月丙申条，东京：学习院东洋文化研究所，1961年，第519页。

⑤ 《李朝太宗实录》卷11，太宗六年三月丙申条，东京：学习院东洋文化研究所，1961年，第645页。

朝卫所下的官员。朝鲜也不再称其"吾都里万户"或"庆源万户",而称"建州卫指挥"。

明廷在招抚斡朵里部女真的同时,也招抚毛怜兀良哈女真。永乐三年(1405)三月,王教化的取道朝鲜,并奉敕书招抚把儿逊为首的兀良哈女真。尽管朝鲜对明廷的招抚百般阻止,但经过明使的努力,兀良哈首领把儿逊等摆脱李朝的威胁利诱,归服明朝。《李朝实录》载:永乐三年五月,"波乙所受采段,(王)教化的诱之也"。① 九月,把儿逊等六十四人,同明使赴明京朝贡。明廷设"毛怜卫,以把儿逊等为指挥、千百户等官,并赐诰印、冠带、袭衣及钞币有差"。② 至此,图们江流域的兀良哈女真正式归附明朝。

永乐四年(1406),阿速江、苏木河失里绵等处女真首领赴明朝觐,明廷先后在乌苏里江、绥芬河等处设立了阿速江、速平江、苏温河等卫所。③ 之后,明廷又招抚了骨乙看兀狄哈等女真,《李朝实录》载:"朝廷差来王伐应只招安骨乙看兀狄哈万户豆称介父子及副万户阿知、千户达宾介等二十五名赴京师。"④ 其后明廷又设置了喜乐温河卫和木阳河卫等卫所。⑤

明朝在两江流域女真地区设置的卫所,与在中原和辽东所设卫所不同。中原卫所纯系军事建置,守屯戍,备调遣。而辽东卫所不设州县,军民归卫所管辖。明代军兵为世籍,而卫所官员虽为世籍却是流官,有年俸。女真地区所设卫所皆为羁縻卫所。据《明史·兵志》载:"洪武、永乐间边外归附者,官其长,为都督、都指挥、指挥、千百户、镇抚等官,赐以敕书印记,设都司、卫所。"⑥ 这种卫所,专为边疆地区女真首领归附明朝而设立。明

---

① 《李朝太宗实录》卷9,太宗五年五月丙申条,东京:学习院东洋文化研究所,1961年,第543页。

② 《明太宗实录》卷39,永乐三年十二月甲午条,台北:"中央研究院"历史语言研究所,1962年,第659页。

③ 《明太宗实录》卷51,永乐四年二月庚寅条,台北:"中央研究院"历史语言研究所,1962年,第769页。

④ 《李朝太宗实录》卷12,太宗六年九月丁巳条,东京:学习院东洋文化研究所,1961年,第742页。

⑤ 《明太宗实录》卷63,永乐五年正月戊辰条,台北:"中央研究院"历史语言研究所,1962年,第903页。

⑥ 张延玉等:《明史》卷90《兵志二》,北京:中华书局,2011年,第2222页。

朝对其首领委任职官有差，并给予"敕书"和"印信"，表明朝廷承认其身份。这些首领需对明朝履行义务：一是"代朝廷守边"；二是"以时朝贡"。目的是使女真首领"世受节制，不敢擅为"①，尽心竭力地为明朝守好边土。

二、两江流域女真人对战事的应对措施

此来彼去，迁徙靡常，这是明代东北女真各部族地域分布的基本特征。明代的两江流域，战事与冲突频发，当地女真部族之间，同一部族内，以强凌弱、以众暴寡的现象极为寻常。当地女真人与明辽东军民之间，战事与冲突踵至不绝。两江流域经常沦为角逐场、冲突地，居住在两江流域的女真人，或是战事与冲突的受害者，或是挑起者，或是助战者。

作为明代两江流域，乃至当时整个东北亚地区一股重要的武装力量，以建州三卫为核心的两江流域女真人，在应对战事与冲突时，如何化解威胁，为本部族谋求生存空间，这是考察两江流域战事史的一个重要问题，更因建州三卫是明季迅速崛起的建州女真努尔哈赤集团的母体，因此，考察明代中前期以建州三卫为核心的两江流域女真人应对战事与冲突的方法及其效果，可为探究后金与清朝崛起的原因等问题提供助力。本章内，将就前努尔哈赤时代两江流域女真人应对战事与冲突的主要方法及其实际效果，一一考察。

（一）迁徙以避祸

通过梳理明代中前期两江流域战事的诸多案例发现：两江流域的女真人，在面对战事与冲突时，经常以逃避与迁徙的方式，规避战火的威胁。

1. 建州卫猛哥帖木儿部

洪武初年，女真斡朵里、胡里改等部族，即系为躲避蒙古纳哈出及黑龙江野人女真的扰害，而辗转移居图们江流域。永乐元年（1403），明廷增设建州卫。此后，建州卫管下的猛哥帖木儿部族，屡屡为躲避战争而率部迁徙。永乐八年（1410），因朝鲜诱杀把儿逊等及管下军民，猛哥帖木儿等在

---

① 《明英宗实录》卷162，正统十三年正月乙巳条，台北："中央研究院"历史语言研究所，1962年，第3149页。

对朝鲜进行报复性劫掠后悄然内迁，以躲避朝鲜边军的再次加兵。永乐九年（1411）四月，"东北面吾音会童猛哥帖木儿，徙于开元路。吾音会，兀良哈地名也。猛哥帖木儿尝侵庆源，畏其见伐，徙于凤州"①。

宣德八年（1433），"杨木答兀事件"发生后，为避免本部族再次遭受兀狄哈人的袭击，凡察及猛哥帖木儿之子童仓等，多次商议迁徙。为此，凡察等向朝鲜官员告言："势难居此，愿徙庆源附近时反等处。"② 此后，建州女真凡察等又数度向明廷奏请率本部人等投奔李满住，但因遭受朝鲜的阻挠，一直未能遂愿。就举部迁移一事，正统二年（1437）七月，建州卫都督凡察率管下十六人，向朝鲜来朝，并就所部退居之事，凡察与世宗大王对答如下：

> 凡察对曰："欲退居会宁三十里之外，但恐国家以为何如，是以未果耳。"上曰："我国与汝，既为一家，不图汝之有此计。今欲移徙，其意如何？"凡察对曰："管下愚民无知犯法，抵罪不赦，边人或轻蔑我民。且牛马互相放逸，踏害禾谷，故欲退居耳，暂无他心。"③

凡察向世宗大王委婉地提出，欲退居会宁三十里之外，为消除李朝的疑虑，凡察列出的退居理由是，可避免与朝鲜边民发生冲突。直至正统五年（1440）四月，凡察、童仓等，在风闻朝鲜边将率兵前来袭杀后，率部仓皇投奔李满住而去。迁徙路上，遭到朝鲜边军的追杀。④

同年四月，斡朵里等皆言："吾等逃去，非听童者音波之言而然也，闻都节制使将杀我辈，我辈疑惧而逃。"⑤ 事发后，尽管朝鲜遣女真首领前去

---

① 《李朝太宗实录》卷 21，太宗十一年四月丙辰条，东京：学习院东洋文化研究所，1961 年，第 34 页。

② 《李朝世宗实录》卷 62，世宗十五年十月戊寅条，东京：学习院东洋文化研究所，1961 年，第 316 页。

③ 《李朝世宗实录》卷 78，世宗十九年七月己丑条，东京：学习院东洋文化研究所，1961 年，第 569 页。

④ 《李朝世宗实录》卷 89，世宗二十二年四月戊寅条，东京：学习院东洋文化研究所，1961 年，第 102 页。

⑤ 《李朝世宗实录》卷 89，世宗二十二年四月辛丑条，东京：学习院东洋文化研究所，1961 年，第 106 页。

招抚，但童仓、凡察等在接待时极为谨慎，预先将妇女老幼及财物藏匿起来，以防备朝鲜官兵的突袭。就童仓等采取的这些应对战事危险的举措，正统五年（1440）五月，咸吉道都节制使金宗瑞曰：

> 凡察、童仓等，皆逃遁极边，窜匿山谷，不欲复还。都乙温、甫乙看请之甚恳，然后留妻子于山间，来见马边者、卞孝文，并皆即还。其余幹朵里等，皆潜徙伐引、阿赤郎耳、东良北等处，藏匿山林，其本家所藏米谷，冒夜潜隐赍去，时未复还，其心难测。①

最终，建州女真在凡察、童仓的率领下，几经波折，最终移居李满住处。是次迁徙，建州女真既为躲避在幹木河遭受的战事威胁，又实现了与李满住部一地居住，此后，建州女真走向联合应对外来战事威胁，端倪已显。

2. 建州女真李满住部族

李满住，系建州卫酋长阿哈出之孙，释加奴之子。释加奴死后，得以袭职为建州卫都指挥使。宣德八年（1433），朝鲜用兵建州女真李满住部，是为"婆猪江之役"。早在战前，朝鲜派遣朴好问等前去侦探声息时即发现，"前到野人部落，观其势，皆携幼登山，以待我国之变。"② 面对李朝大军的攻击，李满住管下部族人等纷纷藏匿山林，以避战火。

婆猪江之役后，因朝鲜又数次发兵来攻，李满住部族为躲避朝鲜的发兵来袭，又辗转迁徙，饱受流移之苦。就此困境，正统三年（1438）八月，咸吉道都节制使金宗瑞曰："近又闻满住自移浑河之后，犹谓见讨，窜居山谷，其地多虎豹，屡害牛马，不能安业，粮饷匮乏。其管下人，或持土物，往来开原，买卖觅粮；或往辽东，取保寄住；或买粮米盐酱，如此者络绎不绝。以此观之，满住之困于迁徙可知。"③

为应对李朝加兵，建州女真各部惯用之法是，"隐其妻孥，藏其财产，

---

① 《李朝世宗实录》卷89，世宗二十二年五月甲辰条，东京：学习院东洋文化研究所，1961年，第107页。

② 《李朝世宗实录》卷59，世宗十五年二月壬子条，东京：学习院东洋文化研究所，1961年，第245页。

③ 《李朝世宗实录》卷82，世宗二十年八月庚申条，东京：学习院东洋文化研究所，1961年，第643页。

相救之约，设险之计，无所不备"①。成化十五年（1479），面对李朝数千军队的突袭，建州女真驻地人等"仓卒不知所为，惊愕散走"②。直至李朝军队罢还之际，建州女真始终未能组织发起成规模的反击。

3. 躲避兀狄哈部族的劫掠

自洪武年间起，东海野人兀狄哈等也不时南下，掳掠居住在图们江流域的斡朵里、兀良哈女真各部族。"杨木答兀事件"的发生，成为兀狄哈对斡朵里等部女真人实施掳掠的一个标志性事件。面对兀狄哈人的来掠，图们江流域女真人采取了许多手段来应对，如武力反抗，向朝鲜边将求援等。此外，迁徙避乱，在当时也不失为一个应对方法。尤其是凡察、童仓等率部于正统五年（1440）徙居佟佳江之后，图们江流域的斡朵里、兀良哈女真势力受到严重削弱，兀狄哈女真人趁机前来劫掠，遭受劫掠的女真部族，不少选择了徙居别处的方式来躲避劫掠。如正统五年（1440）七月，斡朵里阿下里向李朝报告说："臣前此住于吾弄草地面，今闻亏知介林阿车谓我寡弱，将肆侵掠，今臣上来之时，匿臣之妻子于庆源旁近之处，臣亦欲移居幽隐之处，以避侵掠。"③ 同年八月，有斜地住居斡朵里毛多吾等十七人逃去。④ 毛多吾等率部逃走之原因，是"自凡察逃叛后，亏狄哈等不数日，掳掠我人畜。且闻巨乙加介子家里应可等，将大举而来，尽行掳掠，惊惑而来"⑤。由此看来，图们江流域的女真各部，饱受兀狄哈掳掠之害，迁移避祸，是常为之事。

综上所论可知：两江流域女真人，无论是建州女真，还是兀狄哈等，在

---

① 《李朝中宗实录》卷61，中宗二十三年四月丁卯条，东京：学习院东洋文化研究所，1961年，第472页。

② 《李朝成宗实录》卷112，成宗十年十二月辛未条，东京：学习院东洋文化研究所，1961年，第409页。

③ 《李朝世宗实录》卷90，世宗二十二年七月丁卯条，东京：学习院东洋文化研究所，1961年，第130页。

④ 《李朝世宗实录》卷90，世宗二十二年八月戊寅条，东京：学习院东洋文化研究所，1961年，第134页。

⑤ 《李朝世宗实录》卷90，世宗二十二年八月辛巳条，东京：学习院东洋文化研究所，1961年，第135页。

面对战事与冲突时，若局势于己方不利，藏匿山林，徙居他处，也是生存本能之体现。尤其是在朝鲜大军进攻下，力量对比悬殊，女真人纵是竭力抵抗，也无法扭转军事上的失败局面。是以明代两江流域的女真部落，每当面临朝鲜来攻时，纵有小规模节节抵抗，但应对战事的首选措施，则是将本部族老弱妇孺藏匿起来。就此应对战事之法，嘉靖七年（1528）十月，平安道观察使等启云："大凡野人之性，若大军追入之时，则例为散匿，而其于还军之时，冲突犯阵，乃其常也。"① 恰当的迁徙，为建州女真力量的积蓄与最后的勃兴，提供了重要条件。尤其是建州三卫徙居鸭绿江各支流，对其崛起至关重要，正如孙文良所言：女真"入明以后，特别是到了辽东，他们才跨进文明社会的门槛。在今抚顺以东至鸭绿江、图们江的广阔地区内，从事农耕和狩猎，开辟了浑河上游苏子河流域的沃土良田"②。正确的迁徙带来的巨大收益，由是可见。

（二）钟摆式来朝

两江流域各女真部族，每当感受到战争威胁，或已遭到明朝、朝鲜的优势兵力打击后，为谋求本部族的生存，经常采取遣使谢罪的方式表示臣服，以使本部族得以存续。同时采取钟摆策略，在明朝与朝鲜之间，根据本部族的利益得失左右摇摆，分别朝贡示好。

1. 应对建州卫设卫一事

永乐三年（1405）四月，明朝遣官前往斡木河，正式设置建州卫。围绕设卫一事，朝鲜不断利诱威逼建州女真首领，暗中与明朝相抗。身处明朝与朝鲜两强之间的建州女真各部族，不敢开罪任何一方，遂百计周旋，以确保本部族远离战争灾祸。其中，钟摆式来朝，是建州女真部族常用的一种应对手段。

以建州女真猛哥帖木儿向朝鲜与明朝朝贡为例。永乐二年（1404）三月

---

① 《李朝中宗实录》卷63，中宗二十三年十月庚子条，东京：学习院东洋文化研究所，1961年，第544页。

② 孙文良：《满族崛起与明清兴亡论稿：孙文良明清史文集》，沈阳：辽宁民族出版社，2016年，第76页。

戊申，"吾道里童猛哥帖木儿等三人来朝"①。朝鲜对猛哥帖木儿的来贡，赏赐丰厚。同年三月己未，"赐童猛哥帖木儿段衣一称、钑花银带一腰及笠靴，命内臣馈之。其从者十余人，赐布帛有差"②。同年三月壬戌，"童猛哥帖木儿辞还，留其弟及养子与妻弟侍卫，上赐物有差"③。

永乐二年四月，"帝遣王可仁于女真，欲设建州卫"④。但在李朝的厚赏与拉拢下，同年五月乙巳，"王可仁回自东北面，女真人不应敕旨者甚多"⑤。

面对明朝的遣使招抚设卫与李朝的威逼利诱，猛哥帖木儿等均感到极难应对。受招抚的众女真首领，既无意悖抗明朝皇帝的招抚设卫旨意，也不想开罪朝鲜。因此，在李朝所遣官员前来封赏之时，猛哥帖木儿等极力表现出拒明向朝鲜之"忠心"，仰视朝鲜无二心。

永乐三年（1405）四月乙酉，明朝复遣王教化的等至猛哥帖木儿等部族居住地，当时各部女真人应对明朝招抚设卫的态度，大致如下："王教化的等，月八日到吉州，先送伴人于童猛哥帖木儿、把儿逊等居处。猛哥帖木儿等云：'我等顺事朝鲜二十余年矣。朝鲜向大明，交亲如兄弟，我等何必别事大明乎？'月十四日，王教化的到吾音会。童猛哥帖木儿率管下人不肯迎命，把儿逊、着和、阿兰三万户，路逢教化的伴人，言，我等顺事朝鲜，汝妄称使臣，乱杂往来。拒而不对。到吾音会，与猛哥帖木儿约云：'不变素志，仰事朝鲜无贰心。'"⑥ 由是可见，在王教化的等到达猛哥帖木儿等部族住处之前，猛哥帖木儿、把儿逊等声称，将顺事朝鲜，不会别事大明。

---

① 《李朝太宗实录》卷7，太宗四年三月戊申条，东京：学习院东洋文化研究所，1961年，第407页。

② 《李朝太宗实录》卷7，太宗四年三月己未条，东京：学习院东洋文化研究所，1961年，410页。

③ 《李朝太宗实录》卷7，太宗四年三月壬戌条，东京：学习院东洋文化研究所，1961年，411页。

④ 《李朝太宗实录》卷7，太宗四年四月丁酉条，东京：学习院东洋文化研究所，1961年，第419页。

⑤ 《李朝太宗实录》卷7，太宗四年五月乙巳条，东京：学习院东洋文化研究所，1961年，第423页。

⑥ 《李朝太宗实录》卷9，太宗五年四月乙酉条，东京：学习院东洋文化研究所，1961年，第541页。

但在明廷的宣谕招抚下，同年五月丙申，"童猛哥帖木儿、波乙所等，迎敕书、受彩段"①。就此变局，李朝认定，"教化的诱之也"②。

实际上，猛哥帖木儿等对明朝颇存向化认同之心，但在朝鲜的反复威逼利诱下，只能佯装顺事朝鲜，暗地向明朝纳款来朝。以致当李朝官员李愉于八月辛卯还自吾音会时，猛哥帖木儿等仍向李愉言称："我等不从朝廷招安，王教化的等欲还向朝廷。"③而李朝于事后发现，猛哥帖木儿有着如下实际想法与行动："初，王教化的之来，猛哥帖木儿等，以寓居本国境内，且受厚恩，故阳为不顺朝廷招谕者，以示郭敬仪，内实输写纳款无贰之诚于王教化的，潜理妆欲随教化的赴京师，我国未之知也。既遣李行奏闻，又使愉于吾音会。"④

猛哥帖木儿对李朝的拉拢阳奉阴违，以瞒天过海之计，暗随明朝使者王教化的赴京来朝。

永乐三年（1405）九月壬戌，明朝所遣官员及建州卫千户时家来，到女真地面，招抚万户仇老、万户甫也、骨看兀狄哈万户豆称介等。女真万户甫也等在答复明朝差官时，以顺命入朝，会开罪朝鲜为忧。就此，李朝东北面都巡问使报："大明使臣与建州卫千户时家等，以女真万户仇老、万户甫也、骨看兀狄哈万户豆称介等招安事，是月二十二日，到甫也住处而留连。其敕谕迎命及处变事，问于甫也。甫也曰：'使臣无心中到来，不得已迎命。'使臣云：'吾都里、兀良哈、兼进兀狄哈等头头人皆顺命，唯仇老、甫也等不顺，以招谕以归事，奉圣旨而来。'仇老、甫也等云：'虽顺命，妻子百姓等，必为朝鲜所掳，庆源兵马使阻当，则不得率行。'"⑤

---

① 《李朝太宗实录》卷9，太宗五年五月丙申条，东京：学习院东洋文化研究所，1961年，第543页。

② 《李朝太宗实录》卷9，太宗五年五月丙申条，东京：学习院东洋文化研究所，1961年，第543页。

③ 《李朝太宗实录》卷10，太宗五年八月辛卯条，东京：学习院东洋文化研究所，1961年，第579页。

④ 《李朝太宗实录》卷10，太宗五年八月辛卯条，东京：学习院东洋文化研究所，1961年，第580页。

⑤ 《李朝太宗实录》卷10，太宗五年九月壬戌条，东京：学习院东洋文化研究所，1961年，第598页。

为消弭因向明朝进京朝贡而引发朝鲜的不满情绪以及由此可能造成的来自朝鲜的加兵危险，建州卫各首领在领受明朝授职，回到部族居住地后，仍积极主动与朝鲜交好。如永乐六年（1408）二月丙午，东北面察理使金承霍进建州卫指挥于虚出等所赠绮绢等物。① 如永乐七年（1409）十二月丙寅，"建州卫指挥童猛哥帖木儿，遣使来献礼物，上命厚待之"②。永乐八年（1410）一月丁丑，"建州卫指挥猛哥帖木儿，遣使献土物"③。永乐八年（1410）四月，猛哥帖木儿合女真各部联军千余人，来攻庆源等处，大败李朝兵马使郭承佑。事后，为缓和与朝鲜的紧张关系，同年五月，猛哥帖木儿遣李大豆来曰："着和、把儿逊管下侵庆源之时，予亦同来者，为其所逼，势不得已耳，非予本心。今弃旧土而从遐域，人多地窄，生理艰难。愿殿下使通晓言语，若金同介者来谕，予当遣子入朝，还我旧土矣。"④

战事发生后，除猛哥帖木儿差人向朝鲜来朝请罪外，同年七月丙戌，斡朵里千户张权子等五人来朝，亦启以"臣等未尝与谋作贼"⑤ 等语，为本部族开释。继此之后，同年十二月辛酉，"吾都里指挥童猛哥帖木儿，遣使献礼物"⑥。永乐九年（1411）正月初一日，童猛哥帖木儿，"使人献熊、鹿皮各一张"⑦。如此这般密集地遣使进献礼物，足见猛哥帖木儿向朝鲜示好弭战之意。

---

① 《李朝太宗实录》卷15，太宗八年二月丙午条，东京：学习院东洋文化研究所，1961年，第197页。

② 《李朝太宗实录》卷18，太宗九年十二月丙寅条，东京：学习院东洋文化研究所，1961年，第565页。

③ 《李朝太宗实录》卷19，太宗十年一月丁丑条，东京：学习院东洋文化研究所，1961年，第568页。

④ 《李朝太宗实录》卷19，太宗十年五月丁卯条，东京：学习院东洋文化研究所，1961年，第658页。

⑤ 《李朝太宗实录》卷20，太宗十年七月丙戌条，东京：学习院东洋文化研究所，1961年，第710页。

⑥ 《李朝太宗实录》卷20，太宗十年十二月辛酉条，东京：学习院东洋文化研究所，1961年，第761页。

⑦ 《李朝太宗实录》卷21，太宗十一年一月壬戌条，东京：学习院东洋文化研究所，1961年，第1页。

此外，在猛哥帖木儿率部迁走后，仍有斡朵里首领不时向朝鲜进献。如永乐九年（1411）闰十二月己巳，"吾都里指挥童多音波老等九人，来献土物"①；闰十二月戊寅，"建州卫吾都里人来献土物"②；永乐十年（1412）三月癸巳，"建州卫指挥童于虚周及童所罗等，来献土物"③。

综上所述，永乐初年，围绕建州设卫等事，李朝与明朝明争暗斗，都在极力招抚斡木河女真人。而以猛哥帖木儿为代表的建州女真部族首领，小心周旋于两强之间，既要遂己方向明朝进京来朝，封职受赏之心，又尽量避免因接受明朝招抚而开罪朝鲜，引来杀身之祸等。为达到这一目的，建州女真首领猛哥帖木儿等，分别向明朝、朝鲜采取了钟摆式来朝进贡，这确实在一定程度上减弱了战事威胁。

2. 应对婆猪江之役等事

宣德八年（1433）四月，朝鲜发兵，越过鸭绿江，征讨建州女真李满住部，此即"婆猪江之役"。战后，李满住为降低朝鲜再次出兵来袭己部的危险，遂主动差人向朝鲜进献土宜，以此示好。如宣德八年十二月庚午，"婆猪江野人李满住，使送指挥王答兀、刘撒秃等一十四人来献土宜"④。此后，宣德九年（1434）十二月，"李满住使送王卜纳苏等五人，来献土宜"⑤。

婆猪江之役后，李满住每遇朝鲜发生纠纷及战事，为化解战争威胁，遂一边遣官向朝鲜来朝，一边遣人向明朝奏报请援。但明朝接到李满住的奏报后，并未给予建州女真部族有力的援助，就此问题，下文将做进一步论述，在此无需赘言。在此，仅列举一例，以证李满住在遭受来自朝鲜的战争威胁

---

① 《李朝太宗实录》卷22，太宗十一年闰十二月己巳条，东京：学习院东洋文化研究所，1961年，第170页。

② 《李朝太宗实录》卷22，太宗十一年闰十二月戊寅条，东京：学习院东洋文化研究所，1961年，第181页。

③ 《李朝太宗实录》卷23，太宗十二年三月癸巳条，东京：学习院东洋文化研究所，1961年，第223页。

④ 《李朝世宗实录》卷62，世宗十五年十二月庚午条，东京：学习院东洋文化研究所，1961年，第324页。

⑤ 《李朝世宗实录》卷66，世宗十六年十二月己未条，东京：学习院东洋文化研究所，1961年，第401页。

后，以向明朝奏报求援的方式避免战事是无效的。

建州卫都指挥使李满住，在向明朝奏报该部与朝鲜的冲突后，明朝于正统二年（1437）降敕谕于李满住，责备李满住称："尔能睦邻通好，彼岂贼害无辜？"① 并饬令其遵守法度，钤束部属，各守尔土，毋相侵犯。然而，责备之声方落，同年九月初七日，朝鲜派李蒇统率大军，分兵三道，再次越江，来征李满住部，李满住部再次成为朝鲜兵锋所向之地。

陷入战争危局的建州卫李满住部族，在数度向明朝奏报求援失败情况下，在采取各种自救措施的同时，还适度地以来朝进贡的方式，向朝鲜请罪输诚，希冀以此降低来自朝鲜的战争威胁系数。但李满住的如是般钟摆式来朝，其效果实在不佳，不但未能获得明朝的有力支持，更未获得朝鲜李朝王臣的信任。甚至当李满住管下部众遇到灾荒年份，不得已向朝鲜边将乞粮时，朝鲜仍对出来的灾民持有极强的戒备心。如宣德十年（1435）十二月庚子，兵曹启准："婆猪江野人，托以乞粮而来，若许留，则相续不绝，供亿之弊不小。且谲计难测，阳为归附，阴费粮饷。乞令给粮遣还，后有出来者，并不许留。"②

除建州卫李满住外，婆猪江之役时，与李满住部存在密切姻亲关系的童猛哥帖木儿部，居住在婆猪江的部民，也多有被朝鲜军队杀掳者。但在战后，童猛哥帖木儿仍遣人前往朝鲜朝贡土宜。如宣德八年（1433）六月丙申，"童猛哥帖木儿父子，遣马佐和等四人谢恩，仍献土宜"③。

宣德八年十月，"杨木答兀事件"发生，童猛哥帖木儿父子被杀，居住在斡木河的建州女真人，在凡察等人的带领下，流徙至庆源地区。此后，直至正统五年（1440）六月二十三日，凡察、童仓等率领部族三百余户，离开朝鲜原住居地，前来与李满住部同住。为遂此意，并避免朝鲜再次派兵追击，凡察等一边上奏明朝，请准留居李满住处；一边移书朝鲜，其书契云：

---

① 《明英宗实录》卷 39，正统三年二月戊寅条，台北："中央研究院"历史语言研究所，1962 年，第 761 页。

② 《李朝世宗实录》卷 70，世宗十七年十二月庚子条，东京：学习院东洋文化研究所，1961 年，第 454 页。

③ 《李朝世宗实录》卷 60，世宗十五年六月丙申条，东京：学习院东洋文化研究所，1961 年，第 275 页。

建州卫都督凡察，惶恐闻于国王前。臣欲效力于国，誓以死报，第因气力衰惫，虽居于此，不得效力，故欲移住满浦，一以效力于皇帝，一以输诚于殿下。且吾略无负罪于国家，特蒙殿下恩德，不胜感戴。唯得罪于都节制使而已，又无狠心矣。①

此后，凡察、李满住等，仍不时向朝鲜差人来朝。如正统六年（1441）闰十一月乙亥，"野人李满住、凡察等，使人来朝"②。

即便是发生成化犁庭之役，建州三卫几乎遭到灭族性重创，战后数年后，建州三卫仍主动向朝鲜来朝进贡。如成化十九年（1483）三月戊午，建州卫都督遣使者李巨右、沈汝弄介等来朝李朝，并坦言"久不入朝，今欲修好而来"③。继此之后，"建州野人来请入朝者甚众"④。弘治元年（1488）五月，"三卫野人，络绎款塞，或指言前日作耗之人，或言不知作耗之由"⑤。同月，建州左卫李木长哈等二人、右卫童松古老等四名、温下卫酋长金刘里哈等十五人，向李朝上京来朝。建州三卫女真此举之用意，据李朝官员分析称："建州三卫与我隔江，密迩其居，若欲入讨，朝至暮还，彼之所以叩关归诚，非徒畏服威德，亦自存之计也。"⑥

遣使来朝进贡，并不能代表女真人对朝鲜李朝的效忠与信任。通常情况下，应对战事与冲突时，遣使来款与其他手段同时并用。如宣德八年（1433）四月，朝鲜发兵征讨建州李满住部，建州女真猛哥帖木儿除向李朝

---

① 《李朝世宗实录》卷90，世宗二十二年七月癸卯条，东京：学习院东洋文化研究所，1961年，第123页。

② 《李朝世宗实录》卷94，世宗二十三年闰十一月乙亥条，东京：学习院东洋文化研究所，1961年，第198页。

③ 《李朝成宗实录》卷152，成宗十四年三月戊午条，东京：学习院东洋文化研究所，1961年，第21页。

④ 《李朝成宗实录》卷155，成宗十四年六月乙酉条，东京：学习院东洋文化研究所，1961年，第54页。

⑤ 《李朝成宗实录》卷217，成宗十九年六月辛丑条，东京：学习院东洋文化研究所，1961年，第663页。

⑥ 《李朝成宗实录》卷217，成宗十九年六月壬寅条，东京：学习院东洋文化研究所，1961年，第663页。

遣使贡献土宜示好外，"闻西征，疑我致讨，挈家登山，及闻干古之言，然后来治农事，然挈妻子犹未下来"①。

此外，女真人应对与朝鲜冲突时，尽管采取了种种措施，试图化解矛盾与战争威胁，但能否化解，还要取决于李朝应对战事与冲突的态度和举措。如宣德八年（1433），四月，李朝发动婆猪江之役，派遣大兵突袭建州女真李满住部。李朝在筹议征讨李满住部时，对猛哥帖木儿部也已起攻击之心，尽管在用兵中因缺乏合适时机而未遂，同年十月，"杨木答兀事件"发生，猛哥帖木儿被袭杀后，居住在斡木河的建州女真残部，在凡察等人的率领下，向李朝边将请求移居，并多次来朝李朝，并献土宜。但李朝君臣对其部仍存有加兵之意。如宣德九年（1434）八月癸亥，世宗大王谓安崇善曰：

> 凡察甚奸暴，前日边境之人，入归其穴，射杀之。今在吾境内，尚且无礼于宁北镇节制使，若出外境，必为边患。俟其据掠移徙之时而图之，则缓不及期，有可图之衅，及期歼除可也。②

正统元年（1436）九月二十六日，兀狄哈大兵来围庆源邑城。直至翌年五月，世宗大王还怀疑建州女真凡察等部族人涉事其间，并疑称："去年庆源之贼，安知非彼人之引道钦？"③

由是观之，以建州女真为主体的两江流域女真人，尽管在应对战事与冲突威胁时，对明朝和朝鲜进行了必要地钟摆式来朝，但其化解战争风险的效果并不显著。尤其是对朝鲜的进贡，无论是建州女真部族，还是朝鲜，双方相互缺乏信任。且朝鲜一方，在处理与两江流域女真人的冲突时，将是否出兵，放置在如何经略西北两界的国家战略高度，最低也是放置在区域战略层面加以考量。且前努尔哈赤时代的明代，与两江流域女真人的军事实力相比，朝鲜西北两界的军事力量占据了绝对优势地位。如此一来，两江流域女

---

① 《李朝世宗实录》卷61，世宗十五年七月乙丑条，东京：学习院东洋文化研究所，1961年，第292页。

② 《李朝世宗实录》卷65，世宗十六年八月癸亥条，东京：学习院东洋文化研究所，1961年，第379页。

③ 《李朝世宗实录》卷77，世宗十九年五月己酉条，东京：学习院东洋文化研究所，1961年，第552页。

真人是否会遭到来自朝鲜的大规模战争威胁，朝鲜李朝握有主动权。

（三）部族间联合

明代两江流域女真人，部族繁多，互不统属，但又相互通婚，唇齿相依。尤其是建州女真各部族之间，既有姻亲关系，三卫之间，"虽各统部落，皆同族婚媾也，唇齿相依"。但一直以来，部族之间未能实现真正的统一，是因在若干事项上存在诸多分歧。以致在应对战事与冲突时，各部族意见不一，部族聚散无常。但经过一百余年的战事洗礼，两江流域女真人几经兴衰沉浮，部族内部，部族之间，逐渐走向联合，这为以建州女真为核心的女真族走向统一，新的民族共同体——满洲的诞生，奠定了基础。

1. 女真部族部众渐趋群聚而居

明代中前期，居住在两江流域的女真部族，已出于抗御外敌的需要，而日益实现本部族内群聚而居。如宣德四年（1429）四月，原居住在愁州、童巾等处的兀良哈部族，合计八十九户，入居古庆源地所多老等处。此番兀良哈人迁居的原因，据伊等向李朝边官答云：

> 贵国虽禁杂人，然吾辈须依贵国近地，乃得永安生业。况于去年与嫌真兀狄哈作仇，散居诸处，防御实难。所多老等处，非但地广，亦贼程中央，防守为易，故为此而来。①

另如建州李满住管下部民，据定州安置童豆里不花曰："建州之兵，才有三百。癸丑之前，散在山陕，今则群聚而居。"② 另如正统二年（1437）十月，东良北住兀良哈都指挥刘甫儿看，率其子苏应哥及管下十人，向朝鲜来献土宜，并上告李朝，愁下斜弄哈等将欲入寇。为防备部族被掳掠，刘甫儿看启曰："我等散居，不能相与救患，亦不能同心同力，以御北贼，今欲聚居一处。"③

---

① 《李朝世宗实录》卷44，世宗十一年四月丙戌条，东京：学习院东洋文化研究所，1961年，第643页。

② 《李朝世宗实录》卷77，世宗十九年六月己巳条，东京：学习院东洋文化研究所，1961年，第563页。

③ 《李朝世宗实录》卷79，世宗十九年十月丁巳条，东京：学习院东洋文化研究所，1961年，第592页。

明代前期，两江流域女真诸部族，出于防御兀狄哈南下掳掠目的，纷纷向朝鲜提出，本部族内的部众聚居一处。但朝鲜李朝出于本国西北两界藩屏的建构，并不愿意女真部族聚居一处。如正统二年（1437）十月丁巳，世宗大王传旨咸吉道都节制使曰：

> 兀良哈都儿温来启曰："我等或居于伐引，或居于水下，部落隔远，故每被寇盗，不及相援，请聚居于伐引。"又刘甫儿看亦来启曰："我兀良哈散在各处，不能相救，乞聚居一处，以防不虞。"①

就兀良哈都儿温、刘甫儿看各使部族聚居一处之请，咸吉道都节制使金宗瑞回启：

> 自古夷狄无统，则其力弱、其祸浅，倘或聚居，并力一心，则祸将不浅。甫儿看、都儿温等，屡请于臣，臣力止之曰："弃旧居之土田，开新徙之荒野，恐汝生理不赡。"每以此答之，既不得请于臣，乃有此启。然夷狄聚居，恐将不利。②

朝鲜反对两江流域女真人聚居一处，最典型案例是，"杨木答兀事件"发生后，朝鲜李朝极力阻止凡察、童仓率部，徙至婆猪江流域，与李满住同住一处。正统三年（1438）正月，李朝移奏明朝，请童仓、凡察等仍旧安业，其奏文内曰："倘若本人等与李满住一处聚居，同心作贼，本国边患，益滋不绝。"③

尽管朝鲜竭力反对，并施用种种手段，阻止两江流域女真人聚居一处，但女真人部族内的部众走向聚居，这是女真族走向民族统一，以及新民族共同体诞生的先决条件，这是明代中晚期两江流域，乃至整个东北地区女真人社会发展的大势所趋，绝非朝鲜李朝简单干涉所能阻止。

---

① 《李朝世宗实录》卷79，世宗十九年十月丁巳条，东京：学习院东洋文化研究所，1961年，第592页。

② 《李朝世宗实录》卷79，世宗十九年十月丁巳条，东京：学习院东洋文化研究所，1961年，第592页。

③ 《李朝世宗实录》卷80，世宗二十年一月丙午条，东京：学习院东洋文化研究所，1961年，第610页。

2. 女真各部族间婚媾日益频繁

明代两江流域女真人，部族间的婚媾极为频繁，甚至有将女真女嫁给与其共同居住一处的辽东汉人者。与此同时，明代女真人普遍重视姻亲关系，各部族之间，往往通过结为姻亲关系，来消除相互间的矛盾，甚至是达成同盟，在应对外敌时互为援助。因此，部族间婚媾，对两江流域女真部族间消除矛盾、化解仇怨，是有积极意义的，同时也有利于女真部族走向联合，甚至是民族统一。

就朝鲜李朝而言，并不愿意看到两江流域各女真部族互为婚媾。每当得知两江流域的女真部落交相通婚，李朝即以此为忧，并尽力阻止。正统七年（1442）正月，对斡朵里指挥哥时波向朝鲜陈请，准与具州兀狄哈和亲一事，朝鲜君臣通过援引对凡察等请求和亲的处置成例，并分析了和亲之事对朝鲜北界安全的影响，最终拒绝了哥时波的和亲请求。① 此事之后，同年二月，斡朵里都万户童吾沙哈等，向世宗国王报曰：

> 我与林阿车有隙，常恐来杀我辈，欲结和亲，以解雠嫌。然于和亲之时，必两皆陈兵相对，仍使牙保傅言结好，故我辈本无军兵，愿赖国家之兵，以成和亲之计耳。②

斡朵里都万户童吾沙哈有此番言论，即希望朝鲜支持其与兀狄哈女真林阿车和亲。童吾沙哈的这一和亲请求，也遭到李朝拒绝。

正德年间，李朝在处置兀良哈莽哈部族与兀狄哈和亲一事时，也是十分慎重。为此，正德八年（1513）十一月己卯，兵曹启："莽哈背恩逞诈，内怀疑惧，要结党援，情状已著，万一虑接之间，恩威失当，则遂成边衅。"③ 此后，正德九年（1514年）十月，工曹参判柳湄，又书启言："六镇城底野人，与深处亏知介结婚缔交，出入境上，防备虚实，历历详知，小有不惬，

---

① 《李朝世宗实录》卷95，世宗二十四年一月戊寅条，东京：学习院东洋文化研究所，1961年，第217页。

② 《李朝世宗实录》卷95，世宗二十四年二月壬辰条，东京：学习院东洋文化研究所，1961年，第220页。

③ 《李朝中宗实录》卷19，中宗八年十一月己卯条，东京：学习院东洋文化研究所，1961年，第630页。

难保无虞。"① 另，嘉靖十年（1531）十一月，同知事尹殷辅亦曰："臣闻五镇城底彼人，欲和亲深处于知介送者乙罗（者乙罗，犹言通事），议和焉，结婚焉云。夫夷狄相攻，乃中国之利也，而今焉若此，甚非国家之利也。"②此后，嘉靖三十三年（1554）正月，备边司亦启曰：

> 城底胡人，为国家藩卫，凡体探及诸事，边将役同编氓。而至于深处野人揶罗之时（胡人相斗，俗谓之揶罗），视若秦越，例不救援。其势渐弱，无所依赖，或结婚媾，或同事情，反投深处胡人，所害非轻。③

明代中前期，李朝一直阻止两江流域女真人与兀狄哈及深处女真人相互婚媾（即史料中所言"和亲"），但女真人跨部族，跨地域的通婚大潮，非李朝所能有效阻止的。两江流域女真人婚媾中打破部族、地域的现象，是当地女真人日益走向部族间联合的一个重要标志。此类婚媾行为，确实为化解女真部族间的仇恨发挥了一定的作用，也为两江流域女真部族应对外敌入侵，发挥了互通声息、攻守相援的作用。

此外，应注意的是，明代中前期，居住在两江流域的女真人，在逐渐走向部族内部众群聚而居、部族间相互婚媾的同时，各部联合作战，也逐渐成为一股潮流。尤其是正德朝以降，建州等卫女真人在掳掠明朝辽东、朝鲜西北两界时，都曾频繁与别部合谋共举。如嘉靖三十八年（1559），"毛怜、海西、三卫鞑子，相为缔结，累犯上国，恣行寇掠"④。各部相为缔结，除累入辽东边墙外，两江流域女真人还不时与其他部落合谋，入袭朝鲜边境。如正德五年（1510）八月初五日，有温火卫（又称温河卫、温下卫）人朴撒塔木等，进告满浦金使高自谦曰：

---

① 《李朝中宗实录》卷21，中宗九年十月壬寅条，东京：学习院东洋文化研究所，1961年，第675页。

② 《李朝中宗实录》卷72，中宗二十六年十一月己未条，东京：学习院东洋文化研究所，1961年，第160页。

③ 《李朝明宗实录》卷16，明宗九年正月己巳条，东京：学习院东洋文化研究所，1961年，第645页。

④ 《李朝明宗实录》卷25，明宗十四年三月丁亥条，东京：学习院东洋文化研究所，1961年，第257页。

火剌温亏知介，与我卫人及建州卫人等，欲作贼朝鲜，相与议曰：
"今年旱气太甚，江水至浅，可以骑马渡江，汝等详知朝鲜道路，其先
往看审作贼便宜处还来。"故我卫人及建州卫人等，托称田猎采参，今
八月初九日发行，向古慈城近处。①

另，嘉靖三十三年（1554）五月二十二日，骨干女真人围攻庆兴府造山
堡，是为"造山堡之变"。战前，骨干女真就已联合了其他部落。就此事，
女真首领罗时哈向李朝边将告曰：

骨干贼胡等，请兵于其罗吾、脱训等两部落，阿之乃船三十只、者
皮船百余只，今月初八、九日间，已泊于呼罗岛。又者皮船千余只，及
马兵同力，随后出来。②

两江流域女真人实现真正的联合作战，共同应对战争威胁，是在明代晚
期，努尔哈赤东征西讨，使得建州女真的统一得以基本实现。迨至皇太极统
治时期，通过多次招抚图们江野人女真，乃至将图们江流域今朝鲜一侧的女
真人陆续刷还，两江流域女真人总体被纳入清朝的直接统治之下，战略层面
实现了统一、新的民族共同体逐渐生成。此后，两江流域出现了新生群
体——驻防旗人，两江流域的战事与冲突，其性质也发生了改变。

三、封贡体制下两江流域女真与明朝的关系

明中前期，明朝与女真在东亚封贡体系中各自扮演不同的角色。明朝为
封贡体系中心，居于共主地位。对女真而言，特别是建州女真，为明廷在两
江流域设置卫所管辖下的子民。然而，明朝在治理以建州三卫为主体的两江
流域女真人时，以宗主国君临女真，带有民族歧视色彩，视女真为"犬羊之
辈"，待女真"以夷制夷"，在女真与朝鲜发生矛盾时，明朝对朝鲜多加祖

---

① 《李朝中宗实录》卷12，中宗五年八月丙申条，东京：学习院东洋文化研究所，
1961年，第388页。

② 《李朝明宗实录》卷16，明宗九年五月戊午条，东京：学习院东洋文化研究所，
1961年，第666页。

护。身处明朝与朝鲜两强之间的建州女真，为本部族生存发展，对明朝接受"修贡称臣"的同时，对朝鲜则采取"饥来饱去"之道。以建州女真为核心的女真部族处于两强的夹缝中谋求生存发展，并在博弈中不断增强自主意识，进而向女真统一进程演进。

（一）明朝的"以夷制夷"与"字小之仁"之道

1. 对建州等女真"以夷制夷"

洪武三年（1370），中书省在论及西北诸虏归附后处置事宜时，即云："夷狄之情无常，方其势穷力屈，则不得已而来归，及其安养闲暇，不无观望于其间。"[1] 明朝历代皇帝在处置少数民族问题时，多有嫌隙，并从历史经验中总结出"分而治之"之道。永乐九年（1411）闰十二月，蒙古阿鲁台遣使，奏请并女真、吐蕃诸部，隶属其约束，成祖遂谓左右曰："虏狼子野心，使各为心，则易制，若并为一，则难图。"[2] 嗣后，明廷大抵对包括建州女真在内的女真的治理态度，多以"分而治之"为主。如对女真及兀良哈三卫的统治，《九边说》载："分地世官，互市通贡，恩威羁縻，为我藩蔽，而奸阑出入，亦不能尽禁。"[3] 又如《建州考》论曰："大抵驭虏之法，曰合曰离，离则其党课携，合则其焰难扑。"[4] 进而指出："虏无所不合，则我兵无所不分，而全辽之累卵可知也。自古虏合则强，离则弱，弱则战，强则守，而朝三暮四于强弱战守之间，则有款。款非媚虏也，非纳岁币也，非称臣削地也，特取文皇帝所创爵号、市赏之例，而操纵与夺之，而渐以修补，斯要领得矣。"[5]

---

[1]　徐学聚撰：《国朝典汇》卷159，兵部二十三《边备》，载吴相湘主编：《中国史学丛书初编》第7册，台北：学生书局，1986年。第1822页。

[2]　郑文彬撰：《抄本筹边纂议》，卷1，卷四国朝《不许虏酋女直吐蕃诸部合款》，中华全国图书馆文献缩微复制中心，1999年，第366页。

[3]　徐学聚撰：《国朝典汇》卷159，兵部二十三《边备》，载吴相湘主编：《中国史学丛书初编》第7册，台北：学生书局，1986年。第1842页。

[4]　陈继儒：《建州考》，四川大学图书馆、《中国野史集成》编委会编：《中国野史集成》第25册，成都：巴蜀书社，2000年，第331页。

[5]　陈继儒：《建州考》，四川大学图书馆、《中国野史集成》编委会编：《中国野史集成》第25册，成都：巴蜀书社，2000年，第332页。

十到十七世纪中叶东北地区女真战事问题研究

明朝对女真实施"分而治之"的过程中，女真部族的势力虽此消彼长，但仍有强大部族时而登场。对此，明朝多存有防备之心，不但令军队震慑备御，还充分利用他部女真钳制之，即"以夷制夷"之法。如针对努尔哈赤迅速崛起，《辽夷略》在论述应对之策时提出："以蛮夷攻蛮夷，中国之长技也。"① 明朝在统摄女真诸部时，不但在女真部族内部，以及建州与海西、东海女真之间玩弄平衡术，以彼部制衡此部，且其最大的"以夷制夷"，则是利用藩属国朝鲜之力，监督、控制甚至是打压女真诸部，尤其是建州三卫女真。如成化年间，明廷两次发兵征建州，俱令朝鲜出兵。如成化十五年（1479），明朝上谕朝鲜发兵夹击建州，成化帝上谕中就朝鲜发兵的理由云：

> 惟尔国王，绍阼东藩，输忠于我国家，有隆无替，朕甚嘉悦。顾王国素称礼义之邦，接邻腥膻之域，亦有以敌之乎？我兵压境，贼有奔窜国境，谅必擒而俘献之。王如申遣偏师，遥相应援，大振貔貅之威，同歼犬羊之孽。逆虏既除，则王敌忾功勤愈茂，而声名岂不有以享于无穷哉！报酬之典，朕必不缓。②

明朝施用上述两种"以夷制夷"的手段，最初确实收有一定的成效，但最终失败。首先，明廷通过分设建州三卫，广封建州女真首领，来分化建州女真势力，阻遏建州女真的联合，从而达到"以夷制夷"，和维护其在两江流域统治秩序的最终目的。但是建州三卫在应对来自朝鲜、明朝的战事威胁中，却逐渐走向联合与统一，最终孕育出努尔哈赤集团，宣告了明朝对女真施行"以夷制夷"政策的破产。

其次，明朝利用海西女真钳制建州女真，甚至利用兀良哈三卫蒙古，钳制女真各部，也在女真的民族统一战争及与明朝的博弈中宣告失败。

第三，明朝在对待女真、朝鲜时，厚朝鲜而薄女真，既引发女真对明廷的不满，还纵容了朝鲜欺凌两江流域女真，使女真长期处于两强的夹缝中艰难地求生存。

---

① 张鼐辑：《辽夷略》，《辽夷略》叙言，四川大学图书馆、《中国野史集成》编委会编：《中国野史集成》第25册，成都：巴蜀书社，2000年。第316页。

② 《李朝成宗实录》卷110，成宗十年闰十月癸亥条，东京：学习院东洋文化研究所，1961年，第380页。

对于女真而言，与朝鲜发生战事与冲突时，多见败于朝鲜，且得不到明朝的支持。为谋生计，女真或纳款朝鲜，或日后寻机报复。弘治五年（1492）正月，建州"贼兵突入碧潼郡围城，又于城外焚民空家，助战将自西门、权管自南门领兵出战，贼中箭者二十余人，贼兵约千余骑，不力战而退"①。此战朝鲜边军的损失，据《李朝实录》载："我军剑伤者一人，中箭者十七人，死者三人，马被夺七匹，中箭四匹。"② 战后，温下卫金主成可才向朝鲜报告，建州女真攻打碧潼郡的原因，据其所云，因"建州卫都督达罕，以妻族战亡于高山里，春初寇碧潼"③。由是可见，建州女真夹在明朝与朝鲜之间，部族生存空间狭小，只有通过战事，达到部族内的联合，继而实现整个女真民族的统一，由此才能破除明朝的"以夷制夷"的制扼。当然，对明朝而言，对女真采取"以夷制夷"的政策，并非治理两江流域女真的正道，最终必被反噬。

2. 对朝鲜极尽"字小之仁"

朝鲜是明藩属国，朝鲜国王接受明朝册封，奉明为正朔。④ 明朝对朝鲜之政策，初定于洪武年间。其时双方关系并不和谐稳定，皆因高丽、李朝北拓两江流域疆域而起。⑤ 对明朝而言，前有辛祸构衅于攻辽，王瑶踵谋于猾夏，以致洪武末年，明辽东军存有防御朝鲜之戒心。洪武二十五年（1392），李成桂立国。同年九月，明太祖降谕：

> 高丽限山隔海，僻处东夷，非我中国所治，且其间事有隐曲，岂可遽信？尔礼部移文，从其自为声教，若能顺天道、合人心，以安东夷之民，不启边衅，则使命往来，实彼国之福也。⑥

---

① 《李朝成宗实录》卷261，成宗二十三年正月庚子条，东京：学习院东洋文化研究所，1961年，第288页。

② 《李朝成宗实录》卷262，成宗二十三年二月壬寅条，东京：学习院东洋文化研究所，1961年，第292页。

③ 《李朝成宗实录》卷267，成宗二十三年七月辛卯条，东京：学习院东洋文化研究所，1961年，第357页。

④ 李鉉淙：《朝鲜的對明關係》，《韓國學報》4，中華民國韓國研究學會，1984年。

⑤ 蒋秀松：《明初朝鲜半岛東北部之女真諸部的歸屬》，《博物館研究》，1989年。

⑥ 徐学聚撰：《国朝典汇》卷163，兵部三十《朝鲜》，载吴相湘主编：《中国史学丛书初编》第7册，台北：学生书局，1986年，第1917页。

可见明廷对朝鲜仍有戒心。洪武二十八年（1395）五月，辽东僧觉悟被朝鲜斩杀。① 永乐七年（1409）十一月，明内史海寿出使朝鲜，渡江至义州，对接伴使朴矩莫名其妙，无端发怒。② 就海寿无端发怒之事，据从辽东回国的朝鲜通事全义曰："辽人密言，朝廷传闻朝鲜起兵助鞑靼，故使寿来觇之。入境便佯怒，以察顺逆。"③ 由此可见，明初洪武、永乐年间，明与朝鲜之间尚未建立稳固的宗藩关系，尤其从明朝角度，对朝鲜并不信任。

明成祖时期，明廷设立建州等卫，将两江流域纳入明朝版图之内进行统辖。明设卫所之时，明与朝鲜围绕设卫受职展开明争暗斗。此时的明朝在应对朝鲜时，只要不触及明朝的核心利益，就会尽量对朝鲜示以包容，即"字小之仁"。即便是朝鲜斩杀女真之事，辽东都司多听之任之，甚至会偏袒朝鲜一方。永乐八年（1410）三月，吉州道察理使赵涓等率军诱杀毛怜卫指挥把儿逊、阿古车、着和、千户下乙主等四人，纵兵歼其部族数百人。赵涓捷报至，朝鲜太宗曰："指挥等皆受中朝职事，今而擅杀，是生衅于上国也。宜速奏闻，其生擒人口，悉令推刷还本。"④ 然而，明朝在闻得此讯后，并未替女真主持公道。是年九月，朝鲜使臣韩尚敬从北京回国，上奏文云：

> 帝曰："朕不曾见尔国文书。这兀良哈，真个这般无礼。我调辽东军马去，尔也调军马来，把这厮杀得干净了。"帝又谓通事元闵生曰："这野人受朝廷重赏大职，赐以金带、银带，招安如此，忘了我恩，打海青去底指挥，拿做奴婢使唤，又尝一来扰我边。有恩的，尚或如是，尔莫说了料着。尔那里十个人敌他一个人，要杀干净。"闵生奏曰："未蒙明降，不敢下手。"帝曰："这已后还这般无礼，不要饶了，再后不来打搅两个和亲。"

---

① 《李朝太祖实录》卷7，四年五月庚戌条，东京：学习院东洋文化研究所，1961年，第315页。

② 据《李朝太宗实录》卷18，太宗九年十一月癸未条载：朝鲜西北面都巡问使驰报曰："内史海寿以十三日渡鸭绿江，至义州，无故发怒，褫牧使朴矩衣，缚判官吴傅，欲笞之而止。其行甚速，竟不言其所以来之故。"

③ 《李朝太宗实录》卷18，太宗九年十一月丙戌条，东京：学习院东洋文化研究所，1961年，第507页。

④ 《李朝太宗实录》卷19，太宗十年三月乙亥条，东京：学习院东洋文化研究所，1961年，第604页。

又帝御奉天门，宣谕曰："这野人貌虽似人，实怀熊狼虎豹之心，可着好军马一举杀了。其中若有归顺朝廷的人，不要惹他，又来告难决断。"①

由上引文可知，永乐帝不仅未指责朝鲜擅杀把儿逊之事，反而纵容朝鲜，若建州女真再行"这般无礼"，"把这厮杀得干净了"。毛怜卫等女真遭受的冤屈，并未在明朝得到昭雪。当朝鲜与女真发生冲突时，明朝袒护朝鲜，予以宽容，令朝鲜也颇感意外。如宣德十年（1435）七月，都承旨辛引孙与黄喜、崔闰德等议曰：

> 昔太宗朝野人犯边，边将尽杀以闻，太宗惊恐曰："野人皆中朝受职人，今不奏闻尽杀，不无罪责。"爰命权皇后族亲朴敦之奏达，皇帝允许所奏曰："野人向我，尚且无礼，于汝国，又肆侵掠，罪当诛戮。"太宗极感喜。今大行皇帝于野人地面，一降敕谕，本国人口财产，未能一一刷还本国，则再降敕谕，野人家财头畜，悉令无遗刷还。此无他，待野人以禽兽，待我国以礼义，故其疏数厚薄如此。②

宣德十年（1435）十一月，世宗国王向明廷奏称："建州卫都指挥李满住等，稔恶不悛，屡诱忽剌温野人，扰害本国边境，愿行天讨，以慰后来之望。"③ 朝鲜此请为明廷所拒，称此小寇耳，不足烦师。但朝鲜兴兵之请，并未招来明朝的斥责，明朝厚待朝鲜之意由此可见。④ 至嘉靖、万历朝，明朝对朝鲜偏袒更甚。嘉靖十六年（1537），赴朝使臣龚用卿等言："朝鲜素称恭顺，较之诸夷不同，而国家礼遇其国，亦未尝以夷礼待之。"⑤

---

① 《李朝太宗实录》卷20，太宗十年九月丁卯条，东京：学习院东洋文化研究所，1961年，第726页。

② 《李朝世宗实录》卷69，世宗十七年七月乙酉条，东京：学习院东洋文化研究所，1961年，第440页。

③ 《明英宗实录》卷11，宣德十年十一月壬辰条，台北："中央研究院"历史语言所，1962年，第211页。

④ 朴喜鎮：《明代朝鮮·女眞·關係研究》，《亞細亞文化研究》6，韓國暻園大学文化研究所、中國中央民族大学，2002年。

⑤ 徐学聚撰：《国朝典汇》卷163，兵部三十《朝鲜》，载吴相湘主编：《中国史学丛书初编》第7册，台北：学生书局，1986年，第1920页。

应指出的是，明朝建构起来的东亚封贡体系中，朝鲜的角色并非单纯的藩属国，因其地与辽东毗连，"中原恃辽东以为固，辽东恃贵国以为藩蔽"①。因此，明朝在处理与朝鲜关系时，底线有二：一是朝鲜不得危害明朝在辽东汉地的核心利益，二是朝鲜不许与建州等女真等私行交通。朝鲜对底线一，轻易不加触碰，故无变故。而对底线二，却时常暗地谋划。

天顺三年（1459），明朝指责朝鲜与建州私相交通。对此，郑文彬在《筹边纂议》中论曰："朝鲜北邻建州女直，夷人授官，潜结辽左之大忌也。"② 在明朝的遣使诘问下，朝鲜虽仍与建州女真暗地交通，但收敛许多。终明之世，明朝在处理与朝鲜关系时，充分体现"字小之仁"的态度，甚至在万历"壬辰倭乱"中，调集重兵抗倭援朝，对朝鲜有"再造藩邦"之恩。在两江流域女真与朝鲜之间的冲突中，明朝向来厚待袒护朝鲜而打压女真，造成女真对朝鲜、明朝的怨恨愈积愈深。

（二）女真的"修贡称臣"与"饥来饱去"之道

明代中前期，两江流域女真应对明朝、朝鲜两强势力之法各有不同：对明朝总体上是接受明朝建构起来的羁縻卫制，"修贡称臣"，通常情况下，不会主动有反叛明朝的举动；③ 而面对朝鲜施用的"恩威并施""剿抚并用"之策，即用"饥来饱去"之道来应对。

1. 女真对明朝"修贡称臣"

在明人观念中，华夷观念弥深，尤以待蒙古，认为"北虏自古为患，独我朝不维无纳币结亲之事，祖宗时真可谓漠南无王庭矣"④。明朝对待蒙古尚且如此，对女真诸部更不可能纳币结亲，即通过设置羁縻卫所、分授各部

---

① 《李朝宣祖实录》卷32，宣祖二十五年十一月戊寅条，东京：学习院东洋文化研究所，1961年，第412页。

② 郑文彬撰：抄本《筹边纂议》卷4，国朝《遣使伐朝鲜建夷潜结之谋》，中华全国图书馆文献缩微复制中心，1999年，第408页。

③ 程妮娜：《古代东北民族朝贡制度史》，北京：中华书局，2016年。

④ 郎瑛撰：《七修类稿》卷13《国事类·中国气数盛》，上海：上海书店出版社，2001年，第131页。

首领职官，责其定时朝贡，是明廷治理两江流域女真各部的一贯政策。①

　　明朝中前期，明廷为治理女真诸部，除设置羁縻卫所外，还设辽东马市，令女真定期前来贸易。② 就辽东马市的功能，明兵部言："广宁、开原，旧设马市，所以羁縻诸夷。"③ 明朝既对女真施以羁縻统治，这就决定了明廷不可能全力赈济女真。对此，《皇明四夷考》论曰："皆令三岁朝贡，官赏羁縻之，又置马市开原城，通交易，稍给盐米，赡诸酋豪，使保塞不为边寇盗。"④ 具体到两江流域女真，各部向明朝入贡，"令岁以冬月，从开原入朝贡"⑤。在明人看来，明廷对建州女真朝贡者，"岁时赐予甚厚"⑥。且封赏、马市是否持续进行，则须视女真酋长之叛服，以致"革赏踰年而旋复，复赏踰年而旋犯，赏不如剿，抚不如战"⑦。

　　从建州女真角度而言，面对明廷分设羁縻卫所、辟立马市，并责其岁时"修贡称臣"，大抵是乐于从命的。因此，从政治层面讲，以建州女真为主体的两江流域女真，对明朝颇为臣服，并无反叛明朝的悖逆行为，更不敢有问鼎中原、取明朝而代的野心。即便如此，两江流域女真，尤其是建州女真，却与明辽东当局一直存在着诸多矛盾，甚至引发战争。这些战事的出现，主要在于经济原因，并直接影响到建州女真能否持续向明朝"修贡"。

　　首先，影响建州女真是否愿意持续对明朝"修贡"的一个重要因素，是明朝是否对其来贡"厚赏"。建州向来对明朝"称臣"，但其在对"修贡"的理解上，却与明廷不同。明廷将能否按时"修贡"，作为衡量女真诸部是

---

①　和田清：《明初の満洲經略》，《満鮮地理歴史研究報告》13，東京帝國大學文學部，1932 年。

②　江島壽雄：《遼東馬市における私市と所謂開原南關馬市》，《重松先生古稀記念，九州大學東洋史學論叢》，九州大學文學部東洋史研究室，1957 年。

③　徐学聚撰：《国朝典汇》卷 158，兵部二十二《互市》，载吴相湘主编：《中国史学丛书初编》第 7 册，台北：学生书局，1986 年，第 1818 页。

④　郑晓撰：《皇明四夷考》卷上《女直》，《国学文库》第一编，1933 年，第 38 页。

⑤　彭孙贻撰：《山中闻见录》卷 9《东人志》，《清入关前史料选辑》第 3 册，北京：中国人民大学出版社，1991 年，第 164 页。

⑥　彭孙贻撰：《山中闻见录》卷 9《东人志》，《清入关前史料选辑》第 3 册，北京：中国人民大学出版社，1991 年，第 164 页。

⑦　陈继儒：《建州考》，第 332 页。

否"称臣"的重要标准。而建州女真则不然，其将向明朝"修贡"，视为获取经济利益的一个重要来源。因为在"修贡"中，将携带的土特产品，市易成本部族急需的物品而挽运回去，事关本部族的生存发展。因此，双方在认识上的分歧，势必会引发"修贡"中的种种矛盾。①

明廷对建州女真市赏之法，据《建州考》载：

> 夫市赏非自今始，自文皇帝始，应有纵簌，则饥饱远近在我，马有衔辔，则张弛馨控在我。市赏者，其膺之纵马之辔耶？昔野人女直敕书为也先所夺，其子孙遣使入贡，自署曰舍人，在道不得乘驿传，锡宴不得登上席，乞哀守臣，守臣请给敕十数道、三五道，始得贡。②

明朝将"修贡"市赏，作为对建州女真实施羁縻统治的手段，而后又上升到了政治层面加以对待，而建州女真对待此事，则将关注点放在经济层面，以致发生矛盾。如正统十三年（1448）发生朵林山卫野人女真头目朝贡到馆，径出街市，强夺民货，并殴伤馆夫，为此明廷下令："今后来朝贡者，赏赐后方令于街市买卖五日，永为定制。"③

明朝对待建州女真，视其叛服之状，酌情准其"修贡""市易"。景泰年间，在巡抚王翔的招抚下，"满住、董山等稍归所掠，而身自入诚，时诸酋多死，子孙以从乱，故尽失其赐敕，不得官，以舍人入贡，赏宴大减，以故怨忿思叛"④。此成化三年之役之前事也。《皇明四夷考》论曰："景泰中，诸酋多死也先之乱，尽失赐敕，诸子孙不得请官，以舍人入贡，赏宴大减，以故怨忿思叛。"⑤ 成化年间，以明朝用兵讨伐建州，以致建州对明朝的"修贡"又时兴时止。如成化六年（1470），建州女真再次谋划入边抄掠，

---

① 和田清：《明初の滿洲經略》，《滿鮮地理歷史研究報告》13，東京帝國大學文學部，1932 年。

② 陈继儒：《建州考》，第 332 页。

③ 徐学聚撰：《国朝典汇》卷 170，礼部五《朝贡》，载吴相湘主编：《中国史学丛书初编》第 7 册，台北：学生书局，1986 年，第 1346—1347 页。

④ 徐学聚撰：《国朝典汇》卷 173，兵部三十七《女直》，载吴相湘主编：《中国史学丛书初编》第 7 册，台北：学生书局，1986 年，第 2065 页。

⑤ 郑晓撰：《皇明四夷考》卷上《女直》，《国学文库》第一编，1933 年，第 39 页。

辽东巡抚彭谊侦知，派兵由辽阳进击，大败女真。此后，"朝廷示羁縻，复以董山子脱罗为指挥，他从叛者得降秩袭，诸夷复贡。然往往声复董山仇，纠掠塞上"①。迨至嘉靖、万历年间，尽管建州女真频繁入掠辽东，但其总体上保持着修贡。尤其是至嘉靖末年，"辽东大困，已复修贡不绝，嗣是而海西、建州代相雄长矣"②。

其次，建州女真向明"修贡称臣"的同时，仍不时突入明辽东边地抄掠。

明代中前期，两江流域以建州女真为首的各部女真，对明朝表示臣服，称臣纳贡。但若入贡受阻或遭辽东边将欺凌时，或控诉无门，或控诉无效，遂率以直接纠集部众，或纵容部族，而突入辽东明边进行抄掠，甚至射杀明边将士卒，以致酿成边衅。如嘉靖二十四年（1545），辽代巡抚于敖减赏赐，"夷人大恨，因数入塞，辽东、西大困"③。《国朝典汇》也载，辽东巡抚于敖减赏物，"夷人大哗，不能拊，顾诈杀诸哗酋，夷人大恨，数入塞杀掠"④。《山中闻见录》也云："都御史于敖减抚赏诸夷译，复诈杀译者，挟愤入塞杀掠如成化时。"⑤ 事实上，明中前期建州女真屡次突入明边，杀掠不已，对明朝施以报复，是其突入明边抄掠的重要原因。⑥

对明朝而言，极少对女真抄掠明边的原因加以检讨。如隆庆二年（1568）六月，巡按御史刘翱奏蓟镇秋防事宜时提出："属夷阳顺阴逆，宜稍加震叠。"⑦ 实际上，建州女真之所以频繁入掠辽东，一个重要原因，是受辱于明辽东边将，因此常常放纵族人突入边墙抄掠。嘉靖三年（1524）四月，嘉靖帝上谕礼、兵、工三部曰："迩来女直并朵颜等卫进贡夷人经过，

---

① 彭孙贻撰：《山中闻见录》卷9《东人志》，第164页。

② 彭孙贻撰：《山中闻见录》卷9《东人志》，第165页。

③ 罗日褧撰：《咸宾录》，《东夷志》卷2《女直》，北京：中华书局，1983年，第47页。

④ 徐学聚撰：《国朝典汇》卷173，兵部三十七《女直》，载吴相湘主编：《中国史学丛书初编》第7册，台北：学生书局，1986年，第2067页。

⑤ 彭孙贻撰：《山中闻见录》卷9《东人志》，第165页。

⑥ 朴正珉：《朝鲜前期の对女真政策》，《年报朝鲜学》20，九州大學朝鮮學研究會，2017年12月。

⑦ 徐学聚撰：《国朝典汇》卷159，兵部二十三《边备》，第1840页。

地方衙门多有不行照例应付管待，及至到京赏赐段匹等物，有多稀松短少，不称朝廷抚待远人之意。"① 建州女真入贡时，沿途衙门多方勒索，激成怨恨，此后稍有矛盾，即刀兵相向，酿成事端。然事端发生前，各部都指挥使等官多知悉。成化十九年（1483）十月，建州酋长赵伊时哈与朝鲜都承旨李世佐有如下问答：

> （李世佐）问曰："汝等往犯辽东边境之时，汝等潜往犯之乎，必告于酋长而为之乎？"（赵伊时哈）答曰："安有不告酋长，而擅行之理乎？"②

不容否认，女真各部首领纵容所部掠夺明边之情形确实存在。然而，即便女真首领愿意约束属民亦实属不易。明代女真"自推豪杰为酋渠，是其君长也"③。包括两江流域女真在内，明廷设置羁縻卫所，封女真酋长"为都指挥、指挥、千百户、镇抚，赐敕印，各统分部"④。正统六年（1441）三月，世宗国王传旨咸吉道都节制使李世衡曰："惟彼野人，本无统帅，且无号令。"⑤ 建州女真各部，居住"无城郭，或二十余家，或三十余家，作屯聚居"⑥。即便是颇为强力的建州三卫都督，亦无法完全管控所属女真各部落。因此，女真首领约束部属是一件很棘手的事，这恐怕也是女真零星入掠辽东明边一直未能断绝的重要因素。

2. 女真对朝鲜"饥来饱去"

在朝鲜文献中，经常以"饥来饱去"来描述两江流域女真与朝鲜的关系，"饥来饱去"从一定意义上，揭示了明中前期两江流域女真处理与朝鲜

① 徐学聚撰：《国朝典汇》卷170，礼部五《朝贡》，第1352页。
② 《李朝成宗实录》卷159，成宗十四年十月戊寅条，东京：学习院东洋文化研究所，1961年，第114页。
③ 陈继儒：《建州考》，第331页。
④ 彭孙贻撰：《山中闻见录》卷9《东人志》，第164页。
⑤ 《李朝世宗实录》卷92，世宗二十三年三月丙午条，东京：学习院东洋文化研究所，1961年，第160页。
⑥ 《李朝中宗实录》卷61，中宗二十三年四月壬戌条，东京：学习院东洋文化研究所，1961年，第470页。

关系的一种策略。①

首先，朝鲜在与两江流域女真人交往中，形成了对女真"人面兽心"的偏见。朝鲜对女真以"小中华"自居，认为对两江流域女真有恩惠。宣德八年（1433）正月，世宗国王云："往年婆猪之贼（指建州女真——引者），为火剌温所迫逐，失其巢穴，携家属乞住江滨，国家怜之，许令寄住，我国外育之恩大矣。"② 成化十九年（1483）五月，居于鸭绿江朝鲜一侧的温火卫酋长向朝鲜请求迁于鸭绿江明朝一侧的皇城居住。据平安道节度使驰启："野人金刘里介率部落，欲徙居皇城之野，藩卫本国，以输诚款。"③

在朝鲜看来，允许女真居住在两江流域今明朝一侧，是朝鲜给予女真的恩惠。有此恩惠，各部女真理应成为朝鲜的藩屏，输诚纳款。一旦有女真部族徙往他处，或突入朝鲜边地劫掠，则视为"忘恩"之举，而受到朝鲜君臣的指责。④

成化二十三年（1487）八月，建州左卫高都乙赤（又称皋都乙赤）率部众突入满浦地面；同月二十六日，又入碧潼地面，"杀伤人畜，又多抢以去"⑤。九月，朝鲜得知系建州左卫高都乙赤率部来袭后，驰书建州三卫酋长云："汝等外示归顺，内怀阴贼，日者寇满浦、碧潼，必是汝等所为也，宜即穷诘罪人以告，否则将大举问罪。"⑥ 同年十月，成宗国王命兵曹判书致书建州三卫女真首领，书云："明谕彼人，令推得作贼者，缚送于京，又

---

① 朴正珉：《朝鲜前期の对女真政策》，《年報朝鮮學》20，九州大學朝鮮學研究會，2017 年 12 月。

② 通文馆主人：《国朝征讨录》卷上《征婆猪江》，训练都监木活字本，第 11b 页。

③ 《李朝成宗实录》卷 154，成宗十四年五月辛丑条，东京：学习院东洋文化研究所，1961 年，

④ 朴喜鎮：《明代朝鮮・女眞・關係研究》，《亞細亞文化研究》6，韓國暻圍大学校文化研究所、中央民族大学，2002 年。

⑤ 《李朝成宗实录》卷 208，成宗十八年十月壬午条，东京：学习院东洋文化研究所，1961 年，第 551 页。

⑥ 《李朝成宗实录》卷 208，成宗十八年九月壬子条，东京：学习院东洋文化研究所，1961 年，第 541 页。

刷还抢掳人畜可也。若执迷不悟，施拒朝命，然后兴师问罪，亦未晚也。"①
弘治四年（1491）造山堡之役，兀狄哈女真围攻造山堡，朝鲜获悉，君臣反应
激烈，成宗国王曰："蠢兹北狄，不效诚信，辜负国恩，敢尔猖獗造山等处，
阑入城中，杀掳人畜，至杀边将。此虏轻侮我国，当秋再举入寇必矣。"②

其次，女真对朝鲜"饥来饱去"的生存之道。"饥来"，是指女真各部
面临饥馑之年，或生存遭到严重威胁之时，女真部众或自发来到江边，向朝
鲜边将乞求粮盐以活命；或由部族首领持土物等，到朝鲜王京朝贡，以获取
封赏。③"饱去"，指女真部众从朝鲜获得粮盐等赏物后，即得到满足后离
去，返回居住地，此为第一层含义。

第二层含义是，当女真部族强盛后，渐生轻慢朝鲜之心，与朝鲜稍有嫌
隙，便即刻劫掠一番，扬长而去。若从建州三卫为主体的两江流域女真角度
审视，确有其合理之处。两江流域女真，尤其是建州女真，应对朝鲜以"饥
来饱去"之道，源自历史上的多次交往中深受朝鲜的加兵之害，以致长期以
来形成对朝鲜的不信任。

如成化三年之役，建州李满住所部因战前未得到消息，猝不及防，折损
惨重，史载："贼不意我兵猝至，狼狈奔窜，或自焚其家，于是斩李满住、
古纳哈等二十四级，生擒二十四人，获汉人六名，马十八匹，牛十五只，兵
仗器械无算，家舍财产焚荡一空。"④此战后，朝鲜援军回师途中，于防墙
洞口，"贼数十骑登高，呼被虏人名，拊膺痛哭"⑤。由此看来，李满住部因
未对朝鲜来袭存有足够的戒备心，以致部族损失惨重，此后的李满住部，不
可能再对朝鲜完全信任。⑥

---

① 《李朝成宗实录》卷 208，成宗十八年十月壬午条，东京：学习院东洋文化研究
所，1961 年，第 551 页。
② 《李朝成宗实录》卷 252，成宗二十二年四月癸亥条，东京：学习院东洋文化研
究所，1961 年，第 543 页。
③ 河内良弘：《李朝時代女眞人の朝鮮入京について》，《天理大學學報》138，天
理大學學術研究會，1983 年。
④ 通文馆主人：《国朝征讨录》卷上《征建州卫》，训练都监木活字本，22a 页。
⑤ 通文馆主人：《国朝征讨录》卷上《征建州卫》，训练都监木活字本，22b 页。
⑥ 河内良弘：《中宗、明宗時代の朝鮮と女眞》，《朝鮮学報》82，朝鲜学会，1977 年。

嗣后，建州女真利用一切机会向朝鲜寻求报复。据《李朝实录》成宗十一年（1480）九月乙酉条载：朝鲜护送明天使还辽东，"东八站路上，遇野人遮截，相战，我卒四散"①。此战朝鲜护送军损失惨重，"其士卒死者过半，辎重散失亦无算，边将不以实闻"②。此次建州女真截击朝鲜天使护送军的原因，据朝鲜边将分析，为"本国于成化三年、成化十五年节次钦奉敕谕，入攻建州卫以后，此贼等常怀愤怨，谋欲报复"③。再如成化十八年（1482）四月，蒲州斡朵里汝弄可言："我子三人到满浦近处，朝鲜人射杀一人，又伤二人，冬节合冰时聚兵报复。"④同年闰八月，建州人斡黑能到满浦，云邻居沈者罗来长子阿之应可云："去五月间，亲子阿时哈与其邻居二人越江畋猎，为朝鲜人所射，阿时哈死，二人见伤，控告中朝，必欲报复。"⑤

女真在面对军事实力占据绝对优势的朝鲜边军的驱逐之时，或以零星抄掠应对，更多时则是对朝鲜"饥来饱去"，战和无定。⑥在建州三卫女真的认知中，朝鲜为他国，与己绝无统属关系。如弘治五年（1492）十二月，各卫女真等十余人向朝鲜满浦金使传其酋长之言曰："近者与贵国有怨，入寇贵国边境，我等不能禁制，因此不得效顺久矣。今乃约誓，不复侵贵境，令我等致意，故来耳。"⑦既无臣属关系，双方自是"以利相交"，停留在经济层面。因此，无论是建州女真，还是毛怜卫等诸部女真，都乐于向朝鲜朝

①　《李朝成宗实录》卷121，成宗十一年九月乙酉条，东京：学习院东洋文化研究所，1961年，第472页。

②　《李朝成宗实录》卷121，成宗十一年九月丁亥条，东京：学习院东洋文化研究所，1961年，第473页。

③　《李朝成宗实录》卷122，成宗十一年十月辛酉条，东京：学习院东洋文化研究所，1961年，第478页。

④　《李朝成宗实录》卷145，成宗十三年闰八月丁丑条，东京：学习院东洋文化研究所，1961年，第700页。

⑤　《李朝成宗实录》卷145，成宗十三年闰八月丁丑条，东京：学习院东洋文化研究所，1961年，第700页

⑥　河内良弘：《中宗、明宗時代の朝鮮と女真》，《朝鮮学報》82，朝鲜学会，1977年。

⑦　《李朝成宗实录》卷272，成宗二十三年十二月癸丑条，东京：学习院东洋文化研究所，1961年，第411页。

贡，从中获取贸易之利。① 而女真不被准许朝贡时，往往表现出不满情绪。成化二十年（1484）七月，建州人蒋舍澄可向朝鲜边将告言："左卫人高都乙赤声言：朝鲜于己亥年（1478）尽杀我妻子父母，焚烧家舍，至今未复业。而一时逢患赵伊时可，则朝鲜许令上京厚待，我则不许上京。以此含怨欲报，合众二百五十余名，以船百余只，到婆猪江洞口滩"②，欲渡江报复朝鲜。由此可见，"饥来饱去"恰是两江流域女真人应对与朝鲜关系的真实写照。

① 河内良弘：《中宗、明宗时代の朝鲜と女真》，《朝鲜学报》82，朝鲜学会，1977 年。
② 《李朝成宗实录》卷 168，成宗十五年七月癸巳条，东京：学习院东洋文化研究所，1961 年，第 188 页。

第四章
明末清初两江流域女真与
中原王朝之间的战事

　　本篇所论述始于万历十一年（1583）建州女真首领努尔哈赤起兵征讨尼堪外兰，女真各部统一战争的开始，终于崇祯十七年（1644）清军入关，定都北京。该时期两江流域的战事与冲突，主要集中发生在后金（清）与明辽东驻军之间。

一、明辽东驻军与女真及后金军交兵接仗

　　明末清初，鸭绿江、图们江两江流域的战事与冲突，较之明中期发生了显著变化。

　　首先，该时期生活在两江流域的女真人，在建州女真努尔哈赤的率领下，发起并最终完成民族统一战争，至皇太极时期，新的满洲民族正式登上历史舞台。

　　其次，该阶段迅速崛起的后金（清）政权，在基本完成内部民族统一的战争后，转而发起反抗明朝、征伐朝鲜的一系列战事，这是明中前期未曾出现的新变局。

　　明廷为应对两江流域新变局，采取了多项措施，以期消弭来自后金、清朝的战争威胁。本章中，将从明辽东驻军与女真、后金军交兵接战，明朝与

朝鲜互援共同对抗后金（清）军，明军驻扎朝鲜西北境内及其实际战绩等方面，对该阶段明廷对两江流域战事与冲突的应对情况加以考察。

万历十一年（1583），建州女真首领努尔哈赤起兵，征讨尼堪外兰，此后迤至崇祯十七年（1644）清军入关，这一阶段，是建州女真实现民族统一，建立地方政权，继而夺取对全国的统治权的决胜期。该阶段中，明廷在经略鸭绿江、图们江两江流域时，主要同建州女真人以及继而建立的后金、清政权之间，发生了一系列激烈地战事及冲突。

明朝在应对与建州女真人、后金、清政权之间发生在两江流域的战事及冲突时，则采取直接的问罪致讨、防御性的拒敌与追击等方式。

（一）防御性的拒敌与追击

自万历十一年（1583）建州女真首领努尔哈赤起兵，征讨尼堪外兰，努尔哈赤集团将主要精力，投入征讨各部女真，以实现女真民族统一的若干战事上来。与此同时，对明廷外示臣服，尚未公然反抗明朝的统治。即如万历十六年（1588），辽东顾养谦奏："奴儿哈赤者，建州黠酋也，骁骑已盈数千，乃曰奄奄垂毙。"[①] 努尔哈赤集团武力日盛，但仍外示"奄奄垂毙"，向明廷示弱之情，由是可见。

自努尔哈赤起兵以来，第一次与辽东明军发生大规模正面冲突，是万历四十六年（1618）的抚顺攻守之役。

是年四月十四日，后金分二路进兵，袭击抚顺城。[②] 四月十五日，战事正式爆发。交战前，努尔哈赤曾派兵劝降抚顺城守将游击李永芳。在接到后金劝降书后，抚顺城守将李永芳并未投降，并为防守抚顺城采取了相应的措

---

① 《明神宗实录》卷194，万历十六年正月己酉条，台北："中央研究院"历史语言所，1962年，3654页。

② 从地理位置上讲，今抚顺管境大部分在辽河流域之内，但因其境内之富尔江，巨流河等，均注入浑江，而浑江系鸭绿江支流。故本文在考察鸭绿江流域战事与冲突时，将今辽宁新宾、桓仁等地，也纳入进来。而明代抚顺城，也属于鸭绿江流域边缘辐射地带，且努尔哈赤发兵来袭，也主要经过新宾等地，此乃本处考察抚顺城防守之役的主要依据。

施。但在后金兵的围攻下，抚顺城旋即失陷，李永芳遂出城归降。① 抚顺城陷落后，四月二十一日，后金军回兵途中，又与明朝追兵发生激战。明朝援军万余人，分兵三处，据险发炮，然三营之军，皆被后金军攻破，兵马折损惨重。② 可见，无论是抚顺城防守战，还是此后驰援抚顺的明朝援军与后金军的舍里甸之战，明军的应战表现俱属不佳，连连败绩。

（二）发起大规模问罪致讨

在辽阳陷落，辽河以东各地相继落入后金之手以前，辽东明军与后金军之间，陆续展开多次大规模交战。其中，属于明军大规模主动讨伐者，止于萨尔浒之战。万历四十七年（1619）二三月间，明军以经略杨镐为统帅，号称四十七万之众，分兵四路，围剿后金，是为萨尔浒之役。此战中，东路联军与后金军发生的深河之役就位于鸭绿江流域内。

深河之役，明军以总兵刘铤为统帅，康应乾为监军，除明军外，"合朝鲜兵，出宽奠口"③。深河之役前夕，明军在行军途中，曾焚烧女真人村寨，并斩杀了因残疾而无法逃走的女真人。在后金军主力未赶到以前，明军击败了小股后金军的抵抗。但在后金军主力驰到后，战局陡变。《清实录》载："四王（皇太极）率右侧兵前去，领精兵三十，更出众军之先，从上下击，兵刃相接，正酣战间，后兵亦至，冲击而进。大王（代善）亦率左侧兵自山西而进，大明兵溃遂走，四王随掩杀之。又见刘铤二营兵来，乘其未布阵之先杀入，刘铤战死于阵中，全军覆没。"④ 但上则引文中，并未言及参战明军的战斗力。而奉命参战的朝鲜军队将领在给朝鲜国王的驰报中，则有对明军的战斗力具体的描述。据《光海君日记》载："中原东路军兵，极为单

---

① 《清太祖实录》卷 2，天命三年四月十五日条，载《清入关前史料选辑》（第一辑），北京：中国人民大学出版社，1984 年，第 341 页。

② 《清太祖实录》卷 2，天命三年四月二十一日条，载《清入关前史料选辑》（第一辑），北京：中国人民大学出版社，1984 年，第 341—342 页。

③ 《清太祖实录》卷 3，天命四年二月条，载《清入关前史料选辑》（第一辑），北京：中国人民大学出版社，1984 年，第 345—346 页。

④ 《清太祖实录》卷 3，天命四年三月条，载《清入关前史料选辑》（第一辑），北京：中国人民大学出版社，1984 年，第 349—350 页。

弱，而唯恃我国之兵云。予见元帅状启，不觉寒心。予当初忧闷者，正是今日之忧也。中原军兵单弱如此，则况惟我国不炼羸弱之兵乎？以如此弱卒驱入于虎穴，非但败溃而已，日后我国之忧，有不可言者，本司其亦思之乎？"①

继刘铤战死后，监军康应乾合朝鲜兵，继续与后金军接战，然经此一战，明军再次大败。就该次交战明军战败经过，《清太祖武皇帝实录》载："监军康应乾步兵合朝鲜兵，营于付嗉旷野处，四王驻兵，诸王随皆至，遂列阵前战。见应乾部下兵，皆执莨笉竹杆长枪，披藤甲皮，朝鲜兵皆披纸甲、柳条盔，枪炮层层布列。当进战之际，大明营中，枪炮连发，适大风骤起，其烟尘皆返向本营，迷罩昏黑，竟无分晓。我兵遂发矢冲入，破二万兵，掩杀殆尽，风尘遂止，康应乾仅以身免。"②

深河之役后，明军在鸭绿江流域下游，尤其是在镇江（位于今辽宁省丹东市境内）等处，调集重兵驻扎。但此后的后金军不时南下突入，以致明军不断求援。如万历四十八年（1620）五月，"奴兵犯抢莺儿沟，镇江军兵尽赴未还"③。随后，开原、铁岭连陷，明军在整个辽东的统治，已呈风雨飘摇之势。至天启元年（1621）三月，后金攻陷辽阳。于是，"酋之第三子，循海州而南，四卫之人，望风奔窜，武弁青衿，各携家航海，流寓山东，不能渡者，栖各岛间，此岛众所羼集也"④。至此，原明廷管下之辽河以东的鸭绿江流域，迅速落入后金之手，明军与后金在鸭绿江西岸的对峙与交战结束。

（三）联合其他力量共同对抗后金（清）军

明前中期，明廷曾联合朝鲜军，共同围剿女真部族。如成化三年之役，李朝应明朝移敕，派兵协助明军围剿建州女真李满住等部。至努尔哈赤崛起后，

---

① 《光海君日记》卷138，李朝光海君十一年三月丙戌条，东京：学习院东洋文化研究所，1961年，第539页。

② 《清太祖实录》卷3，天命四年三月条，载《清入关前史料选辑》（第一辑），北京：中国人民大学出版社，1984年，第350页。

③ 《光海君日记》卷152，光海君十二年五月庚子条，东京：学习院东洋文化研究所，1961年，第644页。

④ 《明熹宗实录》卷8，天启元年三月丁卯条，台北："中央研究院"历史语言所，1962年，第409页。

无论是发起女真各部的统一战争，还是以"七大恨"举旗反明，建州女真的以上种种军事行动，同时引发了明朝与朝鲜的忧虑。在明朝看来，建州女真的迅速崛起，尤其是努尔哈赤发动反明战争，对明朝在辽东的统治、李朝的存续，都是极大的威胁。因此，明朝多次降敕李朝，或命李朝发兵助剿，或令李朝加强西北两界边防，以防备后金及清朝派兵东犯。但二者的联合，在之后与后金军、清军的接战中，并未能在鸭绿江流域的战争中取得显著战绩。

在此期间，明廷对以两江流域为根据地的后金、清政权，或出兵进剿，或对于敌军来犯，应对以防御性拒敌与追击，甚至联合朝鲜军，试图协力剿杀。但多重应对措施的施行，不仅未能解决女真人反明问题，反而使得女真势力越战越强，后金改元称帝，建立清朝。这一局面的出现，不仅宣告了明朝军事行动的失败，更昭示着终明之世明廷一直推行的治理东北女真的民族政策的失败。

二、后金（清）统一女真诸部及对明朝的战事

后金（清）政权与明朝之间在两江流域，尤其是鸭绿江流域，发生了激烈的战事和冲突。为应对复杂的战争与冲突局面，努尔哈赤、皇太极统治集团审时度势，完成女真的统一战争、举兵反明、征服朝鲜等一系列军事行动。因此，本章将从努尔哈赤、皇太极统治集团发兵征两江流域各部女真，后金军（清军）与辽东明军、驻朝明军的对战等方面进行考察，试图揭示后金与大清政权用兵两江流域的内在原因，及采用的若干措施发挥的实际成效。

（一）发兵征讨两江流域各部女真

万历十一年（1583）五月，建州女真努尔哈赤起兵，征讨尼堪外兰（满语"nikanwailan"之音译），以此为标志，女真民族统一战事揭开大幕。女真的统一战争，是在努尔哈赤的主导下，经过建州女真部族内部的统一战争，征服海西四部，以及多次征讨东海野人女真部族，最终于清太宗皇太极统治时期，基本完成了民族统一，并以颁布诏令的方式，改"诸申"（满语"jušen"）为满洲（满语"manju"），由此，新的满洲民族基本形成。

十到十七世纪中叶东北地区女真战事问题研究

在女真民族统一战争中，很多战役发生在图们江及鸭绿江两江流域。按照努尔哈赤集团的崛起路径，发生在两江流域的女真民族统一战争，大致分为两个阶段：第一阶段，是后金政权建立以前，努尔哈赤集团在忠顺明朝的外衣下，发起了一系列征服周边女真部族的战争；第二阶段，是后金政权建立后，后金政权加大了对东海女真各部族的用兵。此外，后金、清政权，在将两江流域各女真部族携归后，还酌情派出军兵，对原女真各部族居住地进行巡防，不时与潜入的辽东军民、朝鲜西北界边民遭遇，并发生武装冲突。

1. 后金政权建立前的民族统一战争

万历十一年（1583）五月，身为建州女真首领的努尔哈赤，为报古勒城之战中尼堪外兰导引明军来攻，致祖父觉昌安（满语"giocangga"之音译）、父塔克世（满语"taksi"之音译）被明军误杀之仇，举兵征讨图伦城（满语为"turunhoton"）城主尼堪外兰，此即"图伦城之战"。此战，努尔哈赤获胜。此后，努尔哈赤率先发起兼并建州女真各部族的战争。

为减少明朝对建州女真内部统一战事的干涉，努尔哈赤集团勤于主动向明朝朝贡，并贿赂辽东官将，以此示以该部"忠顺"明廷之意。与此同时，暗中加强本部军备，以征服建州女真各部。就此行为，万历十七年（1589）七月，有建州卫女真人童坪者等向李朝满浦守将归顺。据归顺李朝的建州女真人言称："左卫酋长老乙可赤兄弟，以建州酋长李以难等为麾下属，老乙可赤则自中称王，其弟则称船将，多造弓矢等物，分其军四运，一曰环刀军，二曰铁锤军，三曰串赤军，四曰能射军。间间练习，胁制群胡，从令者馈酒，违令者斩头，将为报仇中原之计。"① 本处所称"老乙可赤"，即努尔哈赤。万历十七年（1589），努尔哈赤与其兄弟等，已加紧造置弓矢等物，并对其管下军队进行兵种分类，通过加强军队训练，以"胁制群胡"，从令者馈酒，违令者斩头。一系列建州女真内部统一战事，其终极目的则是将战争的矛头最终指向明朝政府。

在此后的十余年内，努尔哈赤集团实力迅速壮大，并由建州部族内部的统一，升级为对东海野人女真、海西女真等部族的兼并战争。其中，乌碣岩

---

① 《李朝宣祖实录》卷23，宣祖二十二年七月丁巳条，东京：学习院东洋文化研究所，1961年，第293页。

之战，是努尔哈赤所部实现招服图们江流域东海女真、兼并海西女真乌拉部的一场关键性战役。就此战役过程及其影响，朝鲜文献记载较为详细。①

乌碣岩之战，朝鲜文献中，还称此战为"门岩之败""文岩之败"。万历三十五年（1607）正月底，原从属于海西女真乌拉部的东海女真蜚优（位于今吉林省珲春市三家子满族乡古城村境内）城主策穆特黑，决定归顺努尔哈赤。为此，努尔哈赤遣其弟舒尔哈齐等率兵迎接，不意建州军队在图们江畔之乌碣岩（位于今朝鲜咸镜北道钟城附近），与截击之乌拉军队发生遭遇战。是战中，乌拉大败，主将博克多（汉语记为"布克敦"，满语为"bok-do"）阵亡。此后，海西女真乌拉部势力退出图们江流域。

乌拉部（即史料中所言"忽温"）在乌碣岩之战中折损极重，仅人员损失一端，弃置于朝鲜境内之尸体，即有三千余首。经过此战，建州女真努尔哈赤所部势力愈见强盛，雄于诸部，故远近部落几尽服属。此时尚未及吞并者，仅海东、海西数部而已。此时的努尔哈赤，在处理与朝鲜关系时，姑与我国日致款好，以示其意。

在女真各部的统一战争中，努尔哈赤对朝鲜示以款好。但李朝君臣对努尔哈赤所部的迅速崛起已感到担忧，已较早意识到，后日经远之虑，则所当专意于"老贼"（即努尔哈赤）。就此威胁，万历三十七年十二月丙寅，咸镜监司张晚驰启曰：

> 即接北兵使李守一驰报，则奴酋兵马，方在水下攻掠诸部云。此贼自得利门岩之后，咸行迤东诸部。上年间尽撤藩胡，得精兵五六千，作为腹心之军。今又孤军远来，悬入数千里之外。而忽温等胡，不敢窥望其去留，兵锋所指，莫敢谁何，而得志西北之间，概可想矣。前行远交近攻之术，只撤藩胡，海上诸部，使一介缓频，暂行羁縻。而及今劫以兵威，又为掠去，得军之数，必与藩胡同，又或过之。自其巢穴，东至北海之滨，并为其所有。②

---

① 详见《光海君日记》卷 14，光海君元年三月辛卯条，东京：学习院东洋文化研究所，1961 年，第 144 页。

② 《光海君日记》卷 23，光海君元年十二月丙寅条，东京：学习院东洋文化研究所，1961 年，第 217 页。

咸镜监司张晚所启之言揭示：乌碣岩之战后，努尔哈赤集团威行迤东图们江流域诸部，且将图们江流域东海女真精壮之丁拣选后，编入军队，得精兵五六千人。自努尔哈赤集团根据地，东至北海之滨，并为其所有。

此后，努尔哈赤集团继续派兵征服东海女真诸部。为此，万历四十年（1612）一月丁巳，据咸镜监司韩浚谦驰启曰："老兵大队，水下深处已为攻击，首胡承良还向老巢，情形叵测。疆场之虞，到此益甚。"① 甚者，留居于朝鲜北境的女真人，也成为努尔哈赤征服的对象。万历三十九年（1611）八月己卯，"奴兵搜掠藩胡于庆源牙山堡境"②。朝鲜文献就此，作如下详解："奴"即建夷也，初以"老胡"称之，中朝改称"奴胡"。

在鸭绿江流域，努尔哈赤集团较早就已完成诸部女真人的统一。但在后金建立之前，鸭绿江流域朝鲜一侧居住的女真部族，也成为努尔哈赤集团向李朝索要移徙的对象。如万历四十年（1612），努尔哈赤解送河世国等及朝鲜废四郡故地之撤移女真人。为此，是年二月癸酉，李朝备边司启准："今因此事，令本道别备礼物，差一有心计人，委往以谢，且观彼中情形而来，仍言间延等地未尽撤移胡家，并为尽撤，以全彼此疆域云。"③

2. 后金（清）政权派兵征讨东海女真

万历四十四年（1616）正月，努尔哈赤建国称汗。至此，作为晚明东北地区地方民族政权的后金政权正式建立。此后，后金、大清④政权继续派兵，征讨东海女真各部。后金政权统治时期，多次发起大规模征讨居住在图们江流域的东海女真战事。如天启五年（1625），努尔哈赤遣官领兵二千，讨东海南胡儿哈部，"招五百户而来"⑤。同年八月，征讨回军。不久，后金再次

---

① 《光海君日记》卷49，光海君四年一月丁巳条，东京：学习院东洋文化研究所，1961年，第422页。

② 《光海君日记》卷44，光海君三年八月己卯条，东京：学习院东洋文化研究所，1961年，第388页。

③ 《光海君日记》卷50，光海君四年二月癸酉条，东京：学习院东洋文化研究所，1961年，第426页。

④ 此处及本文所言"大清"，系因"爱新国"（满语"aisingurun"）改国号为"大清"（满语"daicinggurun"），故从此称谓。

⑤ 《清太祖实录》卷4，天命十年八月条，载《清入关前史料选辑》（第一辑），北京：中国人民大学出版社，1984年，第384页。

发兵，命阿拜、塔拜、巴布泰等，领兵一千，二路进军，征东海虎里哈部。至同年十月初四日，"获人一千五百"①，官兵旋回。

天聪三年（1629）闰四月，后金派兵往攻厚罗岛。厚罗岛，距李朝庆兴镇百里之内。当时为东海女真居住地，因该部女真人未归顺后金，"虏骑千余，攻厚罗岛，岛中人据险不出，虏兵屡攻而不得拔"。同年七月甲午，又命孟阿图率官八员、兵三百，往征瓦尔喀，并颁上谕曰："尔等行军，宜严纪律，毋妄杀、毋劫掠，归附之众，皆编为民户携还，其所产貂皮及一切诸物，毋得丝毫私取，若克建功绩，自加升赏。"② 上谕内容揭示：后金派兵往征瓦尔喀，其用兵主要目的，是以发兵讨伐等武力手段，令图们江流域瓦尔喀人归附，进而将归附之人，皆编为民户携还。

此后，后金多次往征图们江流域的东海女真，所获人口甚众。如崇祯四年（1631）二月甲戌，后金所遣往征瓦尔喀之大臣孟阿图（满语"mungga-tu"），自宁古塔遣人上奏："俘获人数，男子千二百十九名，妇女千二百八十四口，幼丁六百三名，及人参、皮张甚多。"③

天聪七年（1633）十一月，后金遣季思哈、吴巴海率官八员、兵三百人，往征朝鲜接壤之虎尔哈部落。此时后金派兵往征图们江流域东海女真，军队已极为重视严肃军纪。对于已俘获之人，责令出征官兵善加看管，勿令复行叛逃，"所俘妇女，当择谨厚之人守护，若有奸淫事觉，领兵固山额真与奸淫之人，俱从重治罪。"④

后金如是重视被俘获东海女真丁口的处置，究其原因，是希望将俘获的女真丁口，充实到后金政权中来。同样基于如是目的，崇祯八年（1635）四月癸巳，出征瓦尔喀之霸奇兰、萨穆什喀，令白奇及兵部启心郎额色黑、伊

① 《清太祖实录》卷4，天命十年八月条，载《清入关前史料选辑》（第一辑），北京：中国人民大学出版社，1984年，第384页。

② 《清太宗实录》，卷5，天聪三年七月甲午条，北京：中华书局，1985年，第72页。

③ 《清太宗实录》卷8，天聪五年二月甲戌条，北京：中华书局，1985年，第113页。

④ 《清太宗实录》卷16，天聪七年十一月戊申条，北京：中华书局，1985年，第217—218页。

木布赉捷音至，一次往征，即收服编"户瓦尔喀人七千三百余口"①，这有助于后金在短时间内实现力量的增强。同年四月甲辰，往征东海瓦尔喀之吴巴海、荆古尔代，又自宁古塔遣噶尔珠报捷，奏称："收抚壮丁五百六十人，妇女五百口，幼稚九十口，又俘获妇女六十六口。"②

崇德元年（1636），后金改国号为"大清"（满语"daicinggurun"）。此后，清太宗皇太极多次派兵往征图们江流域东海女真部族。如崇德四年（1639）八月，清太宗遣萨尔纠、英古、纳尔泰、席图等，率兵征库尔喀部落，并谕曰："尔等可于喇发地方饲养马匹，即行前进，尔等兵少，宜合为一队以行。如得胜时，勿贪得而轻杀，勿妄取以为俘，抗拒者谕之使降，杀伤我兵者诛之。其归附者，编为户口，令贡海豹皮。又须劝谕伊等，弃恶从善，共为良民。安辑既毕，止可遣人来报一次，若频报则恐兵少力烦。又军行往返，俱不可经朝鲜之地，致有侵扰。"③ 是次往征库尔喀部落，旨在使库尔喀部落归附大清，在此基础上，并将归附者编为户口。

经此一役，图们江及长白山江源一带的许多库尔喀部落民众，纷纷归附清朝，此举使满洲八旗实力迅速增强。嗣后，崇祯十三年（1640）四月乙亥，"也春差胡沙乙纠等九十余人，率熊岛所掠男妇百余口，撒归沈阳"④。同年七月癸未，"以萨尔纠、英古往征库尔喀部落时所获新满洲壮丁四十二人，充补各旗披甲之缺额者"⑤。

3. 巡防与清剿雅尔古处汉人与朝鲜人

自努尔哈赤发起统一女真各部的战争起，鸭绿江、图们江流域的女真部

---

① 《清太宗实录》卷23，天聪九年四月癸巳条，北京：中华书局，1985年，第301页。

② 《清太宗实录》卷23，天聪九年四月甲辰条，北京：中华书局，1985年，第301页。

③ 《清太宗实录》卷48，崇德四年八月甲午条，北京：中华书局，1985年，第637页。

④ 《李朝仁祖实录》卷40，仁祖十八年四月乙亥条，东京：学习院东洋文化研究所，1961年，第340页。

⑤ 《清太宗实录》卷52，崇德五年七月癸未条，北京：中华书局，1985年，第695页。

族，相继被努尔哈赤征服，大批被征服的女真部众，陆续离开原驻屯地，辗转徙居沈阳、辽阳等地。因被征服女真部族移居辽沈地区，两江流域沿江一带女真人原驻屯地日趋人烟稀少，甚至部分地区已罕见女真人的活动踪迹。如万历三十六年（1608）八月，李朝备边司回启曰："咸镜为道，地远极北，寒苦硗薄，且与胡落只隔一带水。其资活之艰，不可形言，而常时与藩胡贸贩鱼盐，赖以糊口。及今胡落尽空，如貂鼠等物，无从买换，其遑遑困悴之状，日以益甚。"①

咸镜北道六镇之地及越江一带，原本是女真人聚居之地，迨至万历三十六年（1608），女真部族早已尽数移居。

长白山江源之地，曾是女真部族聚居之地，但至天启四年（1624）九月，前往三水巡察的朝鲜咸镜监司李昌庭启曰："白头去我境，仅四五日程，长白则尤近，旧有胡人部落古未坪、韩民坪，自戊午年尽为奴酋所卷归，两山以南今无所住之胡。"② 李昌庭所启"戊午年"，即指万历四十六年（1618），当地古未坪、韩民坪女真人，被努尔哈赤迁归。

与此同时，鸭绿江中下游今中国一侧，女真部族稀疏，辽东汉人、朝鲜西北界边民等，不时越界前来采参捕兽。为加强对鸭绿江流域原女真部落驻屯地的管辖，后金、大清政权强化了对沿边一带的巡防，严加缉捕闯入防区的汉人与朝鲜人。在此，仅以后金巡防雅尔古（位于今辽宁省桓仁县大雅河流域境内）地方为例，以窥探后金经略鸭绿江流域原女真部落驻屯地时与汉人、朝鲜人发生的武装冲突状况。

雅尔古，又作雅尔湖、雅尔浒、雅尔匮等。雅儿古寨的具体位置，学界尚存有争议，但大抵位于今辽宁省桓仁县大雅河流域，是确定无疑的。明朝末年，雅尔古是建州女真雅尔古（满语"yarhūaiman"）、董鄂部（满语"dunggoaiman"）的地盘，迨至董鄂部被努尔哈赤征服后，后金一直对该地区派兵巡防。尤其是后金攻取辽沈后，更加重视对女真部落原驻地的经营，严防明辽东军民与朝鲜西北界边民的闯入。天聪三年（1629）六月，后金将

领布尔吉，率每牛录下步兵四人，"赴雅尔古地方，杀朝鲜国人十人，明国人三人"①。继此次巡防之后，同年九月癸未，又遣额驸扬古利及阿山、楞额礼、雅赖等，"率骑兵百人、步兵二百人，往雅尔古地方，蹑踪捕缉，遇明故将毛文龙属下采参者，杀九十六人，生擒千总三员及其从人十六人以归"②。扬古力等此次带兵前往雅尔古地方捕缉，斩获人员，俱系明将毛文龙属下采参者。

天聪七年（1633）八月，赫图阿拉城守将扈什塔、楞额礼、俄尼喇、毕禄等，率所部官员，再行巡哨雅尔古一路。此次巡哨，斩获甚多，合计："遇明人盗参者，斩二十四人，生擒四十九人，获参一百六觔以献，命斩所俘百总一人，以十八人赏从行军士，余三十人发尚阳堡。"③ 由此可见，除直接发兵征讨外，后金政权派出的前往原女真部族居住地进行巡防的官兵，还与潜入的辽东军民、朝鲜西北界边民发生了冲突。

（二）后金（清）军与明军的对战

上文已揭示，在后金政权建立以前，努尔哈赤集团的兵锋，主要是指向女真诸部族，通过发兵征讨女真各部，实现女真民族的统一，是该时期努尔哈赤集团的用兵重心。因此，该时期的努尔哈赤集团，对明朝尽示忠顺，双方基本未发生大规模的战事。

万历四十四年（1616）正月，努尔哈赤建国称汗。努尔哈赤集团的如是政治行为，被明朝视为挑战明廷在东北地区统辖权的悖逆之举，明朝由是暴怒。自此以后，双方关系急剧恶化，战事与冲突愈演愈烈。仅就两江流域而言，后金军、清军与明军的交战与冲突，主要发生在鸭绿江流域，且后金军与清军是多数战事的发起方。

---

① 《清太宗实录》卷 5，天聪三年六月辛巳条，北京：中华书局，1985 年，第72 页。

② 《清太宗实录》卷 5，天聪三年九月癸未条，北京：中华书局，1985 年，第74 页。

③ 《清太宗实录》卷 15，天聪七年八月乙丑条，北京：中华书局，1985 年，第203 页。

1. 后金派兵主动攻击辽东明军

后金政权建立后，因与明廷矛盾日益激化，努尔哈赤集团为报复明朝，遂于万历四十六年（1618）四月，以入市之名，袭陷抚顺等处，是为公开举兵反明之始。就努尔哈赤起兵反明的原因，同年五月十六日，努尔哈赤所遣投书朝鲜之人声称："我将方会军兵，与天将相战，私相出入之人，不无漏通军机之弊，故一切禁断出入者。今此起兵事，则辽东杀我将祖父，又于如许城中，送天将添兵守护，故我将结怨，积年练兵。去四月十五日，我将领兵，抚顺等四镇，一时尽击后，一处聚兵，所得牛马、布物、弓箭，及所擒唐人点阅，不知其数。"① 努尔哈赤所遣前往朝鲜投书之人所言，与"七大恨"中的"报父祖之仇"基本相同。

尤其是在深河之役明军惨败后，明朝与后金的交战主战场，逐渐移向沈阳、辽阳、锦州、宁远等地，辽阳以东直至鸭绿江边，后金军基本未遣军队进行大规模攻击。直至天启元年（1621）五月癸丑，"时贼既得辽阳，逼东八站，军民之不乐从胡者，多至越边。故王参将以保全相托，其后贼大至，义民之不肯剃头者，皆投鸭水以死"②。同年五月乙卯，光海君传曰："贼将李永芳，率兵二千，来到宽奠云。"③

辽沈陷落后，鸭绿江流域辽东地区的领土，迅速被后金接管。为此，天启二年（1622），朝鲜人言称："关外以东，尽为贼薮。"④ 此后，后金及其后继之清朝政权占领下的鸭绿江流域中国一侧，大规模战事基本结束。⑤

但因明军时而渡海、渡江而来，为防备明军的突入，后金、清廷一直重

---

① 《光海君日记》卷 128，光海君十年五月丙辰条，东京：学习院东洋文化研究所，1961 年，第 419 页。

② 《光海君日记》卷 165，光海君十三年五月癸丑条，东京：学习院东洋文化研究所，1961 年，第 702 页。

③ 《光海君日记》卷 165，光海君十三年五月乙卯条，东京：学习院东洋文化研究所，1961 年，第 702 页。

④ 《光海君日记》卷 176，光海君十四年四月甲申条，东京：学习院东洋文化研究所，1961 年，第 765 页。

⑤ 此后的后金及清朝政权，通过南下伐明、西征蒙古及两次发动对朝鲜的大规模作战，将战争之火燃向明朝统治下的辽西及关内数省、蒙古草原、朝鲜半岛三处。

视鸭绿江沿江一带的防务，即便是经过丙子之役、皮岛海战后，明军和朝鲜军对鸭绿江流域的大规模战争威胁已经基本消除，清廷仍派兵巡查哨探，以备不虞。如崇祯十四年（1641）九月丁丑，"清人自九连城，至鸭绿江下流，处处伏兵，瞭望汉舡"①。

2. 后金（清）派兵进攻驻朝明军

辽阳陷落后，辽东各地的明军未与后金军进行激烈接仗旋即溃败，大部东徙朝鲜。此后，明廷降旨，令辽东溃散之明军，在朝鲜西北境集结，并驻扎于各处。借此，与辽东明军成掎角之势，牵制后金军南进。此即驻朝明军之由来也。

后金、清朝为解除驻朝明军带来的后顾之忧，多次出兵渡过鸭绿江，主动进击驻朝明军。早在辽阳陷落之年，即天启元年（1621）九月甲寅，李朝接西报，"李永芳等领兵一万，方为结阵于凤凰城等处"②。同年十月，"真鞑一万，出来镇江云，其计极凶"③。同年十一月十八日，努尔哈赤命二王领兵五千渡镇江，入朝鲜地，欲剿毛文龙兵。后金军至镇江，"连夜入朝鲜境，杀刘游击兵一千五百，文龙仅以身免，乃还"④。

天命九年（1624）八月，后金再次派遣冷格里（又称"楞额礼"，满语"lenggeri"）等，领兵一千，渡过鸭绿江，攻袭明军毛文龙部。是次用兵，后金军的作战情况，《清太祖武皇帝实录》卷三记载：

> 是月，帝闻毛文龙兵渡朝鲜义州城西鸭绿江，入岛中屯田，命整白旗固山副将冷格里、镶红旗固山游击兼副将事兀善，领兵一千往袭之。于途中获一谍者，诘之，告曰："昼则渡江入岛收获，夜则敛兵过江，宿于义州西岸。"冷格里连夜领兵，从于山僻处前进，遂隐伏。至天明，

① 《李朝仁祖实录》卷42，仁祖十九年九月丁丑条，东京：学习院东洋文化研究所，1961年，第376页。

② 《光海君日记》卷169，光海君十三年九月甲寅条，东京：学习院东洋文化研究所，1961年，第731页。

③ 《光海君日记》卷170，光海君十三年十月甲申条，东京：学习院东洋文化研究所，1961年，第736页。

④ 《清太祖实录》卷3，天命六年十一月十八日条，载《清入关前史料选辑》（第一辑），北京：中国人民大学出版社，1984年，第371页。

料大明兵已渡江，遂纵兵前进。大明侦探未及举炮传烽，冷格里即渡夹江，突至其岛，大明兵将大惊，俱抛戈溃走。冷格里等于陆地掩杀五百余人，其余夺船渡江，皆溺死。冷格里等，尽焚其粮而回。①

此次后金主动潜袭驻朝明军，给予毛文龙部重击，明军被后金军陆地掩杀五百余人，其余溺死者亦多，此外，明军种植的粮食，也遭后金军焚毁。

天启七年（1627）五月初四日，"鞑兵自水下驰来，夜袭徐孤臣巢穴。孤臣被杀，其子投水而死，曲承恩则领兵数千，日事杀掠云"②。驻朝明将徐孤臣被袭杀，这对明廷驻守鸭绿江中游的驻朝明军，是个不小的打击。

除驻朝明军外，在鸭绿江流域朝鲜境内居垦为生的"辽人"，也是后金军的杀掠对象。如崇祯四年（1631）五月，平安监司闵圣徽驰启曰："龙骨大等以数百骑，袭杀千家庄耕作汉人数十人，抢掠牛畜，来言于宣谕使朴兰英、义州府尹申景珍等曰：'尔国容接汉人，何每如是？'仍恐吓不已。"③在后金军的接连出兵进击下，驻朝明军对后金造成的东顾之忧得到显著缓解，迨至崇祯十年（1637），清军通过发动皮岛海战，大败驻朝明军主力，至此，驻朝明军对清朝的威胁，事实上已被瓦解。

三、战事对东亚封贡体系下各方势力之间关系的影响

后金政权未建立前的东亚封贡体系下，明朝与建州女真两股势力之间的关系是：明朝既是封贡体系的中心与主导者，也是中朝封贡关系中的宗主国，更是总领于卫所，以图们江、鸭绿江流域为居住核心区域的建州女真（包括部分东海女真人）的中央政府；建州女真则角色特殊，既不是东亚封贡体系下明朝的臣属国，更非宗藩关系中的藩属国，其仅是明朝治下的东北

---

① 《清太祖实录》卷4，天命九年五月条，载《清入关前史料选辑》（第一辑），北京：中国人民大学出版社，1984年，第381页。

② 《李朝仁祖实录》卷16，仁祖五年五月壬辰条，东京：学习院东洋文化研究所，1961年，第404页。

③ 《李朝仁祖实录》卷24，仁祖九年五月乙亥条，东京：学习院东洋文化研究所，1961年，第625页。

边疆地方民族势力。而朝鲜则是封贡体系下明朝的臣属国，中朝宗藩关系中的藩属国，西北界毗连建州女真世居地。对朝鲜而言，女真既非封贡体系下的两个并列臣属国，更非朝鲜西北界之"藩篱"，双方无行政统属关系，仅是境土毗邻的明朝臣属国与明朝地方民族势力的关系。①

晚明末世，明廷、朝鲜从情感上，都期许两国间传统封贡关系的保持。即如天启七年（1627）十一月，驻朝明军统帅毛文龙书示朝鲜回礼官黄㞢驰曰："大国字小国，小邦事大邦。字者，即包罗宽容；事者，即恪顺恭敬。"② 但后金（清）政权，无论是在东亚封贡体系中，还是在明朝的宗藩关系中，都是既受该体系深度影响，又不在该体系之内的特殊存在。后金政权建立前，建州女真人长期生活在图们江、鸭绿江流域，以两江流域为根据地，几经兴衰沉浮。至努尔哈赤发起女真民族统一战争后，鸭绿江流域及其毗连的辽沈地区，逐渐成为其政权的统治中心。依托该地区，后金、清与明朝、朝鲜，乃至与西界蒙古势力或战或和，纵横博弈，最终以特殊的角色，不断冲击并最终瓦解了东亚封贡体系下各方势力之间的常态关系。

（一）明廷在东亚封贡体系中领导地位的瓦解与最终丧失

1. 明廷对朝鲜的"字小"与朝鲜无力"恪藩职"

明朝末叶，后金、清政权的迅速崛起，削弱了明朝对辽东地区的直接控制，朝鲜向明朝遣使纳贡的陆路孔道越来越不顺畅。此时的明廷在处理两江流域战事时，大抵承袭着明代前中期的对朝政策，一贯对朝鲜厚加谕赏，以示天朝"字小"之仁。

因丁卯之役，朝鲜屈从于后金的协盟，双方定为兄弟之国。此后的明朝，对朝鲜给予了充分的理解与包容，并未降敕诘责。嗣后的明朝君臣，仍对明朝与朝鲜协力灭金（清）寄予着厚望。同年十一月，毛文龙对朝鲜回礼

---

① 就明代东亚封贡体系下明朝、朝鲜、后金（清）之间的关系，详见王臻：《角色认同的转变与重建：朝鲜王朝与明清封贡关系的变迁》，载《世界历史》，2018 年第 2 期，第 60—71 页。

② 《李朝仁祖实录》卷 17，仁祖五年十一月辛巳条，东京：学习院东洋文化研究所，1961 年，第 437 页。

官黄屎言道，"协和勠力，共灭贼奴"①，此举即系为"大国字小国，小邦事大邦"关系的维持。

作为天朝的明朝，在"字"小国朝鲜上倾注了大量心血。晚明辽东危局下，无论是燕京君臣，抑或辽东官员，为应对后金、清政权的强势崛起，除在国内尽力调兵运饷外，还对藩属国朝鲜寄予厚望，频繁移咨朝鲜，请朝鲜或助兵，或助饷，两国协力灭虏。

后金建国反明之初，明朝即调集重兵，分兵四路，同时进攻后金。为夹击后金，万历四十六年（1618）闰四月，辽蓟总督汪可受移书朝鲜国王："兹者建州小丑，据海壖之蕞壤，煽幺魔之诸酋，靡念世受国恩，敢尔潜图鼠窃，国家熙泰，全不彼虞。乘时狂逞，掠我城堡，戕我将士，罪逆滔天，神人共愤。皇上赫然，计必剿除，用调四方之锐，遣兴六月之师，输粮若阜，军气如雷，奴之期命，其焉至矣。"② 在移书中，辽蓟总督汪可受告知朝鲜，明朝将奉皇命，调集四方精锐官兵征剿后金。此后，同年七月庚子，东宁兵备道阎明泰移咨朝鲜国王，劝请朝鲜与明军并力全辽，共制奴酋，"以仰答曩时圣天子字小之仁，以无忝贵国从来事大之义，俾玄菟奕业，与九鼎舆图共不朽也"③。阎明泰的这一看法，基本上能够代表当时明朝辽东官员的普遍观点。明辽东军政官员多认为，朝鲜助兵明朝，是报答明朝字小朝鲜之举。

面对明朝助兵之请，以光海君为首的李朝君臣却是多方搪塞。为此，辽东予事官员大为不满。万历四十六年（1618）七月，为朝鲜出兵事，辽东经略杨镐再次移咨朝鲜国王。在移咨中，杨镐向朝鲜国王明言，朝鲜助兵协剿，"非特灭奴酋，实为安朝鲜也"④。此外，还指责朝鲜防塞之言，无勤王之义，更是忘了明朝援朝抗倭之恩。

---

① 《李朝仁祖实录》卷17，仁祖五年十一月辛巳条，东京：学习院东洋文化研究所，1961年，第437页。

② 《光海君日记》卷127，光海君十年闰四月乙酉条，东京：学习院东洋文化研究所，1961年，第400页。

③ 《光海君日记》卷130，光海君十年七月庚子条，东京：学习院东洋文化研究所，1961年，第457页。

④ 《光海君日记》卷130，光海君十年七月己酉条，东京：学习院东洋文化研究所，1961年，第459页。

萨尔浒之役中，朝鲜军所在东路联军于深河之役中大败。明军统帅辽东经略杨镐获悉后，为安抚朝鲜，遂于万历四十七年（1619）四月丙辰揭帖：

> 建贼逆天，王师行讨，贵藩守维屏之义，劾同仇之举，征发万众，济江而西，忠节昭然，可揭日月。方期一鼓荡平，不谓两军失利，伤存悼没，疾首痛心，则皆不肖节制无方，经略无术之罪也。已经自劾席藁外，恭念贤殿下不无宵旰之虑，谨驰一介，仰慰尊怀。惟胜负亦自兵家之常，在封疆无忽防御之策。①

杨镐揭帖安抚后不久，明廷复有朝鲜助兵之议。同年八月己未，有明朝差官袁见龙，在光海君接见时，再次言及朝鲜助兵问题。袁见龙直接责言："夫奴酋弹丸之地，不当贵国一道。即谓稍强，以四道处之，绰有余力"②，朝鲜有制服后金之能力，而有意不为之。继而向朝鲜申明，朝鲜与明朝辽东谊切唇齿。同年八月壬戌，明朝差官再次送揭帖于朝鲜。帖内总结朝鲜当发兵助明的理由有六，第二条即曰：

> 贵国密通辽东，贵国之不可无辽，亦犹辽之不可无贵国也。奴若得志，则东向满浦，势必至也。夫辽合贵国之师不能剿奴，奴专力而来，贵国乌能当乎？曷若协力固辽以灭贼也。③

在明朝看来，朝鲜助兵明朝协力固辽，有俾于本国自保。明朝急切与朝鲜联合，协力围剿后金的态度跃然纸上。

丁卯之役后，明朝在明知朝鲜接受后金的协盟，已约为兄弟之国情况下，措置鸭绿江流域军务时，仍移咨朝鲜请援。如崇祯六年（1633），明朝叛将孔有德、耿仲明渡海归附后金，沿途遭到明军的尾追与朝鲜军的截杀，最后在后金军的接应下脱险。明军的尾追与截杀军事行动失败后，驻朝明军

---

① 《光海君日记》卷 139，光海君十一年四月丙辰条，东京：学习院东洋文化研究所，1961 年，第 548 页。

② 《光海君日记》卷 143，光海君十一年八月己未条，东京：学习院东洋文化研究所，1961 年，第 578 页。

③ 《光海君日记》卷 143，光海君十一年八月壬戌条，东京：学习院东洋文化研究所，1961 年，第 579 页。

统帅都督黄龙于同年七月丙申，遣都司刘万福移咨朝鲜，"速添兵将，协力擒剿"①。

除出兵助剿之外，驰报女真声息，也是明辽东各衙署官员对朝鲜的期许。在明朝辽东官员看来，李朝边将驰报建州女真军情声息，乃是李朝恪尽藩职的应有行为。如万历四十七年（1619）正月，宽奠总兵官刘綎移咨朝鲜，其略曰：

> 天朝讨叛，属国敌忾，所以恪藩职、报君父也。比来风闻，稍有不惬，或曰奴逼处而天骄也，左袒孤恩，不无观望心。本府独信以为否否，盖贵国密迩，易得虚实，幸时加探听，时相报闻。②

综上所述可见：明朝在经略辽东地区时，对朝鲜一直"字小以仁"，多方包容。同时，明朝上下对联合朝鲜，协力灭虏寄以厚望，尤其是明辽东军政官员，屡屡移咨朝鲜，言明利害，规劝朝鲜"恪藩职"，或出兵，或助饷，在灭虏战事中多多出力。

然而，朝鲜在明朝与后金（清）之间的冲突中，受主观与客观双重因素的制约，无力"恪藩职"。该时期的朝鲜，尽管尽力"事大邦"，但在维护本国核心利益时的诸多行为，已暴露出"事大未能至诚"。以奉令出兵助剿为例，萨尔浒之战前夕，朝鲜军西渡鸭绿江后的万历四十七年（1619）二月，光海君下谕于都元帅姜弘立曰：

> 当初渡辽军一万，专以两西精锐抄发，团束教练，将卒相熟，今难轻易换易也。毋徒一从天将之言，而唯以自立于不败之地为务。③

此次出兵助明从征，朝鲜军队系以两西精锐抄发。但在朝鲜军的指挥上，光海君谕令都元帅姜弘立，毋徒一从明朝将领之言，务必使本国军队避

① 《李朝仁祖实录》卷28，仁祖十一年七月丙申条，东京：学习院东洋文化研究所，1961年，第62页。
② 《光海君日记》卷136，光海君十一年一月壬辰条，东京：学习院东洋文化研究所，1961年，第525页。
③ 《光海君日记》卷137，光海君十一年二月丁巳条，东京：学习院东洋文化研究所，1961年，第332页。

免陷入战败境地。

由是观之，明军与朝鲜军协同作战之前，已存嫌隙，危局中自保，成为朝鲜君臣对助战朝鲜军的主要期待。深河之役后，在总结对战中朝鲜军无决死对战决心的原因时，朝鲜史官评道："当初弘立之渡江也，王以重违天朝督发，黾勉出师，而我国初非雠敌，实无战攻之意，密谕弘立，遣人潜通于虏。故深河之役，虏中先呼通事，弘立应时投附。"①

出兵助战的朝鲜军统帅，在光海君的密谕授意下，既无战攻之意，且遣人潜通后金。如此行为，充分表明朝鲜当局未对明朝恪尽藩职，更未能事大至诚。

2. 辽东战事不利导致宗主国地位受到挑战与取代

因丙子之役，朝鲜屈服于清朝的兵威，而与之缔结和约，此后的朝鲜，被迫奉清朝为正朔。朝鲜尊奉的天朝上国，事实上已由清朝取代。翌年，清军攻陷皮岛，驻朝明军主力被歼。自此以后，明朝与朝鲜间的往来路径愈加阻塞。

此后，李朝为本国官民安危计，严禁明船于朝鲜西界靠岸登陆，并拒受明朝书契。如崇祯十一年（1638）四月，有明船二艘来泊朝鲜义州境内，并有自称明朝都司者，递呈文书两件。为此，朝鲜君臣合议后，命义州府尹林庆业前去处置。双方交涉情况，同年四月壬子，据义州府尹林庆业之驰启可知，李朝官员权伥在应答中，接连示以难以受书之意，并直言朝鲜不受书非本国之意，而是因世子被清朝羁于沈阳，"与天朝相通，则虏必更来冲突，而父母之国，远隔沧溟，孰能制其凭陵哉"②？寥寥数语，已言明此时朝鲜眼中的明朝，已无壬辰倭乱时调发重兵援朝抗倭之强大国力。

晚明之际，明朝在应对与朝鲜、后金（清）的复杂关系时，日益失去的不只是强盛的国力，二百余年来，与朝鲜保持稳固（至少明朝如此认为）的宗藩关系，也由此日趋瓦解。明朝发船遣使，向朝鲜递送的书契，朝鲜即已直言难受之意。明朝的天朝上国地位，只能停留在明鲜两国的主观情感上，

---

① 《光海君日记》卷139，光海君十一年四月辛酉条，东京：学习院东洋文化研究所，1961年，第550页。

② 《李朝仁祖实录》卷35，仁祖十六年四月壬子条，东京：学习院东洋文化研究所，1961年，第270页。

再无其他。

丙子之役，是明朝、朝鲜、清朝三股势力传统关系的转折点。就明朝与朝鲜关系而言，此战中朝鲜的战败受盟，正式宣告了明朝与朝鲜间的宗藩关系破裂，清朝取代明朝，一跃成为朝鲜的宗主国。

实际上，此战之前，明朝的宗主国地位与东亚封贡体系中的中心位置，已因与后金（清）的博弈中的连连失败，而受到不断的挑战。这种挑战的外在表现众多，仅就明朝应对鸭绿江流域的战事而言，主要有二：

表现一，明廷已无力妥善处理好朝鲜西境辽民回送明境一事。在后金攻陷辽阳城之前，朝鲜西境沿江沿海一带，已有辽东汉人零星前来逗留不还。自后金攻陷辽阳城之后，大批辽东军民为逃避兵祸，辗转东徙，进入鸭绿江中下游朝鲜一侧驻居下来。对于驻居本国境内的明朝兵民，朝鲜量力接济粮饷，然数十万兵民的留居，给朝鲜造成了极为沉重的经济压力与社会安全威胁。

为解决这一问题，李朝遂提出境内辽民入送明朝境内一事。为此，自天启五年（1625）起，朝鲜数度具奏明朝，祈请明朝谕准，令将驻扎朝鲜西境内的明朝老弱兵民卷送回国，就食中土。为此事，天启六年（1626）三月，备边司复启曰：

> 上年以只留精壮，以备军伍，卷取老弱，就食中土之意，具奏天朝，事几得成，竟为科臣所阻。科臣之意，盖虑许多剃汉驱入中国，将有难处之忧也。以天下之大，犹患难处，况于小国乎？即天朝之所以视同内服之意，容有所未尽者，而其在挟助声势之计，亦云疎矣。此岂皇上之本意哉？①

容留明朝军民在境内驻居，令朝鲜面临沉重的经济负担与安全威胁，朝鲜有如是奏请，也是合情合理之举。如上述备边司所启云，明朝官员阻止此请，系为本国利益考量而为之，如是行为，并未充分顾及朝鲜利益。

此请遭拒后，朝鲜仍多次向明朝力陈本国难处。如天启六年（1626）六月丙戌，仁祖大王接见明朝诏使时，"大臣率百官呈文于诏使，请卷还辽民

---

① 《李朝仁祖实录》卷12，仁祖四年三月己巳条，东京：学习院东洋文化研究所，1961年，第284页。

于山东，俾免主客俱困之患"①。就朝鲜西界辽民络绎于道路之情形，及驻朝明军统帅的辽民安置之策，天启六年（1626）十月，仁祖问询于张晚，双方对答如下：上曰："天朝赤子，如是饥死，何以为之？毛将何不入送中原云耶？"晚曰："王士善则以为当入送，而都督不肯云矣。"② 由是可见：毛文龙统率驻朝明军，尽管眼见辽民留居朝鲜西境各地时的饥死惨状，纵有官员赞同将此等民众入送中原，但主帅毛文龙却不赞同此事。

此后，驻居朝鲜西境的明朝军民长期饱受饥寒之苦，明朝既无力大规模海运接济，又不准朝鲜入送中原之请，以致驻居朝鲜西境之明朝军民，最终出现主客俱困之弊。明朝宗主国的威信，在朝鲜李朝官民中也大打折扣。

表现二，驻朝明军遭到朝鲜的防备。晚明之际，明廷与后金（清）激烈角逐中，李朝身处两强之间，不仅要备御后金与大清，还要出于维护本国安全的需要，对明朝加以防备。尤其是在应对明军留驻朝鲜西北境内一事，李朝君臣为防止明军反噬朝鲜，筹议多方防备。毛文龙部留驻朝鲜境内时的天启六年（1626）八月壬子，李朝备边司启曰：

> 毛将方设栅于青龙山，以为过冬之计云。青龙在义州、龟城、朔州之间，毛将之驻兵于此，其意难测。而朔州有城而无兵，形势孤危，别择骁将，领兵屯驻，以为昌、义诸镇之声援，似合机宜。③

毛文龙部驻扎青龙山，引发朝鲜备边司的担忧，以其意难测，遂启请别择骁将，领兵屯驻朔州。李朝对毛文龙屯兵境内产生的防备心，源自担忧毛文龙所部明军有投降后金而抢袭朝鲜之举。为此，同年八月，备边司启曰："毛将不得志于天朝，则必投于虏，既投于虏，则必且求逞于我，此必然之势也。抚台甲粮之送，亦是羁縻慰安之计，而赵佑之死，闻于天朝，则必将

---

① 《李朝仁祖实录》卷 13，仁祖四年六月丙戌条，东京：学习院东洋文化研究所，1961 年，第 304 页。

② 《李朝仁祖实录》卷 14，仁祖四年十月丙午条，东京：学习院东洋文化研究所，1961 年，第 341 页。

③ 《李朝仁祖实录》卷 14，仁祖四年八月壬子条，东京：学习院东洋文化研究所，1961 年，第 328 页。

益激其变。以此料之，应变之策，宜急而不宜缓也。"①

　　为防备毛文龙袭抢朝鲜，备边司遂启请朝廷急议应变之策。同年八月丙辰，仁祖大王与朝臣论及防备毛文龙之策。就此，右议政申钦曰："文龙所为，异常久矣。近日管下将官，分明言其反形已著，在我之道，先为防备，相几以处而已，更无弥缝之路矣。"② 此后，毛帅处置之策，议者言之非一。最终，仁祖大王提出，应对底线是彼若潜施诡计，图夺我城池，则拒之可也。

　　崇祯元年（1628）五月，郑忠信自关西入见，仁祖向其询问西路饥荒之状时，就防备明军毛文龙部事宜，君臣二人有如下问答：

　　　　上曰："征发他道兵甚难，若知贼必不来，则只宜令本道兵及新出身守之。且西路之事，非但胡也，毛将终必贻祸我国。其地将领，不可不预备以待之，脱有毛变，则以本道兵力，足以当之乎？"对曰："毛兵与我，众寡不同，何患难敌？"③

　　由是可知：丁卯之役后，朝鲜与后金和局已成，仁祖大王考虑西路防守之事时认为，除有来自后金的威胁之外，更应防备明军毛文龙部生变，贻祸朝鲜。李朝君臣提防明军之心，由此表露无遗矣。

　　防备之外，为消除因容留明军驻扎朝鲜境内而给朝鲜带来的负担与危险，李朝对驻朝明军的支持力度逐渐降低，最终以毛文龙被袁崇焕斩杀一事为契机，希望明军撤离朝鲜，移镇他所。为此，崇祯二年（1629）七月，备局启曰：

　　　　毛将被诛，事机大变。宁远所送将官，不久当到云。若一反毛将所为，尽撤诸岛屯兵，移镇他所，则诚幸矣。不然，而留兵，欲为联络控制之计，则本国受弊之患，犹未艾也。④

---

　　① 《李朝仁祖实录》卷14，仁祖四年八月癸丑条，东京：学习院东洋文化研究所，1961年，第328页。

　　② 《李朝仁祖实录》卷13，仁祖四年八月丙辰条，东京：学习院东洋文化研究所，1961年，第329页。

　　③ 《李朝仁祖实录》卷18，仁祖六年五月戊寅条，东京：学习院东洋文化研究所，1961年，第472页。

　　④ 《李朝仁祖实录》卷21，仁祖七年七月丙戌条，东京：学习院东洋文化研究所，1961年，第533页。

综上所述，明朝在辽东地区及驻军朝鲜西境的利益诉求，与朝鲜本国利益发生了冲突，朝鲜为维护本国利益，已在实际行动中优先捍卫本国利益，而置明朝宗主国地位与东亚封贡体系中的中心位置于其后。

此外，明朝天朝上国地位的沦丧，还表现为李朝官员接待明朝子民的规格上。丁卯之役后，李朝官员招待后金差官及从役时，厚待有加，而对明朝子民（即"唐人"），尤其是逃亡朝鲜的"辽民"，反而轻视之。为此，崇祯元年（1628）六月，仁祖大王下教于政院曰："近观唐人接待，事甚慢忽。渠虽卑贱，此是上国之人，不可不厚待，各别检饬。"① 尽管仁祖大王斥责如是慢待唐人的行为，但李朝官民轻视逃居朝鲜的辽民，已经是当时社会普遍现象。明朝宗主国地位，以及东亚封贡体系下的中心地位的沦丧，已是细微处可窥见矣。

（二）后金（清）的军事胜利及其封贡体系角色的改变

自万历四十四年（1616）后金建立，至崇祯十七年（1644）清军入关，定都北京。短暂的二十八年间，凭借对明及朝鲜发动的一系列战事的胜利，后金（清）的政治地位飞速提升，其在大明建构起来的东亚封贡体系中的特殊角色，由此也发生了显著的变化。

1. 萨尔浒之役后，后金实力已令明朝与朝鲜不再小觑

后金以萨尔浒之役大胜，影响力迅速提升，无论是明中央政府，还是辽东地方政府，都对后金努尔哈赤集团不再藐视。此外，朝鲜基于本国安全的考量，对后金的态度也迅速改变。如万历四十七年（1619）四月，朝鲜经过一番激烈商讨后，答复此前后金差人赍至之咨书曰：

> 洪惟两国，境土相接，共惟帝臣，同事天朝者，二百年于兹，未尝有一毫嫌怨之意矣。不图近者，贵国与天朝构衅，兵连祸结，以致生民涂炭，四郊多垒，岂但邻国之不幸？其在贵国，亦非好事也。天朝之于我国，犹父之于子也，父之有命，子敢不从乎？大义所在，固不得不然，而邻好之情，亦岂无之？郑应井为先出送，致款之义，亦可见于此也。来书

① 《李朝仁祖实录》卷18，仁祖六年六月甲辰条，东京：学习院东洋文化研究所，1961年，第476页。

有日，以我心初来，若犯大国皇帝之意，青天岂不监察？此心足以保有世业，而永享天休者，岂不美哉？自今以后，偕之大道，则天朝宠绥之典，不日诞降。两国各守封疆，相修旧好，实是两国之福，此意转告幸甚。①

朝鲜答复后金的咨文中，对后金的称谓，已改用"贵国"，将后金与朝鲜的关系定为"两国"，将双方与明朝的关系定为"共惟帝臣，同事天朝者"。在咨文中，朝鲜规劝后金"偕之大道"，即向明朝罢兵称臣。咨文中凡此用词，足可证实，官方正途上，朝鲜李朝已不敢再蔑视后金为"建州卫虏"，此时的后金，在朝鲜移送后金的官方文书中，已被视为一国，地位之提升，由是可见。

2. 丁卯之役后朝鲜与后金之间兄弟关系的缔结

凭借丁卯之役的胜利，后金胁迫朝鲜盟誓，双方定为兄弟之国。此时后金的政治地位，已较萨尔浒之战时有了显著的提升，后金以长兄之国对待朝鲜。后金该地位的获得，已是丁卯之役战事目标的圆满实现，以此，"金兵约和撤归"②。

应注意的是，此时的后金，尚不具备取代明朝成为朝鲜供奉的上国角色的能力，故在对朝鲜与明朝关系问题上，做出了退让。为此，崇祯元年（1628），皇太极向朝鲜来使言称："尔国与天朝修好二百余年，不必斥绝于一朝也。"③ 就战后双方关系之确定，李朝认为："金人书中，有勿助南朝之语，上据义却之。金将以为，朝鲜守礼义之国，不可协以非理，只请结邻通好，朝廷始应其请。"④

对于丁卯之役后朝鲜接受后金协盟，明朝给予了充分谅解。天启七年（1627）十一月，南以恭入岛中，使张大秋传语明军统帅毛文龙，申辩朝鲜

① 《光海君日记》卷139，光海君十一年四月甲戌条，东京：学习院东洋文化研究所，1961年，第555页。

② 佚名：《纪年纂要·热河记附·仁祖纪》，手抄本，第9a页（原档无页码，笔者自标）。

③ 《李朝仁祖实录》卷19，仁祖六年十月壬寅条，东京：学习院东洋文化研究所，1961年，第498页。

④ 佚名：《东史撮要》卷一《国朝谱系》，手写本，第56页（原文无页码，笔者自标）。

接受后金协盟，系因小邦猝值大贼，势难抵挡，不得已，假和以为缓兵之计。就朝鲜的申辩，毛文龙曰："不妨！不妨！以天朝之兵力，尚且难防，况小国乎？"① 此时的明朝，无论是辽东明军余部，还是驻朝明军，均对后金的行为无可奈何。

3. 丙子之役后朝鲜与清君臣关系的缔结

依靠丙子之役的胜利，大清迫使朝鲜称臣纳贡。朝鲜向大清臣服后，两江流域大清境内的官民在与朝鲜边界军民交往时的关系，也发生了微妙的变化。这种变化，突出表现为大清边界兵民常常以居高临下的姿态对待朝鲜军民。就此现象，崇祯十四年（1641）正月，朝鲜国王给清的移咨内云：

> 据咸镜道观察使吕尔征状启节，该近来越边屯住兵民擅自越境，需索米粮等物，稍不如意，辄加嗔责。所在官司，莫敢辩诘，既难以力止之，又难以口舌开谕，边储罄竭，势难支吾，委属忧虑等因。又据议政府状启，臣等窃照，越边居人，虽系大朝军民，而任意扰越疆界，往来需索，沿边列镇在处骚扰。当此公私板荡之时，办应无策，合无备将前因移咨该部，申加禁约，不许擅自过江，允为便益等因，据此为照。小邦之与大朝，虽义同一家，而彼此疆场，自有界限。凡有大小通问之事，或赍该部文凭，或奉该部口称，然后照验酬应，已为常行之例。不意此等擅越需索之患，有不可堪，今若任其所为，不为禁约，恐疆域无别，边镇不安。烦乞贵部曲察咨内事理，自今以后，除有公干，赍持文凭外，另行禁约，不许越境扰行，以安边民，以祛后弊，不胜幸甚。②

朝鲜国王的移咨揭示：丙子之役后，咸镜道境内，清朝越江屯住兵民，擅自越境，向李朝边军需索米粮等物，而李朝官司莫敢辩诘。面对如是擅越需索之患，朝鲜移请清朝，禁约边地屯住兵民，不许越境扰行。

然而，此时的清朝，关注点已不再投放在两江流域及其对朝鲜关系上，而是专意"伐明"，与明朝博弈。对朝鲜，只要能够维持臣服之义即可。

明清鼎革之际，就朝鲜与明朝、朝鲜与清朝两重关系之演变更替，清朝

---

① 《李朝仁祖实录》卷17，仁祖五年十一月辛未条，东京：学习院东洋文化研究所，1961年，第435页。

② 《清太宗实录》卷54，崇德六年正月丙戌条，北京：中华书局，1985年。

统治者有着自己的认知逻辑。崇祯十六年（1643）二月癸未，英俄尔岱等传谕皇太极帝之意于朝鲜世子曰：

> 本国之于南朝，臣事既久，壬辰倭变，出师拯济，其恩则莫大。以此，建州卫加兵之时，南朝军马自西，本国兵马自东，此举已报壬辰之恩矣。今复顾恋南朝，为扶植之计，甚不当也。此意知悉。①

清太宗认为：尽管朝鲜臣事明朝已久，且壬辰之乱中明朝对朝鲜又有再造之恩，但在萨尔浒之战中，朝鲜通过出兵助明（即深河之役），已报壬辰之恩。因此，丙子之役后，朝鲜已改奉清朝为正朔，此时的朝鲜仍顾恋明朝，此举甚为不当。

在此基础上，为厘清朝鲜与清朝的关系，尤其是清朝丙子之役中，清帝对朝鲜君臣百姓有全活之恩，清太宗又令英俄尔岱等传谕朝鲜世子曰：

> 丙子东征，皇帝亲率兵马，驱入一国君臣于石穴之中。约和之后，上自国王、世子，下至满朝群臣、百万苍生，皆得全活我恩，则今王其可忘乎？我设若与南朝相战，而我势若倾，则其可不出兵相救乎？不此之图，每有生梗之事，是何意耶？②

在清太宗皇太极看来：丙子之役中，朝鲜归降清朝，约和之后，朝鲜李朝上下，皆以清朝免罪之恩而全活，李朝官民应感戴此恩。此外，皇太极还提出，若清朝与明朝交战，朝鲜应支援清朝，但此时的朝鲜，却每与清朝有"生梗之事"。

综上所述可知：清朝认为，通过丙子之役，朝鲜与清朝约和，清朝理应取代明朝，成为朝鲜的宗主国。但清太宗的这一逻辑认知，被朝鲜以实际行动所否定。此后的朝鲜，时与清朝发生摩擦，发生"生梗之事"。朝鲜从主观观念上，并未认可与清朝建立的宗藩关系，更未认可其东亚封贡体系下的中心地位。

---

① 《李朝仁祖实录》卷43，仁祖二十一年二月癸未条，东京：学习院东洋文化研究所，1961年。

② 《李朝仁祖实录》卷43，仁祖二十一年二月癸未条，东京：学习院东洋文化研究所，1961年。

参考文献

古籍文献类

国内方面

［1］杜佑：《通典》，北京：中华书局，1988 年。

［2］洪皓：《松漠纪闻》，台北：广文书局有限公司，1968 年。

［3］叶隆礼着，贾敬颜、林荣贵点校：《契丹国志》，上海：上海古籍出版社，1985 年。

［4］脱脱等：《辽史》，北京：中华书局，1974 年。

［5］脱脱等：《金史》，北京：中华书局，1975 年。

［6］陶宗仪：《元村辍耕录》，北京：中华书局，1980 年。

［7］郑晓撰：《皇明四夷考》卷上，国学文库第 1 编，1933 年。

［8］《明实录》，台北："中央研究院"历史语言研究所，1962 年校勘本。

［9］罗日褧：《咸宾录》，北京：中华书局，1983 年。

［10］李辅等修：《全辽志》，载金毓黻主编：《辽海丛书》第 1 册，沈阳：辽沈书社，1985 年。

［11］毕恭等修，任洛等重修：《辽东志》，载金毓黻主编：《辽海丛书》第 1 册，沈阳：辽沈书社，1985 年。

［12］徐学聚撰：《国朝典汇》，载吴相湘主编：《中国史学丛书初编》

第 7 册，台北：学生书局，1986 年。

［13］郑文彬撰：抄本《筹边纂议》，中华全国图书馆文献缩微复制中心，1999 年。

［14］张鼐辑：《辽夷略》，四川大学图书馆、《中国野史集成》编委会编：《中国野史集成》第 25 册，成都：巴蜀书社，2000 年。

［15］陈继儒：《建州考》，四川大学图书馆、《中国野史集成》编委会编：《中国野史集成》第 25 册，成都：巴蜀书社，2000 年。

［16］郎瑛撰：《七修类稿》，上海：上海书店出版社，2001 年。

［17］苕上愚公撰：《东夷考略》，载徐丽华主编：《中国少数民族古籍集成·汉文版》第 29 册，成都：四川民族出版社，2002 年。

［18］解缙等编：《永乐大典》，北京：中华书局，1986 年版，2012 年重印版。

［19］《清太祖武皇帝实录》，潘喆等编：《清入关前史料选辑》第 1 辑，中国人民大学出版社，1984 年。

［20］《清太祖高皇帝实录》，北京：中华书局，1985 年。

［21］《清太宗实录》，北京：中华书局，1985 年。

［22］彭孙贻撰：《山中闻见录》，《清入关前史料选辑》第 3 册，北京：中国人民大学出版社，1991 年。

［23］张廷玉修：《明史》北京：中华书局，2011 年。

［24］李器之：《庵燕记》，载《韩国汉文燕行文献选编》第 12 册，上海：复旦大学出版社，2011 年。

国外方面

［1］罗万甲着：《丙子录》，手写本。

［2］佚名：《东史撮要》，《国朝谱系》，手写本。

［3］金富轼撰：《三国史记》长春：吉林文史出版社，2003 年。

［4］通文馆主人：《国朝征讨录》，训练都监木活字本。

［5］《李朝实录》，东京：学习院大学东洋文化研究所，1953—1967 年。

［6］闵镇远：《燕行录》，载《韩国汉文燕行文献选编》第 11 册，上海：复旦大学出版社，2011 年。

［7］姜浩溥：《桑蓬录》，载《韩国汉文燕行文献选编》第14册，上海：复旦大学出版社，2011年。

［8］郑麟趾等著，孙晓主编：《高丽史》，重庆：西南师范大学出版社，北京：人民出版社，2013年。

著作类

国内方面

［1］程妮娜：《古代东北民族朝贡制度史》，北京：中华书局，2016年。

［2］陈述：《契丹社会经济史稿》，北京：生活·读书·新知三联书店，1978年。

［3］刁书仁主编：《中朝相邻地区朝鲜地理志资料选编》，长春：吉林文史出版社，1996年。

［4］干志耿，孙秀仁著：《黑龙江古代民族史纲》，哈尔滨：黑龙江人民出版社，2015年。

［5］金毓黻：《东北通史》，重庆：五十年代出版社，1943年版，1981年再版。

［6］金毓黻著，吉林省文物工作队、吉林省社会科学院东北史所点校：《渤海国志长编》卷14，长春：《社会科学战线》杂志社，1982年。

［7］李殿福、孙玉良：《渤海国》，北京：文物出版社，1987年。

［8］李治亭：《东北通史》，郑州：中州古籍出版社，2003年。

［9］孙进己、张旋如等：《女真史》，长春：吉林文史出版社，1987年。

［10］孙进己、冯永谦：《东北历史地理》（下），哈尔滨：黑龙江人民出版社，2013年。

［11］孙唯冉：《中国图们江鸭绿江流域开发史》，长春：吉林人民出版社，2015年。

［12］谭其骧：《中国历史地图集释文汇编（东北卷）》，北京：中央民族学院出版社，1988年。

［13］魏志江：《辽金与高丽关系考》，香港：香港天马图书有限公司出

版，2001 年。

[14] 魏国忠等：《渤海国史》，北京：中国社会科学出版社，2008 年。

[15] 王可宾：《女真国俗》，长春：吉林大学出版社，1988 年。

[16] 向南：《辽代石刻文编》，石家庄：河北教育出版社，1995 年。

[17] 薛虹、李澍田：《中国东北通史》，长春：吉林文史出版社，1991 年。

[18] 薛磊：《元代东北统治研究》，社会科学文献出版社，2012 年版。

[19] 余蔚：《中国行政区划通史》（辽金卷），上海：复旦大学出版社，2012 年。

[20] 汪宇平编著：《东北边防形势论》，中外时事研究出版社，1946 年。

[21] 张博泉：《金史论稿》（第一卷），长春：吉林文史出版社，1986 年。

[22] 张博泉：《女真新论》，长春：吉林文史出版社，1993 年版。

[23] 张博泉等：《金史简编》，沈阳：辽宁人民出版社，1984 年。

[24] 赵永春编：《奉使辽金行程录》，长春：吉林文史出版社，1995 年。

[25] 张修桂、赖青寿：《〈辽史·地理志〉汇释》，合肥：安徽教育出版社，2011 年。

国外方面

[1] 岛田正郎：《契丹国：遊牧の民キタイの王朝》，東京：東方書店，1993 年。

[2] 河内良著，弘赵令志、史可非译：《明代女真史研究》，沈阳：辽宁人民出版社，2015 年。

[3] 金渭显：《契丹的东北政策—契丹与高丽、女真关系之研究》，台北：华世出版社，1981 年。

[4] 李元淳：《韩国史》，台北：台湾幼狮出版社，1987 年。

[5] 卢启铉：《高丽外交史》，延吉：延边大学出版社，2002 年。

论文类

国内方面

[1] 陈述：《头下考（上）》，台湾"国立"中央研究院《历史语言研

究所集刊》第 8 册，北京：中华书局，1987 年。

　　［2］程妮娜：《辽代女真属国、属部研究》，《史学集刊》，2004 年第 2 期。

　　［3］程妮娜：《女真与北宋的朝贡关系研究》，《邓广铭教授百年诞辰纪念论文集》，北京：中华书局，2008 年。

　　［4］丛佩远：《元代辽阳行省境内的契丹、高丽、色目与蒙古》，《史学集刊》，1993 年第 1 期。

　　［5］董万仑：《白山靺鞨五考》，《北方文物》，1986 年第 2 期。

　　［6］董万仑：《元代合兰府水达达研究》，《北方文物》，1990 年第 2 期。

　　［7］董万仑：《辽代长白山女真"三十姓"部落联盟研究》，《北方文物》，1999 年第 2 期。

　　［8］董万仑：《明代三万卫初设地研究》，《北方文物》1994 年第 3 期。

　　［9］都兴智：《论金代辽宁境内的猛安谋克与人口》，《东北史地》，2007 年第 6 期。

　　［10］冯继钦：《辽代长白山三十部女真新探》，《辽金史论集（第三辑）》，北京：书目文献出版社，1987 年。

　　［11］宫兰一、周爽：《试探 13 至 14 世纪朝鲜半岛女真人的分布》，《北方文物》，2016 年第 4 期。

　　［12］郝素娟：《金代移民研究》，博士学位论文，吉林大学文学院，2016 年。

　　［13］何天明：《试探元代女真与蒙古的关系》，《黑河学刊》，1991 年第 4 期。

　　［14］黄为放：《10—12 世纪渤海移民问题研究》，博士学位论文，长春师范大学，2017 年。

　　［15］蒋秀松：《明初朝鲜半岛东北部之女真诸部的归属》，《博物馆研究》，1989 年。

　　［16］蒋秀松：《女真与高丽间的"曷懒甸之战"》，《民族研究》1994 年第 1 期。

　　［17］姜维公、黄为放：《辽与高丽边界视域下的渤海移民》，《社会科学战线》，2017 年第 12 期。

　　［18］金标：《建州女真的迁徙与源流考述》，《黑龙江民族丛刊》，2019 年第 6 期。

［19］刘浦江：《金代猛安谋克人口状况研究》，《民族研究》，1994年第2期。

［20］刘荣：《元代东北民族研究》，硕士学位论文，中央民族大学历史文化学院，2011年。

［21］刘子敏：《辽代鸭绿江女真的分布》，《东疆学刊》，1988年第1期。

［22］李薇：《关于金代猛安谋克的分布和名称问题—对三上次男先生考证的补订》，《黑龙江文物丛刊》，1984年第2期。

［23］李云铎、顾铭学编译：《关于南京南海府的遗址和遗物》，《历史与考古信息?? 东北亚》，1990年第1期。

［24］苗威：《定安国考论》，《中国边疆史地研究》，2011年第2期。

［25］苗威：《兀惹考辨》，《通化师范学院学报》，2016年第7期。

［26］牟元珪：《高丽时期的中国"投化人"》，《韩国研究论丛》，1997年。

［27］朴真奭：《关于东夏国首都及其位置的考证》，《延边大学学报》，1981年，第Z1期。

［28］宋玉彬，王志刚、全仁学：《渤海中京显德府故址—西古城城址研究简史》，《边疆考古研究》，2004年01期。

［29］沈岩：《元代朝鲜半岛女真人的分布与行政建置研究》，《史学集刊》，2014年第4期。

［30］孙文良：《满族崛起与明清兴亡论稿》，《孙文良明清史文集》，沈阳：辽宁民族出版社，2016年。

［31］孙佳：《金代行政路制研究》，博士学位论文，吉林大学文学院，2014年。

［32］孙昊：《辽代的辽东边疆经略——以鸭绿江女真为中心的动态考察》，《贵州社会科学》，2010年第12期。

［33］苏金源：《辽代东北女真和汉人的分布》，《社会科学战线》，1980年第2期。

［34］王慎荣：《蒲鲜万奴国号考辨》，《历史研究》，1985年第5期。

［35］王慎荣：《十三世纪蒙古和东夏的关系》，《史学集刊》，1987年第4期。

［36］王崇时：《元代东北女真族试探》，《延边大学学报》，1982年第

4 期。

[37] 王静如：《宴台女真文进士题名碑初释》，《史学集刊》，1937 年第 3 期，（非今日之《史学集）

[38] 魏志江：《试论金末蒙古、东夏与高丽的关系》，北京大学韩国学研究中心编：《韩国学论文集》第 8 辑，北京：民族出版社，2000 年。

[39] 王臻：《角色认同的转变与重建：朝鲜王朝与明清封贡关系的变迁》，《世界历史》，2018 年第 2 期。

[40] 吴晓杰：《金代婆速路探析》，《河北北方学院学报（社会科学版）》，2018 年第 3 期。

[41] 武玉环：《王氏高丽时期的渤海移民》，《吉林大学社会科学学报》，2007 年第 3 期。

[42] 薛磊：《元代双城总管府刍议》，《中国历史地理论丛》，2007 年第 3 期。

[43] 薛磊：《元世祖朝东宁路刍议》，《历史教学》，2009 年第 18 期。

[44] 薛磊：《论忽必烈时期元日关系中高丽王朝的态度》，《内蒙古大学学报（人文社会科学版）》，2002 年第 2 期。

[45] 杨雨舒：《东丹南迁刍议》，《社会科学战线》，1993 年第 5 期。

[46] 杨保隆：《辽代渤海人的逃亡与迁徙》，《民族研究》，1990 年第 4 期。

[47] 杨保隆：《浅谈元代的女真人》，《民族研究》，1984 年第 3 期。

[48] 赵永春、玄花：《辽金与高丽的"保州"交涉》，《中国边疆史地研究》，2008 年 1 期。

[49] 赵永春：《辽代女真与高丽朝贡关系考论》，《东北史地》，2010 年第 2 期。

[50] 张绍维、李莲：《东夏年号的研究》，《史学集刊》，1983 年第 3 期。

[51] 张国庆：《辽朝边铺探微》，《中国边疆史地研究》，2016 年第 2 期。

[52] 张泰湘：《兀惹丛考》，《东北考古研究》（三），郑州：中州古籍出版社，1994 年。

［53］朱国忱：《兀惹部、兀惹城研究》，《东北史地》，2007 年第 3 期。

［54］郑红英：《论明朝初期与高丽的女真之争》，《韩国研究论丛》，2014 年。

［55］周爽：《元代辽阳行省的女真人》，博士学位论文，吉林大学文学院，2015 年。

国外方面

［1］池内宏：《辽の圣宗の女直征伐》，《满鲜史研究》中世第 1 册，东京：吉川弘文馆，昭和五十四年五月一日发行。

［2］和田清：《明初の满洲经略》，《东亚史研究》满洲篇，东洋文库，1955 年。

［3］河内良弘：《中宗、明宗时代の朝鲜と女真》，《朝鲜学报》82，朝鲜学会，1977 年。

［4］河内良弘：《李朝时代女真人の朝鲜入京について》，《天理大学学报》138，天理大学学术研究会，1983 年。

［5］河内良弘：《关于明代的东宁卫》，《黑河学刊》，1988 年第 3 期。

［6］津田左右吉：《高丽西北境の开拓》，《津田左右吉全集》卷 11，《满鲜历史地理研究》一、东京：岩波书店，昭和三十九年八月十七日发行。

［7］津田左右吉：《尹瓘征略地域考》，《津田左右吉全集》卷 11，《满鲜历史地理研究》一，东京：岩波书店，昭和三十九年八月十七日发行。

［8］津田左右吉：《高丽东北境の开拓》，《津田左右吉全集》卷 11，《满鲜历史地理研究》一，东京：岩波书店，昭和三十九年八月十七日发行。

［9］津田左右吉：「圣宗の辽东经略」，『津田左右吉全集』卷 12、『满鲜历史地理研究』二、东京：岩波书店，昭和三十九年九月十七日发行。

［10］箭内亘：《东眞国の疆域》，《满洲历史地理》第 1 卷，东京：丸善株氏会社，1940 年。

［11］江岛寿雄：《辽东马市における私市と所谓开原南关马市》，《重松先生古稀记念，九州岛大学东洋史学论丛》，九州岛大学文学部东洋史研究室，1957 年。

［12］松井等：《隋唐二朝高句丽远征の地理》，《满洲历史地理》卷 1，

1913 年。

　　[13] 姜尚云：《丽明关系研究—从元明交替到铁岭立卫》，载金渭显编，陈文寿校译：《韩中关系史研究论丛》，香港：香港社会科学出版社，2004 年。

　　[14] 金渭显：《女真海寇"刀伊"》，《宋史研究论丛》，保定：河北大学出版社，2008 年。

　　[15] 李铉淙：《朝鲜的对明关系》，《韩国学报》第 4 辑，韩国研究学会，1984 年。

　　[16] 朴喜鎮：《明代朝鲜과女眞의关系研究》，《亚细亚文化研究》6，韩国暻园大아시아文化研究所，2002 年。

　　[17] 朴正珉：《朝鲜前期の对女真政策》，《年报朝鲜学》20，九州岛大学朝鲜学研究会，2017 年。

附 录
权力整合视域下的东丹国南迁研究

　　东丹国是辽灭渤海后，在渤海国故地建立并隶属于契丹的地方政权。① 东丹国虽存在时间短暂且史料较少，却成为学界研究的重点。国内外学者对东丹国的研究主要集中在其南迁问题上，并对迁徙原因、时间、规模、管理及废除等问题进行了探讨。② 如果将东丹国问题置于辽代政治背景之下，会发现围绕权力的争夺蕴含着复杂治国理念的冲突，东丹国的设立与"一国两制"治理模式的形成关系十分密切。本文以权力整合为视角，将东丹国分为建立、迁徙和废除三部分，并探讨其在辽初政局中的位置与作用，以求教于方家。

---

　　① 杨雨舒：《东丹南迁刍议》，《社会科学战线》1993 年第 5 期。

　　② 白鸟库吉监修，箭内亘、稻叶岩吉、松井等：『滿州歷史地理』，南满洲铁道株式会社，1914 年；津田左右吉：「遼太祖の遼東經略」，『津田左右吉全集』卷 12『滿鮮歷史地理研究』二，東京：岩波書店，1964 年，第 202—212 頁；金毓黻：《东北通史》，长春：《社会科学战线》杂志社，1981 年；杨雨舒：《东丹南迁刍议》，《社会科学战线》，1993 年第 5 期；齐晓光：《耶律羽之墓志对文献记载的勘补》，《文物》1996 年第 2 期；盖之庸：《耶律羽之墓志铭考证》，《北方文物》2001 年第 1 期；魏国忠、朱国忱、郝庆云：《渤海国史》，北京：中国社会科学出版社，2006 年；刘浦江：《辽代的渤海遗民——以东丹国和定安国为中心》，《松漠之间——辽金契丹女真史研究》，北京：中华书局，2008 年；康鹏：《辽代五京体制研究》，北京大学博士学位论文，2007 年；都兴智：《东丹史》，北京：中国社会科学出版社，2019 年。

一、东丹国建立:"一国两制"治理模式的滥觞

907 年耶律阿保机称帝后,契丹皇权初步确立。神册元年（916）,契丹废除可汗的世选制,立嫡长子耶律倍为太子,实行汉法的太子继承制。天赞元年（922）,由于耶律倍在河北战败,阿保机决定更易皇储,封次子尧骨为天下兵马大元帅。① 天赞五年（926）,契丹灭渤海后,阿保机以耶律倍为东丹王。"仍赐天子冠服,建元甘露,称制,置左右大次四相及百官,一用汉法"。② 阿保机这样的安排,是对耶律倍失去皇位继承人资格的一种补偿,却在无意中开始了"一国两制"的探索。

(一) 契丹嫡长子继承制的初步确立

在古八部时期,契丹通过"贵族大会"制度来决策重大事务。③ 至大贺氏、遥辇氏部落联盟时期,这种"议合"④"毕会"⑤ 制度进一步发展,各部定期集会,"部之长号大人,而常推一大人建旗鼓以统八部"。⑥ 唐朝末年,契丹迭剌部耶律阿保机崛起,其通过"盐池宴"之会,削弱了各部旧势力。⑦

907 年,阿保机"燔柴告天,即皇帝位",两府宰相率群臣"上尊号曰天皇帝,后曰地皇后",并"诏皇族承遥辇氏九帐为第十帐"。⑧ 阿保机的这个举动表明其在对各部旧势力斗争中取得了阶段性胜利,但其统治地位尚不稳定,因而还不能效法中原皇帝采取建元、指定皇位继承人等措施。根据史料记载,911—913 年,来自迭剌部世里家族以剌葛为首的阿保机的兄弟们发动了

---

① 蔡美彪:《论辽朝的天下兵马大元帅与皇位继承》,《辽金元史考索》,北京:中华书局,2012 年,第 84 页。

② 《辽史》卷七二《宗室列传》,北京:中华书局,2016 年,第 1334 页。

③ 李桂芝:《辽朝最高决策机构的职能及其演变》,中国蒙古史学会编:《蒙古史研究》第六辑,内蒙古大学出版社,2000 年,第 6 页。

④ 《旧唐书》卷一九九《契丹传》,北京:中华书局,1975 年,第 5349 页。

⑤ 《新唐书》卷二一九《契丹传》,北京:中华书局,1975 年,第 6167 页。

⑥ 《新五代史》卷七二《四夷附录》,北京:中华书局,1974 年,第 886 页。

⑦ 蔡美彪:《契丹的部落组织和国家的产生》,《辽金元史考索》,第 55—57 页。

⑧ 《辽史》卷一《太祖本纪上》,第 3 页。

三次叛乱，史称"诸弟之乱"，其中第三次规模最大，"孳畜道毙者十七八"①。阿保机为了缓解矛盾以稳固帝位，② 从宽处罚了参与反叛的迭剌、寅底石等人。916 年，耶律阿保机模仿汉制，"建元神册"，群臣"上尊号曰大圣大明天皇帝，后曰应天大明地皇后"，③ 并"立子倍为皇太子"④ 即"人皇王"，世袭皇权的契丹国正式建立。⑤ 与此同时，耶律阿保机在不断斗争中，根据契丹诸部的实际情况，区分皇族各房、帐并建立了"腹心部"，该部最初的统领，主要有耶律曷鲁、萧敌鲁、耶律斜涅赤、萧阿古只，以及淳钦皇后仲兄萧室鲁（缅思尚父）。⑥ 这不仅从继承权上明确了各皇族的地位，⑦ 还建立了完全效忠于自己的军事力量，用以巩固皇权。嫡长子继承制所代表的宗法秩序，废除了契丹可汗的世选制，无疑具有划时代的意义。⑧

此时，契丹的嫡长子继承制度尚不完善。在中原史书中，常出现对阿保机的三个儿子均冠以"太子"称谓的记载。《旧五代史》就曾经介绍阿保机的儿子"长曰人皇王突欲，即东丹王也；次曰元帅太子，即德光也"，⑨ 而关于德光"元帅太子"的称呼在《资治通鉴》⑩ 中亦有记载。至于三子李胡，在《契丹国志》中被称为"自在太子"⑪，而近些年在辽代祖陵的考古

① 《辽史》卷一《太祖本纪上》，第 8 页。

② 任爱君：《契丹"盐池宴""诸弟之乱"与夷离堇任期问题》，《史学集刊》2007 年第 6 期，第 64—65 页。

③ 《辽史》卷一《太祖本纪上》，第 10 页。

④ 《辽史》卷一《太祖本纪上》，第 11 页。

⑤ 蔡美彪：《契丹的部落组织和国家的产生》，《辽金元史考索》，第 57 页。

⑥ 爱新觉罗·乌拉熙春：『契丹文墓誌より見た遼史』，京都：松香堂，2006 年，第 57 页。

⑦ 杨军：《"变家为国"：耶律阿保机对契丹部族结构的改造》，《历史研究》2012 年第 3 期，第 28 页。

⑧ 铁颜颜：《皇族与辽朝政治研究》，吉林大学博士学位论文，2019 年，第 91—92 页。

⑨ 《旧五代史》卷一三七《契丹传》，北京：中华书局，1976 年，第 1832 页。

⑩ 《资治通鉴》卷二七五《后唐纪四》，后唐明宗天成元年七月条，北京：中华书局，1956 年，第 8989 页。

⑪ 叶隆礼撰，贾敬颜、林荣贵点校：《契丹国志》卷一四《恭顺皇帝传》，上海：上海古籍出版社，1985 年，第 152 页。

发掘中，发现刻有"李胡王子"① 字样的残片，也侧面印证了这一记载。这一称呼的混乱现象以及皇太子耶律倍最终未能继承皇位，一方面表明辽朝初年汉化程度不深，旧有的社会习俗根深蒂固，对于太子制度的内涵认识模糊，致使很多称呼仅仅沿用其名称。② 另一方面，也体现出契丹制度草创，象征皇权集中的嫡长子继承制尚未成为定制。

（二）辽太祖"一国两制"治理模式的探索

契丹建国后，随着政局逐渐稳定，辽太祖南下的时机逐渐成熟，兵锋指向的首要目标即河北地区。神册六年（921）十二月，辽太祖率各部及奚军大举南下，命皇太子耶律倍、王郁为前锋率军"略地定州"，契丹军队与北上支援的李存勖相遇，《辽史》记载了这次战斗的过程"（李存勖）引兵趋望都，遇我军秃馁五千骑，围之。存勖力战数四，不解。李嗣昭领三百骑来救，我军少却，存勖乃得出，大战，我军不利，引归"③。关于这次南侵涿、定等州的失败，《辽史》有意扬胜讳败，④ 但从中原史书的记载来看，契丹损失严重。后梁龙德元年（921）十二月"契丹长驱而南，围涿州，旬日拔之，擒刺史李嗣弼，进攻定州。王都告急于晋"。对于契丹的进攻，晋王采纳了郭崇韬和李嗣昭的建议，"乃自帅铁骑五千先进"。在新城北，晋王与契丹骑兵遭遇，耶律倍率领的契丹军队大败而逃，晋王"获契丹主之子"。辽太祖领残兵退至易州，"会大雪弥旬，平地数尺，契丹人马无食，死者相属于道"⑤，这次失败对耶律阿保机打击巨大，他"举手指天，谓卢文进曰：'天未令我至此。'乃北归"。⑥ 辽太祖严惩了导致战争失利的王郁，尽管没

---

① 中国社会科学院考古研究所内蒙古第二工作队等：《内蒙古巴林左旗辽代祖陵陵园遗址》，《考古》2009 年第 7 期，第 52 页。

② 邱靖嘉：《辽太宗朝的"皇太子"名号问题——兼论辽代政治文化的特征》，《历史研究》2010 年第 6 期。

③ 《辽史》卷二《太祖本纪下》，第 19 页。

④ 蔡美彪：《论辽朝的天下兵马大元帅与皇位继承》，《辽金元史考索》，第 84 页。

⑤ 《资治通鉴》卷二一七《后梁纪六》，后梁均王龙德元年十二月条，第 8870—8872 页。

⑥ 《资治通鉴》卷二一七《后梁纪六》，后梁均王龙德元年十二月条，第 8873 页。

有处罚主要责任人皇太子耶律倍,① 但对他的信任逐步丧失。

虽然遭遇失败,但辽太祖并未放弃南下。次年十一月,耶律阿保机任命次子耶律德光为"天下兵马大元帅"。② 天赞二年(923)正月,耶律德光以天下兵马大元帅的身份领兵南下,随即攻克了幽州门户平州。四月,又进军幽州,"擒其将裴信父子"。③ 闰四月,拔曲阳和北平,五月还师,成功地"略地蓟北"。④ 耶律德光扭转了此前"河北之败"后契丹的颓势,太祖"大飨军士,赏赉有差"。⑤ 契丹军势复振,在夺取平州后,不断侵扰幽云地区。⑥ 至此,在辽太祖耶律阿保机眼中,与导致"河北之败"的耶律倍相比,次子德光初掌军权即取得大胜。耶律德光担任的"天下兵马大元帅"与耶律阿保机曾担任过的迭剌部军事首领夷离堇十分相似,⑦ 在契丹社会中不但地位显赫,而且具有继承皇位的资格。

此后,"大元帅"与"皇太子"之名常在史籍中并称,⑧ 耶律德光在追随太祖西征党项、南下中原的过程中,屡建战功,地位不断上升。鉴于此,天赞三年(924)六月,辽太祖"召皇后、皇太子、大元帅及二宰相、诸部头等",下诏曰:"上天降监,惠及烝民。圣主明王,万载一遇。朕既上承天命,下统群生,每有征行,皆奉天意。是以机谋在己,取舍如神,国令既行,人情大附。舜讹归正,遐迩无怨。可谓大含溟海,安纳泰山矣!自我国

---

① 蔡美彪:《论辽朝的天下兵马大元帅与皇位继承》,《辽金元史考索》,第86页。

② 《辽史》卷二《太祖本纪下》,第20页。

③ 《辽史》卷二《太祖本纪下》,第21页。

④ 《辽史》卷二《太祖本纪下》,第20页。

⑤ 《辽史》卷二《太祖本纪下》,第21页。

⑥ 郑毅、张儒婷:《五代变局与契丹肇兴——以辽初统治者进取幽州为中心》,《社会科学战线》2011年第5期,第95页。

⑦ 蔡美彪:《契丹的部落组织和国家的产生》,《历史研究》1964年第5—6期,第181页。

⑧ 这在《辽史》的本纪中出现多次,比如《太祖本纪》中天赞三年六月太祖下诏之时,有"召皇后、皇太子、大元帅及二宰相、诸部头等"的记载,在天赞四年十二月进攻渤海国时有"乃举兵亲征渤海大撰,皇后、皇太子、大元帅尧骨皆从"。天显元年正月有"皇太子、大元帅尧骨、南府宰相苏、北院夷离堇斜涅赤、南院夷离堇迭里是夜围忽汗城"等。

之经营，为群方之父母。宪章斯在，胤嗣何忧？升降有期，去来在我。良筹圣会，自有契于天人；众国群王，岂可化其凡骨？三年之后，岁在丙戌，时值初秋，必有归处。"① 此段记载语焉不详，很多研究者认为与阿保机之死有关，使其与辽太祖的出生、射龙、离世等传说一样，具有强烈的神秘色彩。② 如果我们将此诏书的内容去除神秘色彩，将其理解为阿保机对皇位继承人的安排，似乎能得出更为合理的解释。重新解释的关键在于对"归处"一词的理解，将其理解为个体的生死，显然缺乏科学性，反而进一步增强了其神秘色彩。如果将其看作是阿保机欲急流勇退，对皇位继承人的安排，这份诏书则是阿保机的退位宣言。首先，从"上天降监，惠及烝民"到"自我国之经营，为群方之父母"，意在为自己涂脂抹粉、歌功颂德。他在强调皇位神授的同时，宣扬自己所取得的功绩，自诩为万载一遇的圣主明王。其次，"宪章斯在，胤嗣何忧"则是太祖告诉群臣皇位继承问题已经明确了。这里的"宪章"喻指契丹刚刚确立的嫡长子继承制，③ "胤嗣"是指皇太子耶律倍和天下兵马大元帅耶律德光。结合此前耶律倍与耶律德光地位的变化，辽太祖应是对契丹皇权结构有了新的安排。至于如何安排，太祖告诉群臣不要担忧。④ 第三，"升降有期，去来在我"，表明阿保机已经产生退隐的想法。第四，"三年之后，岁在丙戌，时值初秋，必有归处"，这可以理解为阿保机对局势预测后，确定的退隐时间以及皇太子耶律倍和天下兵马大元帅耶律德光的"归处"。

---

① 《辽史》卷二《太祖本纪下》，第 21—22 页。

② 参见孟凡云：《耶律阿保机的神化活动及特点》，《北方文物》，2005 年第 4 期，第 70 页；林鹄认为这是太祖对针对耶律倍被攻击而作的回应，参见林鹄：《耶律阿保机建国方略考——兼论非汉族政权之汉化命题》，《历史研究》2012 年第 4 期，第 65 页；罗新据此条史料说明阿保机提前三年预测了自己的死期，推断阿保机为非自然死亡，参见罗新：《耶律阿保机之死》，《东方早报》2014 年 3 月 23 日；耿涛认为此是太祖向部众宣示他们可从其二子中自行选择下一任皇帝，参见耿涛：《辽太宗二次即位考释》，《北方文物》，2017 年第 3 期，第 88 页；铁颜颜认为这是阿保机生前对自己身后事以及皇位继承的安排，参见铁颜颜：《皇族与辽朝政治研究》，博士学位论文，吉林大学，2019 年，第 91 页。

③ 铁颜颜：《皇族与辽朝政治研究》，吉林大学博士学位论文，2019 年，第 91 页。

④ 《辽史》卷二《太祖本纪下》，第 22 页。

　　诏书下达后,辽太祖大举征伐吐浑、党项、阻卜等部。天赞四年(925)十二月,阿保机与皇后及"皇太子、大元帅"① 率领契丹二十万大军"乘衅而动"②,进攻渤海国。次年,渤海国灭亡。自天赞元年(922)开始,皇位继承问题始终困扰着辽太祖耶律阿保机,作为皇帝他必须从国家利益出发选择合适的继承者,耶律德光是他中意的人选。但作为父亲他又不能痛下决心废黜皇太子,这样就使皇位继承问题产生了不确定性。耶律阿保机在灭亡渤海之前,已经决定让汉化水平较高的太子耶律倍统治渤海遗民。在他眼中,精通汉文的耶律倍,无疑是治理东丹国的最佳人选。天显元年(926)二月丙午,距离灭亡渤海仅20天,耶律阿保机便"改渤海国为东丹……册皇太子倍为人皇王以主之"③。在率军回师之前,耶律倍献歌舞送行,辽太祖欣慰地对他说"得汝治东土,吾复何忧",意思就是将东丹国作为封地交由他管理,④ 而闻听此话的耶律倍却"号泣而出"⑤,因为他知道自己与契丹皇位再也无缘。

　　辽朝初年,契丹尚未完全汉化,在迭刺部军事联盟长出身的耶律阿保机看来,这是一个十分合理的安排。他让熟悉汉地之事的耶律倍统治东丹国,而命颇具军事才能的天下兵马大元帅耶律德光统治契丹皇都及附近地区,契丹天下尽在其家族掌控之下。这一事实,在《资治通鉴》中也有详尽的记述:"契丹主攻勃海,拔其夫余城,更命曰东丹国。命其长子突欲镇东丹,号人皇王,以次子德光守西楼,号元帅太子。"⑥ 太祖此举的用意非常简单,即顺应契丹当时复杂的政治局面,根据两个儿子的能力命其分别统治东丹国和契丹故地。这种安排即符合契丹建国初期世选制尚存的局面,又能将皇权绝对掌握在他一人之手,以防止夺位之乱的再度出现,这与前文诏书中的隐喻契合。

---

① 《辽史》卷二《太祖本纪下》,第23页。

② 《辽史》卷七五《耶律羽之传》,第1366页。

③ 《辽史》卷二《太祖本纪下》,第24页。

④ 蔡美彪:《论辽朝的天下兵马大元帅与皇位继承》,《辽金元史考索》,第87页。

⑤ 《辽史》卷七二《义宗耶律倍传》,第1334页。

⑥ 《资治通鉴》卷二七五《后唐纪四》,后唐明宗天成元年七月条,第8988页。

为了实现他的新构想，耶律阿保机做了两件事。第一，给予东丹国较高的政治地位，"赐天子冠服，建元甘露，称制"①，东丹王享受皇帝的待遇，东丹国与契丹并举。在契丹石刻中，称东丹为"丹国"②。根据金毓黻先生考证，"东丹之名，盖与契丹对举，义犹东契丹，以其建国于契丹之东也"③。前文已述，宋人史料中即有耶律倍"镇东丹"而德光"守西楼"的记载，南唐则将二者合称为"二丹"。④ 同时，从辽太祖为耶律倍主政东丹国所建立的核心统治机构——中台省也可以看出东丹国地位之高。"大东丹国中台省"在《辽史·百官志》中位于"北面皇族帐官"之下，位于"王子院"和"驸马都尉府"之前，地位极其尊贵。笔者认为，元史官在修纂《辽史》时，认识到了东丹国在辽初是皇太子耶律倍的个人私产，并结合契丹此时尚未建立南北官制的实际情况，给予了中台省一个很高的位置。第二，阿保机为耶律倍安排一个政治班底，使其能够在契丹的掌控之中。根据《辽史》记载，辽太祖曾"以皇弟迭剌为左大相"⑤ 主管中台省事务，并"遗诏寅底石守太师、政事令，辅东丹王"⑥。迭剌与寅底石均参与过"诸弟之乱"，且为阿保机所宽恕，属于契丹迭剌诸部旧贵族。此时，同为太祖诸弟的耶律燕哥、耶律苏等，⑦ 从他们之后的政治立场来看，也可能是太祖委派协助耶律倍的重臣。耶律阿保机用他们辅佐耶律倍，应有深层次目的。可以说，耶律阿保机在其生前已经对耶律德光和耶律倍的关系做出了特殊的安排。这种安排，一方面是出于稳固东丹国统治的需要，另一方面也为耶律德光控制东丹国提供了条件。辽太祖所实行的这种统治模式并非严格意义上的"一国两制"，而是他面对棘手问题的权宜之计，因而它存在巨大的安全隐患。

---

① 《辽史》卷七二《宗室列传》，第 1334 页。

② 刘浦江：《再谈东丹国国号问题》，《中国史研究》2008 年第 1 期，第 94 页。

③ 金毓黻：《东北通史》，第 315 页。

④ 马令撰：《南唐书》卷一八《契丹传》，北京：中华书局，1985 年，第 5605 页。

⑤ 《辽史》卷二《太祖本纪下》，第 24 页。

⑥ 《辽史》卷六四《皇子表》，第 1071 页。

⑦ 林鹄：《南望——辽前期政治史》，上海：生活·读书·新知三联书店，2018 年，第 55 页。

二、东丹国南迁：辽太宗与东丹王的博弈

耶律阿保机根据辽初复杂的政局，建立了全新的统治模式。随着他的意外去世，两位皇子围绕皇权展开了博弈。耶律德光即位后，他和耶律倍的争斗则是围绕东丹国南迁展开的。

（一）"扶余之变"与契丹中央统治集团重组

天显元年（926）七月，辽太祖在回师途中"次扶余府，上不豫。……上崩"①。此时，以阿保机妻子述律平为核心的新兴后族②登上了历史舞台。耶律德光虽是皇位继承人，并以天下兵马大元帅的身份掌握着契丹的军政大权，但失去述律后的支持，他想继承皇位也是极为困难的。史书记载，述律后"爱中子德光"③，这正是两股势力联合的最直接表现，也是契丹后族干政之始。为了辅佐耶律德光夺取皇位，述律后在"称制，权决军国事"④后，随即在太祖枢前发动了针对耶律倍势力的政变——"扶余之变"⑤，用以改变太祖生前所制定的统治模式，这也使辽太宗对契丹权力的整合迈出了第一步。

关于此次政变的记载很少，旧史难寻踪迹，但其在《辽史·太祖本纪》的赞语中与"剌葛、安端之乱"⑥并称，表明其在当时的影响应该很大。⑦从记载来看，"扶余之变"中述律后取得了胜利，并对反叛者大开杀戒，天显初年契丹旧臣多有死难的记载，笔者整理如下：

---

① 《辽史》卷二《太祖本纪下》，第25页。
② 孙伟祥：《后族与辽朝政治研究》，吉林大学博士学位论文，2015年，第82页。
③ 《资治通鉴》卷二七五《后唐纪四》，后唐明宗天成元年九月条，第8993页。
④ 《辽史》卷二《太祖本纪下》，第25页。
⑤ 《辽史》卷二《太祖本纪下》，第27页。
⑥ 《辽史》卷二《太祖本纪下》，第27页。
⑦ 林鹄：《南望——辽前期政治史》，第54页。

"扶余之变"后契丹旧臣情况记录表

姓名	时间	死亡或逃难	史料出处
寅底石	天显元年	太祖命辅东丹王，淳钦皇后遣司徒划沙杀于路。	《辽史》卷六四《皇子表》
耶律迭里	天显元年	天赞三年，（耶律迭里）为南院夷离堇，征渤海，攻忽汗城，俘斩甚众。……建言，帝位宜先嫡长，今东丹王赴朝，当立。由是忤旨。以党附东丹王，诏下狱，讯鞠，加以炮烙。不伏，杀之，籍其家。	《辽史》卷七七《耶律安博传》
耶律匹鲁	天显元年	十一月丙寅，杀南院夷离堇耶律迭里、郎君耶律匹鲁等。	《辽史》卷二《太祖本纪下》
耶律海里	天显初	征渤海……师般，卒。	《辽史》卷七三《耶律海里传》
耶律欲稳	天显初	从征渤海有功。天显初卒。	《辽史》卷七三《耶律欲稳传》
耶律苏	天显元年九月	九月，南府宰相苏薨。	《辽史》卷二《太祖本纪下》
卢国用	天显元年十月	十月，卢龙军节度使卢国用叛，奔于唐。	《辽史》卷二《太祖本纪下》
康默记	天显二年	既破回跋城归，营太祖山陵毕，卒。	《辽史》卷七四《康默记传》
耶律铎臻	天显二年	将伐渤海，铎臻谏曰……及淳钦皇后称制，恶铎臻，囚之，……天显二年卒。	《辽史》卷七五《耶律铎臻传》

　　通过表中统计可见，在"扶余之变"中被杀的契丹贵族有 8 人，叛逃者 1 人。寅底石曾是反对太祖称帝的"诸弟"之一，也是奉太祖遗诏辅佐耶律倍的重臣。与他一起被杀的还有支持耶律倍登基的耶律迭里和耶律匹鲁，他们都是随太祖征伐渤海的契丹贵族。同时，耶律海里、耶律欲稳、耶律苏、卢国用等都是从征渤海的臣僚，他们可能是因支持东丹王而被述律后迫害。① 康默记在营建太祖陵时去世，天显二年（927）八月太祖下葬，表明他死在太宗登基前，很有可能与支持耶律倍有关。这些契丹贵族之中，并无出于后

---

　　① 林鹄：《南望——辽前期政治史》，第 55 页。

族的萧姓之人，① 推测这些人均应死于述律后发动的"扶余之变"，仅有卢国用南逃后唐。从天显元年（926）九月太祖去世至太宗"即皇帝位"，② 在这么短的时间内杀害多位契丹重臣，足见"扶余之变"的惨烈。

镇压反对势力后，述律后协助耶律德光取得契丹最高统治权，《辽史》没有这方面的记载，但中原史籍则有相关的内容：

> 及阿保机死，其妻述律氏，……令少子安端少君往渤海国代突欲，将立为嗣。③

> 契丹述律后爱中子德光，欲立之。至西楼，命与突欲俱乘马立帐前，谓诸酋长曰："二子吾皆爱之，莫之所立，汝曹则可立者执其辔。"酋长知其意，争执德光辔欢跃曰："愿事元帅太子。"后曰："众之所欲，吾安敢违。"遂立之为天皇王。突欲愠，帅数百骑欲奔唐，为逻者所遏；述律后不罪，遣归东丹。④

根据学者考证，这两条史料是依据后唐使者姚坤使辽见闻而写成。姚坤作为后唐告哀使出使契丹，见证了阿保机逝世到耶律德光即位期间的诸多事件，其内容应该无误。⑤ 这表明，在"扶余之变"后，述律后基本按照辽太祖的生前安排，以传统世选形式令契丹贵族通过牵马辔推举耶律德光为最高统治者，这符合契丹旧制。耶律德光顺利在太祖灵柩前登基，成为下一任"天皇王"。⑥ 太宗之所以能用这种方式取得皇位，有两点原因：第一，虽然太祖有遗命，但其新的治国模式尚未完全施行，契丹旧俗根深蒂固。耶律德光迅速与后族联合，利用政变打压异己，对契丹中央权力进行了初步整合。第二，太祖意外离世，人皇王耶律倍准备不足，支持他的契丹旧臣相继被害。耶律倍尽管是东丹国王，但东丹国的渤海遗民仇视他，东丹国的官员并非他的亲信。耶律

---

① 耿涛：《辽太宗二次即位考释》，《北方文物》2017 年第 3 期，第 89 页。

② 《辽史》卷三《太宗本纪上》，第 30 页。

③ 王溥：《五代会要》卷二九《契丹传》，上海：上海古籍出版社，1978 年，第 456 页。

④ 《资治通鉴》卷二七五《后唐纪四》，后唐明宗天成元年九月条，第 8993 页。

⑤ 耿涛：《辽太宗二次即位考释》，《北方文物》2017 年第 3 期，第 87 页。

⑥ 《资治通鉴》卷二七五《后唐纪四》，后唐明宗天成元年九月条，第 8993 页。

倍在"扶余之变"后处于孤立无援的境遇,故其在政治斗争中失败。

值得一提的是,中原史书记载的这次夺位之争,仍有两条共性的史料值得重视。一是《五代会要》载:述律后曾令安端(即李胡)在太祖去世后快速赶去渤海国"代突欲(耶律倍),将立为嗣"①,但最后没有成功。二是耶律倍在政治斗争中失败后,选择出逃后唐,对此述律后也只能"不罪,遣归东丹"②。这两条史料体现出共同特点,即辽太祖虽已去世,但其新的治国模式尚具有影响力,孤悬海外的东丹国在名义上仍是耶律倍的政治势力范围,不容小觑。因此,辽太宗想顺利完成对契丹中央权力的整合,必须取消东丹国的半独立性。

耶律德光如果要达到皇权集中的目的,就必须在东丹国培养一套自己的政治班底。东丹国建立时,辽太祖已经注意到这个问题,在人事安排上有所考虑,命迭剌与寅底石以及渤海国旧臣共同辅佐东丹王,而让与耶律德光关系密切的耶律羽之掌握实权。耶律德光掌权后,于天显二年(927)将耶律羽之"迁升"中台省左相,"身为家宰,手执国钧"③,成为东丹国的实际掌权者。④ 同时,耶律羽之的兄长,⑤ 曾追随太祖"从伐渤海"并留守扶余城的耶律觌烈也在之后被任命为"留守南京"⑥,协助对东丹国的统治。此二人均为太宗的心腹之臣,从史料记载来看,原渤海国旧臣地位日趋下降。在东丹国之外,耶律德光还提拔了自己的亲信部下进入契丹统治阶层,主要有突吕不、耶律解里、耶律拔里、耶律洼和耶律吼等,⑦ 还有"功高"⑧ 的汉将赵思温、陈万、韩德枢、赵德均等。在新的统治集团确立后,天显二年十

---

① 王溥:《五代会要》卷二九《契丹》,第 456 页。

② 《资治通鉴》卷二七五《后唐纪四》,后唐明宗天成元年九月条,第 8993 页。

③ 《耶律羽之墓志》,向南,张国庆,李宇峰辑注:《辽代石刻文续编》,沈阳:辽宁人民出版社,2010 年,第 3—4 页。

④ 顾婉彤:《东丹国迁徙问题研究》,长春师范大学硕士学位论文,2019 年,第 53 页。

⑤ 刘浦江:《辽代的渤海遗民——以东丹国和定安国为中心》,《松漠之间——辽金契丹女真史研究》,第 377 页。

⑥ 《辽史》卷七五《耶律觌烈传》,第 1366 页。

⑦ 耿涛:《辽太宗二次即位考释》,《北方文物》2017 年第 3 期,第 90 页。

⑧ 向南:《辽代石刻文编》,石家庄:河北教育出版社,1995 年,第 15 页。

一月，"人皇王倍率群臣请于后曰：'皇子大元帅勋望，中外攸属，宜承大统'"①，在取得述律后的同意后，耶律德光进行了二次登基，②"是日即皇帝位"③，成为契丹的最高统治者。

（二）太宗东丹国南迁规划的实施

辽太宗即位后，东丹国成为如鲠在喉的最大威胁。耶律德光想要进一步整合中央权力，必须削弱其实力，加强对其掌控，最好的选择是将其统治中心迁徙到辽阳城。

学界对东丹国南迁的原因进行了深入讨论，④认为东丹南迁的必要条件，就是契丹"分州建官"的初步完成。根据史料记载，耶律阿保机曾于神册三年（918）将"龙眉宫"⑤扩建为"皇都"，并修建"龙化州"⑥。契丹进入"分州建官"的萌芽阶段，⑦这也是契丹建立中央集权的行政区划体制的第一步。之后，契丹在辽东⑧修建东平郡、辽州、沈州、镇海府⑨等多座州城，统治相对稳固。该地成为契丹继皇都之后的另一个核心统治区域，也是辽太

---

① 《辽史》卷三《太宗本纪上》，第 30 页。

② 耿涛：《辽太宗二次即位考释》，《北方文物》2017 年第 3 期，第 90 页。

③ 《辽史》卷三《太宗本纪上》，第 30 页。

④ 金毓黻《东北通史》、王承礼《渤海简史》、杨保隆《辽代渤海人的逃亡与迁徙》、杨雨舒《东丹南迁刍议》、耿涛《东丹国南迁缘由初探》、黄为放《10—12 世纪渤海移民问题研究》等论著对契丹将渤海移民南迁的原因进行了研究，主要归结为七点内容：夺取皇位、镇压渤海遗民、缓和阶级和民族矛盾、分化渤海人反叛势力、削弱耶律倍力量、为南下中原奠定基础和辽东优越的自然条件等。

⑤ 《辽史》卷三七《地理志一》，第 497 页。

⑥ 《辽史》卷一《太祖本纪上》，第 2 页。

⑦ 高福顺：《辽朝在中国古史谱系中的历史定位》，《中国边疆史地研究》2019 年第 2 期，第 111 页。

⑧ 此处辽东指广义概念，"辽东"在历史上有广义和狭义两种概念：广义辽东包括今河北省东北部、辽宁省全部、吉林省南部和朝鲜半岛北部一带的广大地区，狭义辽东则指辽河以东、辽阳以南地区。

⑨ 根据余蔚《中国行政区划通史（辽金卷）》（上海：复旦大学出版社，2012 年）和张修桂、赖青寿《辽史地理志汇释》（合肥：安徽教育出版社，2001 年）等书内容整理。

祖为称霸东北地区而苦心经营之所在。① 因此，距离更近的辽东较契丹其他统治区域更具有安置渤海遗民的政治基础，也能有效维护契丹统治，这就为太宗的东丹南迁计划提供了条件。有学者提出的契丹地方行政区划设置在攻灭渤海国后就"初步达到高潮"②，但其所载"得城邑之居百有三"③，不应指太祖攻灭渤海国，而是指东丹南迁之时。

　　学界对东丹国南迁规划是如何制定的尚无详细探讨，要说清这一问题，先要从其规划制定者说起。

　　1. 东丹南迁规划的提出

　　从史料看，南迁计划的提出共涉及五位历史人物，史籍记载如下：

南迁计划提出者统计表

主要人物	主要内容	史料出处
耶律羽之	太宗即位，上表曰："我大圣天皇始有东土，择贤辅以抚斯民，不以臣愚而任之。国家利害，敢不以闻。渤海昔畏南朝，阻险自卫，居忽汗城。……遗种浸以蕃息，今居远境，恐为后患。梁水之地乃其故乡，地衍土沃，有木铁盐鱼之利。乘其微弱，徙还其民，万世长策也。彼得故乡，又获木铁盐鱼之饶，必安居乐业。……成圣祖未集之功，贻后世无疆之福。"	《辽史》卷七五《耶律羽之传》
耶律德光	表奏（耶律羽之所上南迁表），帝嘉纳之。是岁，诏徙东丹国民于梁水，时称其善。	
耶律倍	天显四年己丑岁，人皇王乃下诏曰："朕以孝理天下，虑远晨昏，欲效盘庚，卿宜进表。"	《耶律羽之墓志》，向南，张国庆、李宇峰辑注：《辽代石刻文续编》
耶律羽之	公（耶律羽之）即陈："辽地形便，可建邦家。"于是允协帝心，爰兴基构。	
辽太宗耶律德光	天显三年十二月，时人皇王在皇都，诏遣耶律羽之迁东丹民以实东平。其民或亡入新罗、女直，因诏困乏不能迁者，许上国富民给赡而隶属之。升东平郡为南京。	《辽史》卷三《太宗本纪上》

---

① 姜维公：《〈辽史·地理志〉东京辽阳府条记事谬误探源》，《中国边疆史地研究》2011年第2期，第127页。

② 高福顺：《辽朝在中国古史谱系中的历史定位》，《中国边疆史地研究》2019年第2期，第111页。

③ 《辽史》卷三七《地理志一》，第495页。

根据表中记载，东丹南迁的史料主要记载在《辽史》的《太宗本纪》《耶律羽之传》和《耶律羽之墓志》中。学界据此认为南迁的提出者有耶律倍和耶律德光两个不同意见。① 从史籍与石刻记载上看，耶律羽之为东丹南迁的上书者，这是没有疑问的。但南迁规划的提出者，是耶律德光还是耶律倍呢？学者多将《耶律羽之墓志》中"诏徙东丹国民于梁水"与《太宗本纪》中"诏遣耶律羽之迁东丹民以实东平"两条史料进行对比，认为其所言均是太宗命羽之南迁东丹之事。但通观史料全文，《太宗本纪》所记内容前尚有"时人皇王在皇都"一句，结合史书编纂体例与方法，这才是此句的形式主语，即人皇王此时正在皇都，于是下诏书命羽之迁徙渤海遗民入辽东，而之后"升东平郡为南京"才是太宗所下之诏。这一记载，正与《耶律羽之墓志》中"人皇王乃下诏"的记载相契合。所以，《辽史》与金石文字中，均有耶律倍下诏南迁的记载。这也符合当时的客观情况。虽然耶律德光通过政变夺取帝位，但东丹国仍是其父遗命留给其兄长耶律倍的领地。耶律倍尽管此时已经对东丹国失去了控制，但是按照太祖遗愿，他还是东丹国王，迁徙诏书必须由他下达。因而，被软禁的人皇王耶律倍不得不扮演东丹南迁名义上的发起者，正如同他在耶律德光登基时率群臣向皇后请命时一样。《辽史·耶律羽之传》记载，羽之上表后，太宗"嘉纳之"②，又以皇帝的名义下诏命其南迁渤海遗民。《耶律羽之墓志》有一处与《辽史》出现了相似的内容，只是记载更为微妙，"（羽之）允协帝心，爰兴基构"③。这里的"帝"一定不是指下诏南迁的人皇王耶律倍，而是辽太宗耶律德光，由于南迁东丹的目的在于削弱耶律倍的势力，所以他才是这一规划的幕后操纵者。而耶律羽之除了担任南迁规划的上书者之外，还是主要的执行者。

2. 东丹南迁的过程

为了保证迁徙计划的顺利进行，耶律羽之将南迁分为都城迁徙、全国迁徙及结束和官署重置三个不同阶段。现分述如下：

---

① 学界持这种观点有如下学者：刘桓：《关于契丹迁东丹国民的缘起》，《北方文物》1998 年第 1 期，第 84 页；都兴智：《试论耶律羽之家族与东丹国》，《辽宁工程技术大学学报》（社会科学版）2008 年第 6 期，第 618 页。

② 《辽史》卷七五《耶律羽之传》，第 1366 页。

③ 《耶律羽之墓志》，向南，张国庆，李宇峰辑注：《辽代石刻文续编》，第 3—4 页。

（1）都城迁徙阶段

关于东丹国南迁的阶段问题，必须从其迁徙时间入手探讨。根据史书记载和石刻资料，东丹南迁有三个时间点，而学界亦有关于东丹国迁徙时间的三种观点。① 具体记载如下图：

东丹国南迁时间观点图

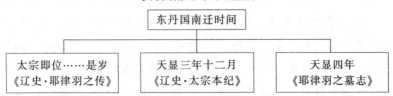

从示意图中可见，关于东丹南迁的时间，主要有《辽史·太宗本纪》所载的天显三年十二月和《耶律羽之墓志》所记的天显四年（929），及《辽史·耶律羽之传》中的一个含糊的概念。学界将《辽史》的《太宗本纪》与《耶律羽之传》与墓志进行比较研究，认为其所记载的时间相同，均认为南迁东丹时间是天显三年。《辽史》的本纪与传，是元朝史官根据耶律俨的《皇朝实录》和陈大任的传记材料综合修纂而成，② 书中错误较多，比对使用则更需谨慎。认真考证本纪与传记的内容，可以发现传记中所言为"太宗即位"后，耶律羽之"上表曰"南迁东丹之奏表为一事，而其中"是岁，诏徙东丹国民于梁水"③ 与本纪中"诏遣耶律羽之迁东丹民以实东平……升东平郡为南京"④ 应为另一事。史籍叙述的第二个事件分别出现在本纪与传记中，元朝史官将其内容综合，即为《辽史·地理志》中东京道辽阳府条的记事，"天显三年，迁东丹国民居之，升为南京"⑤。所以，天显三年十二

---

① 首先是天显三年（928）十二月说，参见金毓黻：《东北通史》，第316页；杨雨舒：《东丹南迁刍议》，《社会科学战线》1993年第5期，第190页。其次是天显四年（929）说，参见齐晓光：《"耶律羽之墓志"对文献记载的勘补》，《文物》1996年第2期，第44页；盖之庸：《耶律羽之墓志铭考证》，《北方文物》2001年第1期，第45页；魏国忠、朱国忱、郝庆云：《渤海国史》，第571页。第三是太宗刚继位时说，参见耿涛：《东丹国南迁时间新探》，《中国边疆民族研究》2016年第1期，第20页。

② 冯家昇：《冯家昇论著辑萃》，北京：中华书局，1987年，第118—122页。

③ 《辽史》卷七五《耶律羽之传》，第1366页。

④ 《辽史》卷三《太宗本纪上》，第32页。

⑤ 《辽史》卷三八《地理志一》，第518页。

月，应为人皇王耶律倍在耶律德光强迫下，诏遣耶律羽之，命其迁徙都城的时间，这无疑也是东丹南迁开始的时间。同时，他还提出了南迁的政策，"因诏困乏不能迁者，许上国富民给赡而隶属之。"① 而根据《辽史·耶律羽之传》中"是岁"②的记载，耶律羽之"上表"的时间应该在天显三年十二月之前某一时间。有学者认为其上表应在天显二年，③ 但《辽史》中此年史料除太宗十二月登基之外，其他记载极少，且耶律羽之也不会在如此关键时刻提出这样的想法，故此说应不成立。至于东丹国都城迁徙完成的时间，应该不会超过天显四年。

（2）全国州城迁徙阶段

在迁徙都城之后，《耶律羽之墓志》记载的天显四年（929）应为东丹国开始进行全国州城迁徙。有学者认为"《耶律羽之墓志》所记的天显四年（929）可能是撰写墓志者时间上的误记"④。《耶律羽之墓志》由蓟门人"邢明远"撰写，完成于会同五年（942）。此时为辽太宗统治时期，东丹国也尚存，且耶律羽之位高权重，进阶"上柱国，食邑二千五百户"⑤。东丹南迁作为他最显著的功绩，墓志断不会出现时间上的记录错误。所以，笔者认为，天显四年应为耶律倍在耶律德光的威逼之下被迫下诏之时，也是东丹国州县大规模迁徙的阶段。耶律倍公开下诏书的行为同样表明了他在州县迁徙中，仍旧扮演了"发起者"的角色。在此期间，根据《辽史·太宗本纪》记载，天显四年，辽太宗三次与人皇王往来，"幸人皇王第"，并两次驾发"如南京"⑥，表面上看是来看望人皇王耶律倍，其真实目的应是逼迫他颁发诏书并视察州城迁徙情况。

（3）迁徙结束和官署重置阶段

天显五年（930）四月，"人皇王归国"⑦，标志着东丹南迁的彻底结束。

---

① 《辽史》卷三《太宗本纪上》，第 32 页。

② 《辽史》卷七五《耶律羽之传》，第 1366 页。

③ 金毓黻：《渤海国志长编》，长春：《社会科学战线》杂志社，1980 年，翻印本，第 184—185 页。

④ 都兴智：《东丹史》，第 19 页。

⑤ 《耶律羽之墓志》，向南，张国庆，李宇峰辑注：《辽代石刻文续编》，第 3—4 页。

⑥ 《辽史》卷三《太宗本纪上》，第 33 页。

⑦ 《辽史》卷三《太宗本纪上》，第 34 页。

在此期间，契丹迁徙渤海国遗民四十余万，① 规模极其巨大。但是，《辽史》记载了一个有趣现象。天显五年二月，太宗"诏修南京"，三月"宴人皇王僚属便殿。庚寅，驾发南京"，四月"诏人皇王先赴祖陵谒太祖庙。丙辰，会祖陵。人皇王归国"② 史料的逻辑是这样，耶律倍在太宗修葺南京后，参加了太宗的宴请，席间耶律倍与太宗应也有交流。之后，耶律德光先行驾发南京，耶律倍则是在进行大规模祭祀太祖之后，才正式归国。归国后，耶律倍既"命王继远撰建南京碑"③。根据《辽史·地理志》记载，这个"大东丹国新建南京碑铭"④ 位于东丹国首府南京的宫门南侧，记录着太宗耶律德光的功绩和自己"让国"⑤ 的整个过程。此时，东丹国的迁徙尚未最后完成，东丹国原有的官署也在南迁后的重置当中。天显六年（931）四月，契丹"置中台省于南京"⑥，东丹国全部官署完成迁徙后的安置，⑦ 南迁宣告全部完成。

东丹南迁结束后，耶律倍只是名义上的国主，契丹实现了对东丹的全面掌控。天显五年十一月，耶律倍率领随从"浮海适唐"⑧。此时，中台省左大相耶律羽之则"镇抚国人，一切如故"⑨，成为东丹国实际控制者，而耶律倍妃萧氏成为名义上的统治者。⑩ 值得一提的是，耶律倍逃往后唐后，在契丹人认知中，其仍有一定位置，"问安之使不绝"⑪。根据宋人记载，这些

---

① 黄为放：《10—12 世纪渤海移民问题研究》，长春师范大学博士学位论文，2017年，第 46 页。

② 《辽史》卷三《太宗本纪上》，第 33—34 页。

③ 《辽史》卷七二《义宗耶律倍传》，第 1334 页。

④ 《辽史》卷三八《地理志二》，第 518 页。

⑤ 《辽史》卷五《世宗本纪》，第 72 页。

⑥ 《辽史》卷三《太宗本纪上》，第 35 页。

⑦ 顾婉彤：《东丹国迁徙问题研究》，长春师范大学硕士学位论文，2019 年，第 34 页。

⑧ 《辽史》卷三《太宗本纪上》，第 34 页。

⑨ 《辽史》卷七五《耶律羽之传》，第 1366 页。

⑩ 刘浦江：《辽代的渤海遗民——以东丹国和定安国为中心》，《松漠之间——辽金契丹女真史研究》，第 377 页。

⑪ 《辽史》卷七二《义宗耶律倍传》，第 1335 页。

往来官员中，还包括东丹国两位高官耶律羽之与耶律觌烈，在其递交的书信中，要求"修贡"①。这一现象的存在，应是耶律德光对辽太祖遗愿的最后尊重。天显十一年（936），耶律倍被唐明宗之子李从珂"遣壮士李彦绅害之"②，就此退出历史舞台。

可见，辽太祖去世后，耶律德光在与耶律倍的政治博弈中取得了胜利。他在表面不违背太祖遗愿的前提下，对东丹国进行迁徙。南迁共分为三个阶段，耶律倍扮演着东丹国主及发起与主持者的形象，耶律羽之是执行者，而耶律德光才是幕后的操纵者。东丹国南迁后，耶律倍泛海南渡，耶律德光初步完成了权力整合，成为契丹的最高统治者。

三、东丹国废除：中央集权的加强

东丹国南迁后，其核心统治机构进行了重置，并完全听命于辽太宗。之后，东丹国地位不断下降，并最终废除。

（一）东丹国在中央权力机构中地位的下降

中台省是东丹国建立之初即存在的核心统治机构，由辽太祖设立，太宗在南迁时对中台省进行了重置，足见其重要地位。因此，学界从中台省的变化来探究东丹国的地位问题，③ 这种方法具有合理性，但要全面了解东丹国南迁后地位的改变，则需探究其中央权力机构在迁徙后的重置与变化。探讨这一问题，必须从"大东丹国中台省"入手，在《辽史·百官志》中有这样的记载：

　　北面皇族帐官

---

① 王钦若等编：《册府元龟》卷九八〇《外臣部通好门》，北京：中华书局，1960年，第11520页。

② 《辽史》卷七二《义宗耶律倍传》，第1335页。

③ 参见金毓黻：《东北通史》，第324页；刘浦江：《辽代的渤海遗民——以东丹国和定安国为中心》，《松漠之间——辽金契丹女真史研究》，第374—376页；康鹏：《东丹国废罢时间新探》，《北方文物》2010第2期，第73—74页等。

……

> 大东丹国中台省。太祖天显元年置，乾亨四年圣宗省。
>
> 左大相。
>
> 右大相。
>
> 左次相。
>
> 右次相。①

可见，史书明确记载了中台省初置和裁撤时间，② 以及所属官员。中台省原为渤海国中央管理机构"三省"之一，另两省为宣诏省与政堂省。中台省设置效仿唐朝中书省，③ 长官为"右相"，具体职能仅为诏书起草与诏令颁布，实际权力较小。众所周知，辽朝官分南北，北面官为管理契丹等部族的军政机构，官员多为契丹人，南面官则为管理汉人、渤海人所在州县的军政机构，官员多为汉人。④ 但是，这个统治渤海人、汉人的职官机构，理应隶属于南面官系统，却被元史官安置在"北面皇族帐官"之下，位列北面官的重要位置。究其原因，东丹国在设置之初就有很高的地位。从《辽史·太祖本纪》记载来看，耶律阿保机于天显元年设置东丹国，随即"册皇太子倍为人皇王以主之"，并安排了中台省官员作为辅佐人皇王的核心班底。前文已经叙述，在辽太祖的构想中，东丹国在表面上与契丹国具有等同地位，以寻求对耶律倍的心理平衡。在某种程度上，东丹国被视为耶律倍的私产。同时，契丹的南北官制是太宗于会同元年（938）在中原登基后设置的，此时东丹国已经存在十余年，这本身也为界定中台省的地位增加了难度。所以，

---

① 《辽史》卷四五《百官志一》，第798页。

② 但根据刘浦江《辽代的渤海遗民——以东丹国和定安国为中心》（《松漠之间——辽金契丹女真史研究》，第379页）考证，至圣宗年间，仍有中台省官员记载，故《辽史》记载有误。

③ 泽本光弘著，郭素美译：《契丹对原渤海领地的统治及东丹国的构造——以耶律羽之墓志为线索》，梁玉多主编：《渤海史论集》，北京：中国文史出版社，2013年，第330—354页。

④ 冉守祖：《略论辽朝"因俗而治"的民族政策》，《史学月刊》1993年第1期，第27页。

元朝史官根据契丹人对东丹国地位的认知并参照"官制朴实"① 的原则，将"大东丹国中台省"定为东丹国主耶律倍的个人辅佐机构，并列于契丹皇族诸帐官，位列"亲王国"之后，"王子院"与"驸马都尉府"② 之前，足见其地位之尊贵。

当然，《辽史·百官志》记载的内容，仅反映中台省设置之初的情况。天显六年中台省重置后，这一机构完全处于太宗的控制之下，成为辽东地区的最高权力机构之一。会同元年，中台省又被置于东京道之下，协助东京留守处理政务。③ 可见，具有渤海痕迹的东丹国中台省，其地位逐步下降。值得一提的是，中台省的行政职能，可能更侧重于民政事务。

同时，契丹在东丹国还设置"南京留守"这一职务。"留守"一职起源于中原王朝，从两汉至北魏，留守职务屡见于史册。唐朝，皇帝外出巡狩不在皇宫，即设置官员担任京师留守，以协助皇子或朝中重臣对此地区的临时管理。④ 至宋朝，东京之外，"其西、南、北京留守各一人，以知府事兼之"⑤，五京留守形成定制。可见，唐代的留守是契丹王朝留守制度产生的渊源。根据《辽史》记载，耶律羽之兄长耶律觌烈于天显二年"留守南京"⑥。史籍中的职务为实职，其设置时间应为天显三年东丹国都城迁徙阶段，即南京得名之时。⑦ 而耶律觌烈在《耶律羽之墓志》中记载为"东丹国大内相"⑧，笔者推测，天显元年太祖东攻渤海首战告捷后，留耶律觌烈守

---

① 《辽史》卷四五《百官志一》，第773页。

② 《辽史》卷四五《百官志一》，第799页。

③ 康鹏：《东丹国废罢时间新探》，《北方文物》2010第2期，第75页。

④ 杨若薇：《契丹王朝政治军事制度研究》，北京：中国社会科学出版社，1991年，第189页。

⑤ 马端临撰：《文献通考》卷六三《职官考十七·留守条》，北京：中华书局，1986年，第567页。

⑥ 《辽史》卷七五《耶律觌烈传》，第1366页。

⑦ 黄为放：《10—12世纪渤海移民问题研究》，长春师范大学博士学位论文，2017年，第45页。

⑧ 盖之庸：《内蒙古辽代石刻文研究》，呼和浩特：内蒙古大学出版社，2002年，第2页。

卫军事重镇"扶余城"①。东丹国建立后，即委任其为"东丹国大内相"。太祖过世后，述律太后发动"扶余之变"，而作为此地的守将，耶律觌烈应与兄弟羽之一起站在了耶律德光的一边，并且得到了重用。于是，在东丹国开始南迁之时，耶律觌烈以东丹国大内相身份②被重新任命为南京留守，成为契丹南京的管理者。

那么，南京留守的权力又如何呢？可以从宋人史料寻找答案。

《册府元龟》记载："（长兴）二年五月癸亥，青州上言：有百姓过海北樵采，附得东丹王堂兄京尹污整书，问慕华行止，欲修贡也。闰五月，青州进呈东丹国首领耶律羽之书二封。"③有学者考证，此处"东丹王堂兄京尹污整"即耶律羽之兄长耶律觌烈，而其东丹王堂兄身份是宋人误解所致。④宋长兴二年即辽天显五年，耶律觌烈与耶律羽之均向身在后唐的人皇王递交书信，并希望向他"修贡"。可见，此时的南京留守与中台省左大相地位大致相同，都是东丹国的最高长官，⑤处于核心统治层。而此时觌烈还是南京"京尹"，这与契丹之后某京留守兼任某京府尹⑥的行政设置吻合。南京留守设置之初，其职能可能是掌握东丹国军权，留守辽阳府并处理相关军政事务，并协助东丹南迁。南迁局面稳定后，南京留守地位逐步提高，并最终取代中台省主官，成为东丹国最高长官。至会同元年十一月，南京留守正式改为东京留守，并成为辽东地区最高军事长官、最高行政长官，拥有统兵权、

---

① 《辽史》卷七五《耶律觌烈传》，第1365页。

② 刘浦江《辽代的渤海遗民——以东丹国和定安国为中心》（《松漠之间——辽金契丹女真史研究》，第376页）一文认为南京留守为临时设置，而耶律觌烈则以大内相身份兼任，笔者认为不然，这个南京留守应该是实际存在的职务，与中台省共管东丹国事务，并且成为东京留守的前身。

③ 王钦若等编：《册府元龟》卷九八〇《外臣部通好门》，第11520页。

④ 刘浦江：《辽代的渤海遗民——以东丹国和定安国为中心》，《松漠之间——辽金契丹女真史研究》，第375页。

⑤ 黄为放：《10—12世纪渤海移民问题研究》，长春师范大学博士学位论文，2017年，第45页。

⑥ 张韬：《辽代道级行政区划研究》，吉林大学博士学位论文，2016年，第101—102页。

行政权、司法权。①

可见，契丹统治者在东丹国南迁后重新设置了核心统治机构，中台省地位不断下降。而南京留守地位则逐渐上升，这也预示着东丹国最终的命运。

（二）东丹国的废除

938 年，太宗在中原登基，并"诏以皇都为上京，府曰临潢，升幽州为南京，南京为东京"②。东京道的建立，使人们对东丹国的命运产生了猜想。但是，出于对太祖遗命的忌讳，东丹国问题成为禁忌，因此在《辽史》中关于东丹国的废除亦讳莫如深。学界依据中台省的设置情况进行考察，对东丹国废除时间提出了多种说法。③ 总的来看，前人的研究思路尚有可商榷之处。东京道建立后，中台省成为其下属机构，职能必然随之降低。因此，中台省的设置情况可以印证东丹国地位的下降，但不能作为其废除的绝对依据。938 年，人皇王耶律倍去世后，东丹国的名誉首脑是人皇王妃萧氏。萧妃去世后，世宗时又以安端主政东丹国。因此，探讨东丹国的废除，就应该从萧妃和安端入手。

《辽史》中关于萧氏主政东丹国的记载如下：

> （天显）六年正月丁卯，（太宗）如南京。三月辛未，召大臣议军国事。丁亥，人皇王倍妃萧氏率其国僚属来见。④

---

① 王旭东：《辽代五京留守研究》，吉林大学博士学位论文，2014 年，第 28 页。

② 《辽史》卷四《太宗本纪下》，第 49 页。

③ 有天显五年说，代表为张正明：《中国大百科全书·中国历史·辽宋西夏金史》"东丹国"条，北京：中国大百科全书出版社，1988 年，第 171 页；天显六年说，代表为蔡美彪：《中国大百科全书·中国历史·辽宋西夏金史》"辽五京"条，第 239 页；会同元年说，代表为杨雨舒：《辽代东丹国废除问题辨析》，《东北史研究》2004 年第 2 期；乾亨四年（982）说，代表为金毓黻：《渤海国志长编》卷四《后纪第二》，第 148 页；统和十六年（998）之后说，代表为刘浦江：《试论辽朝的民族政策》，《辽金史论》，沈阳：辽宁大学出版社，1999 年，第 35—57 页；太平九年（1029）说，代表为高井康典行：「東丹国と東京道」，『史滴』第 18 號，1996 年，26—42 頁。

④ 《辽史》卷三《太宗本纪上》，第 34—35 页。

（会同三年）正月，人皇王妃来朝。①

（会同三年）七月丙子，从皇太后视人皇王妃疾。戊寅，人皇王妃萧氏薨。……

丙戌，徙人皇王行宫于其妃薨所。②

从史书记载看，在天显五年耶律倍南逃后，人皇王倍妃萧氏是为东丹国名义上的元首。③ 但她不是东丹国的王后，根据史书记载，东丹王耶律倍王后有二人，一曰端顺，一曰柔贞。④ 后者因是世宗的生母，所以被封为太后，因而在耶律倍主政时期，端顺应为东丹王后。但此人在辽初的史料中并无任何记载，其身份的唯一线索仅存《辽史》本纪兴宗朝的追谥中。故笔者猜测，这位王后恐怕在政治斗争中惨遭失败而湮没在历史中。取代王后位置的，则是人皇王妃萧氏，史书记载她在耶律倍南逃后的次年，即率领群臣迎接辽太宗，并商议军国大事。之后，她还代表东丹国向辽朝贡。萧氏的出身史书无载，故其身份可能较低，应为新晋的后族成员或某个贵族的后代，在耶律倍妃嫔中因忠于述律后及辽太宗而受到重视。在她主政期间，中台省完成了重置，耶律羽之成为实际掌权者，东丹国完成了向东京道的平稳过渡。东京道建立后，中台省隐于其下，东丹国的名号也不见于史籍。笔者认为，此时东丹国的名号应该尚在，而其废除应该在应历二年（952）。根据《辽史·太宗本纪》的记载，会同三年（940）七月丙子，辽太宗与述律后共同"视人皇王妃疾"，数日后萧氏病逝。人皇王妃能得到述律后与太宗两位契丹统治者如此重视，与萧氏的特殊身份关系密切，具体言之即萧妃属于太宗利益集团成员。随着萧妃的去世，东丹国名存实亡。萧妃死后，东丹国名义上由耶律倍的长子兀欲主政。⑤ 但从史书记载看，他并不在东京，因此才有机会继承皇位。世宗天禄元年（947），"追谥皇考曰让国皇帝，以安端主东丹

---

① 《辽史》卷四《太宗本纪下》，第51页。

② 《辽史》卷四《太宗本纪下》，第52页。

③ 刘浦江：《辽代的渤海遗民——以东丹国和定安国为中心》，《松漠之间——辽金契丹女真史研究》，第375页。

④ 《辽史》卷二〇《兴宗本纪三》，第279页。

⑤ 都兴智：《东丹史》，第24页。

国，封明王"①。天禄五年（951）安端之子察哥发动叛乱，杀死辽世宗及其皇后。安端因与此事有牵连，被"放归田里"②。次年即应历二年明王安端薨逝。至此，东丹国名实俱亡。安端被废后，中台省宰相虽然直到圣宗时期还存在，但它已经由东丹国的中台省转变为东京道的中台省。

综上所述，契丹建国后，皇权不断集中，嫡长子继承制初步确立。太祖耶律阿保机经过东征西讨，建立了幅员辽阔的大帝国。功成名就后，辽太祖产生了急流勇退的想法。灭掉渤海后，他开始实施这一构想。他将东丹国与契丹故地分别委派皇太子耶律倍和天下兵马大元帅耶律德光管理，将契丹的领土全部置于其家族的管理之下。辽太祖去世后，耶律德光在后族支持下发动"扶余之变"，在与耶律倍的政治博弈中取得胜利。登基后，耶律德光对东丹国进行迁徙，开始对契丹最高权力结构进行整合。但他不敢公然违背阿保机的遗愿，便命东丹王耶律倍下诏迁徙，指示亲信耶律羽之加以落实。南迁结束后，太宗重置了东丹国最高权力机构，东丹国中台省地位不断下降。此时，东京留守的地位则日渐上升，这是东丹国地位变化的指示标。耶律倍渡海南逃后，人皇王妃萧氏成为东丹国名义上的首脑。她尽管得到耶律德光的宠信，但权力有限。随着人皇王妃萧氏病逝，东丹国名存实亡。至此，辽太宗完成了对契丹最高权力结构的整合，皇权更加集中，皇位继承制度也得到了巩固和加强，这对契丹王朝后世的发展与强盛影响巨大。

---

① 《辽史》卷五《世宗本纪》，第 72 页。
② 《辽史》卷六十四《皇子表》，第 1072 页。